KB089531

C랩처럼 도전하라

C랩처럼 도전하라

지은이 이재일·양혁승·오하람
펴낸이 박진우
펴낸곳 오케이프레스

초판 1쇄 인쇄 2024년 9월 5일
초판 1쇄 발행 2024년 9월 15일

출판신고 제 2024-000106호.
10874 경기도 파주시 청석로 272, 10층 1004-455호
E—mail f83project@gmail.com
Instagram @okaypress

ISBN 979-11-988922-0-1   03320

SMALL IDEA NEXT BIG THING

사원에서 사장으로, 대한민국 창업대국을 꿈꾸다

C랩처럼 도전하라

이재일·양혁승·오하람 지음

Okay! Press

· 일러두기

- 외래어의 일부는 외래어표기법의 규정을 따르지 않고, 현업에서 발음되는 대로 표기하였습니다.
- 외국어 고유명사는 처음 쓰일 때에만 원어를 병기하였습니다.
- 외국의 인명, 지명, 회사명 등의 원어 병기는 일부 생략하였습니다.

"스타트업이 곧 국가 경쟁력이다."

바야흐로 창업을 권하는 사회가 되었다. 1921년, 일제의 탄압으로 많은 지성인과 오피니언 리더들이 술 없이는 하루하루 견디기 힘들었던 시대를 소설가 현진건은 '술 권하는 사회'로 표현했다. 그로부터 100여 년이 지난 오늘날, 대한민국은 4차 산업혁명의 중심에서 경제적 위기를 극복해야 하는 커다란 과제 앞에 서 있다. 그리고 그 과제에 대한 해답은 창업에 있다. 창업이 미래를 위한 선택이 아닌 필수인 시대, 즉 '창업을 권하는 시대'를 맞고 있다.

한때 세계 시장을 호령했던 소니(Sony)나 노키아(Nokia)와 같이 20세기 대표 기업들이 몰락하고, 전통산업의 가치는 급속히 하락했다. 하지만 애플이나 구글과 같은 신흥 IT 기업들이 출현하며, 새로운 산업 생태계를 구축함으로써 세계 경제를 뒤흔들고 있다. 기존 산업의 지각 변동을 목격한 기업들은 생존을 위해 변화를 선택하고 혁신을 일으키며, 글로벌 창업붐을 조성하고 있다. 이렇듯 2010년 이후 글로벌 창업 경쟁은 나날이 격화하고 있다.

세상을 바꾸는 힘, 창업!

미국의 창업 생태계는 캘리포니아의 실리콘밸리를 중심으로 시작되었고, 실리콘밸리는 IT 창업 생태계를 대표하는 단어가 되었다. 하지만 이제는 텍사스 오스틴을 중심으로 하는 반도체 특화형 '실리콘힐스(Silicon Hills)'가 주목받고 있다. 오스틴은 2021년 기준, 2005년 대비 인구 및 GDP가 두 배 증가했다. 이는 실리콘밸리보다 네 배나 빠른 성장 속도이며, 이러한 성장의 중심에는 스타트업이 자리 잡고 있다.

또한, 미국 동북부 지역인 뉴욕과 보스턴을 중심으로 한 '실리콘앨리(Silicon Alley)'도 새로운 창업 중심지로 부각되고 있다. 뉴욕은 금융, 미디어, 예술, 패션, 바이오, 헬스 분야에서 창업 환경이 잘 구축되어 있다. 코로나19 백신을 개발한 모더나도 보스턴에서 탄생했다.

그 외에도 미국 전역에서는 기술 혁신과 벤처 투자가 활발히 이루어지고 있으며, 스타트업의 네 가지 핵심 요소인 투자 자본, 창업 인재, 창업 생태계, 창업 문화가 완벽하게 구축되어 선순환 체계를 이루고 있다.

중국 역시 홍콩을 포함한 중화권 주요 도시들이 창업 생태계의 중심지로 자리 잡고 있다. 리커창(李克强) 전 총리는 자국의 창업자를 1억 명

C랩처럼 도전하라

육성하겠다고 선언한 바 있으며, '중관춘(中关村)' 지역을 중심으로 창업 거점이 지속적으로 확장되고 있다. 중관춘 지역은 중국에서 창업 생태계가 가장 발전된 지역 중 하나로, 전 세계의 많은 창업자들이 모여들어 기술 혁신과 벤처 투자에 주력하고 있다. 이러한 노력의 결과로 중국은 세계 2대 경제대국으로 부상했으며, 글로벌 유니콘 기업 수에서도 미국에 이어 세계 2위 자리를 차지하고 있다.

2023년 기준, 세계 500대 유니콘 기업 중 상위 10개 기업을 보유한 도시 중, 중국의 도시 네 곳(상하이, 베이징, 선전, 항저우)이 포함되어 있다. 이는 중국의 창업 생태계가 얼마나 발전했는지를 보여주는 중요한 지표이다. 이러한 성장은 중국 정부의 적극적인 지원과 기술적 혁신, 그리고 글로벌 시장에서의 경쟁력을 바탕으로 이루어졌다. 이렇듯 중국의 주요 도시들은 창업과 기술 혁신의 허브로 성장하고 있으며, 앞으로도 지속적인 발전과 성장이 예상된다.

프랑스가 글로벌 창업 무대에서 선도국으로 자리 잡은 것은 최근의 일이다. 특히, 2013년 정부 주도로 시작된 '라 프렌치테크(La French Tech)'는 프랑스 창업 생태계를 대표하는 글로벌 브랜드로 성장했다. 매년 열리는 세계 최대 가전 및 스타트업 전시회인 CES에서 라 프렌치테크의 상징인 '붉은 수탉' 심벌을 단 200여 개 스타트업체의 활약을 통해서도 그 위상을 느낄 수 있다.

에마뉘엘 마크롱(Emmanuel Macron) 대통령은 취임 후 프랑스를 '창업의 나라'로 만들기 위해 더욱 강력한 정책을 추진했다. 그 일환으로 세계 최대의 스타트업 인큐베이터 '스타시옹 F(Station F)'를 설립했으며, 창업을 희망하는 외국인 취업자와 창업자를 위한 '프렌치테크 비자'를 도입하는 등 정부 주도의 창업 지원 정책을 펼치고 있다. 이러한 노력들은 프랑스 내 창업붐을 일으키며, 전 세계 창업자들에게 프랑스를 매력적인 창업 국가로 인식하게 하고 있다.

글로벌 스타트업 생태계 보고서에 따르면, 이스라엘은 2022년 기준, 창업 인프라와 생태계가 잘 구성된 나라 순위에서 미국과 영국에 이어 3년 연속 3위를 차지했다. 이러한 성과의 중심에는 '탈피오트(영어: Talpiot, 히브리어: תלפיות)' 제도가 있다. 히브리어로 '최고 중의 최고'를 의미하는 탈피오트는 이스라엘이 과학기술 분야의 전문가를 양성하기 위해 만든 엘리트 부대 제도이다. 고등학교 졸업자를 대상으로 소수의 엘리트를 선발한 뒤, 이들을 첨단 군사과학 인재로 육성한다. 이 제도는 이스라엘을 현재의 강국으로 만드는 데 근간이 되었다는 평가를 받고 있다. 탈피오트 출신들은 군사과학기술 분야에서의 성과를 다양한 기술로 스핀오프(Spin-Off)하여 개발하고 활용함으로써 이스라엘의 혁신과 창업을 확산하는 데 기여하고 있다. 이스라엘 주요 벤처기업가의 80퍼센트가 탈피오트 출신으로, 특히 사이버 보안 분야에서 두드러진 성과를 냈다. 이들은 군에서 개발한 기술을 산업 현장에 전파하여 수많은 혁신을 일으켰다.

이렇게 전 세계가 창업에 집중하는 이유는 벤처기업의 성장과 국가의 성장이 밀접하게 연관되어 있기 때문이다. 핀란드의 노키아 사례는 이러한 관계를 잘 보여준다.

노키아는 핀란드 에스푸(Espoo)에 본사를 둔 다국적 기업으로서, 1998년부터 13년 동안 휴대폰 시장 점유율 세계 1위를 차지하며 핀란드 경제의 핵심 역할을 했다. 그러나 2007년 애플의 아이폰 출시로 인해 시장 흐름이 급격히 변화하면서 노키아는 빠르게 몰락했다. 이로 인해 핀란드 경제는 일시적인 충격을 받았으나 곧바로 회복할 수 있었다. 그 이유는 핀란드의 강력한 교육 시스템과 높은 연구개발(R&D) 투자 비율에 있었다. 노키아의 몰락 이후, 1만 명 이상의 공학도들이 창업에 도전했다. 이에 핀란드 정부는 벤처캐피털을 조성하여 이들에게 자금을 지원했다.

핀란드의 스타트업 중 대표적인 성공 사례로는 '로비오(ROVIO)'와 '슈퍼셀(SUPERCEL)'이 있다. 로비오는 헬싱키기술대학교 학생 세 명이 창업한 회사로, 2009년 '앵그리버드(Angry Birds)'라는 모바일 게임을 출시하여 큰 인기를 끌었다. 슈퍼셀은 2010년에 설립되어 '클래시 오브 클랜(Clash of Clans)'이라는 전략 게임으로 4년 만에 약 2조 원의 매출을 달성했다.

이러한 성공은 핀란드의 창업 생태계가 얼마나 강력한지를 보여주는 것이다. 「월스트리 저널」은 "노키아의 몰락이 핀란드의 이익이 된다."라고 평가했으며, 「하버드 비즈니스 리뷰」는 "대기업이 쓰러질 때 기업가 정신이 살아난다."라고 강조했다.

현재 핀란드는 인구 550만 명의 작은 국가임에도 불구하고 매년 4,000여 개의 스타트업이 탄생하며, 세계에서 인구당 스타트업 수가 가장 많은 '스타트업 선도 국가'로 명성을 얻고 있다. 이는 창업이 국가 경쟁력 강화에 얼마나 중요한 역할을 하는지를 증명하는 예이다.

한국의 창업 생태계

한국의 창업 생태계는 여러 도전과 문제에 직면해 있다. 좀 오래된 데이터지만 서울대학교가 육성한 대학기업의 연간 매출 수준은 중국 베이징

대학교가 육성한 대학기업의 0.1퍼센트에 불과하다. 이는 한국의 창업 생태계가 다른 국가들에 비해 현저히 뒤처져 있음을 보여준다.

아쉽게도, 한국의 재능 있고 젊은 청년들은 창업에 큰 관심을 보이지 않고 있다. 미국의 청년들은 실리콘밸리에서, 중국의 청년들은 중관춘에서, 자신의 꿈을 이루기 위해 도전하는 반면, 한국의 청년들은 노량진 고시촌으로 숨어버리는 경우가 많다.

또한 한국은 '의대 공화국'으로 변모했다는 현실도 있다. 수시 모집에서 서울대학교에 합격하고도 상당수의 인재들이 등록을 포기하고 의대에 진학하기 위해 반수나 재수, 삼수를 선택하고 있다. 이러한 현상은 외환위기 이후 '평생 직장은 사라지고 평생 직업이 필요하다'는 인식에서 비롯되었지만, 이로 인해 이공계열의 교육 기반이 흔들리고 국가 기술력이 약해지는 상황으로 전개되고 있다.

물론 정부는 창업 생태계를 활성화하기 위해 다양한 노력을 기울이고 있다. 전국 19개 시도에 창조경제혁신센터를 설치하여 벤처기업을 육성하고 지역경제를 활성화하는 데 주력하고 있다.

2010년대 중반부터는 판교 지역에 테크노밸리를 조성하여 기술 중심의 벤처 생태계를 구축하였고, 2020년 전후로는 '제2벤처붐'을 이끌어냈다. 이는 한국이 IMF 위기를 극복하는 데 중요한 역할을 했던 '제1벤처붐'에 비견될 만큼 중요한 의미를 지닌다. 이는 그동안은 정부가 대기업을 중심으로 정책을 펼쳤다면, 이제는 혁신 벤처기업이 주도하는 경제성장 정책에 무게를 싣는 방향으로의 전환을 의미한다.

그리하여 2018년부터는 사내 벤처 육성 프로그램을 도입하여 사내 벤처가 국가 경쟁력에 미치는 영향을 증대시키고, 전체 창업 생태계에도 변화를 꾀하고 있다. 이는 민간 창업자와 벤처투자자들의 경험과 역량이 축적되었음을 보여준다.

특히 코로나19로 인한 경제 침체와 산업구조 변화에 대응하기 위해 정부는 한국형 뉴딜 정책을 제시하고, 이를 통해 제2의 창업붐을 조성하고 있다. 정부는 벤처 및 스타트업에 대해 전폭적인 지원을 제공하고, 제도를 과감하게 혁신하며, 미래지향적인 경제성장 정책을 마련했다. 이러한 노력은 한국이 다시 한 번 도약할 수 있는 기회를 마련해주었으며, 혁신적인 창업 생태계 구축을 통해 국가 경쟁력을 강화하는 데 크게 기여하고 있다.

그러나 한국의 창업 생태계가 더 빠르고 체계적으로 발전하기 위해서는 정부의 정책뿐만 아니라 기업의 적극적인 참여가 필수적이다. 정부가 창업 진흥을 위해 다양한 노력을 기울이고 있는 만큼 기업들도 함께 힘을 써야 한다.

현재 IT 산업을 비롯해 자동차 산업 등 여러 산업에서 급격한 변화가 일어나고 있다. 이러한 상황에서 대기업들은 스타트업의 혁신적인 아이디어가 절실히 필요하고, 스타트업은 대기업의 지지와 협력이 있어야만 빠르게 성장할 수 있다. 따라서 이 상호 의존 관계를 바탕으로 기업 간 시너지를 극대화하여 함께 성장할 수 있는 전략이 필요하다.

이러한 노력의 일환으로 LG, 현대, SK, 롯데 등의 기업들은 사내 창업을 전략적 M&A와 동등한 신사업 발굴 수단으로 활성화하고 있다. 실제로 사내 창업 기업의 5년 생존율은 일반 창업 기업 대비 2~3배 높다는 통계가 있다. 이러한 기업들의 노력 중에서 특히 성공적으로 평가받는 사례가 바로 삼성전자의 'C랩'이다.

삼성전자의 C랩(C-Lab)은 2012년 말에 도입된 사내 벤처 육성 프로그램으로, 'Creative Lab'의 약자이다. 이 프로그램은 기업이 끊임없이 혁신하기 위해 창의적인 조직문화를 확산해야 한다는 경영진의 문제의식에서 출발했다. C랩의 운영 방식은 다음과 같다.

- **온라인 공모:** 사내 임직원들을 대상으로 아이디어 공모를 실시한다.
- **아이디어 제안:** 개인이나 팀을 구성한 임직원들이 아이디어를 제안한다.
- **심사:** 사내 임직원 평가단이 아이디어를 심사하여 우수한 아이디어를 선발한다.
- **아이디어 실현:** 선정된 아이디어는 최대 1년 동안 개발 시간을 부여받고, 자유로운 개발 환경의 근무 공간이 제공된다.
- **스핀오프:** 우수한 C랩 프로젝트는 스핀오프(Spin-Off) 제도를 통해 별도의 스타트업으로 독립할 수 있도록 지원된다.

이 프로그램을 통해 삼성전자는 임직원들이 창의적인 아이디어를 자유롭게 제안하고, 이를 실현할 수 있는 기회를 제공함으로써 지속적인 혁신을 추구하고 있다.

이렇듯 정부와 기업이 창업 생태계를 활성화하기 위해 다양한 노력을 기울이고 있음에도 불구하고 우리 사회가 창업에 대한 마음을 열지 못하는 현실이 안타깝다. 우리 사회가 창업에 대한 인식이 여전히 소극적인 이유는 무엇일까? 앞서 거론했지만 꿈과 끼를 갖춘 유능한 인재들이 창업에 큰 관심을 보이지 않는다는 것이다. 미국이나 중국에서는 청년들이 창업에 도전하여 자신의 꿈을 펼치고 있는 반면, 한국의 청년들은 안정적인 직업이나 높은 보수에 더 많은 관심을 보이고 있다. 물론 최근 들어 약간의 변화가 나타나고 있는 것은 긍정적인 신호이다. 그러나 이러한 변화가 미미한 수준에 그치지 않고, 더 많은 청년들이 창업에 도전할 수 있도록 사회적 인식 변화와 지원이 필요하다.

창업을 통해 자신의 꿈을 실현하고자 하는 청년들이 더 많아져야 하며, 이를 위해서는 창업에 대한 두려움과 실패에 대한 부담을 덜어주는 정책적, 문화적 지원이 반드시 필요하다.

창업은 이제 더 이상 남의 일이 아니다. '100세 건강 시대'를 맞이하여 100세까지 건강하고 행복한 삶을 누리기 위해서는 경제적인 여유가 필수적이다. 이를 위해서는 직업이 있어야 하며, 특히 아직 한창 더 일할 수 있는 50~60대에 은퇴를 한다는 건 개인적, 국가적으로 손실이 막대하다. 적어도 70대까지는 일을 해야 30여 년간의 남은 삶을 여유롭게 보낼 수 있다. 이러한 이유만으로도 창업은 필수적이다.

이 사회가 당신에게 창업을 권한다!

CONTENTS

PART 3 C랩 도전기

PART·1

C랩의 시작 & 스핀오프

조직 구성원들이 혁신적인 문제를 해결하는 데 몰두할 수 있는 환경이 갖춰져야만 창의성과 혁신을 이끌 수 있게 된다. 쉽게 말해, 창의성과 혁신은 조직 구성원들이 다양한 개성과 관점, 아이디어를 보유한 자유인이라는 것을 전제하고, 그에 맞게 대우할 때 발현된다. 그러므로 조직 구성원들의 행동을 감독하고 통제하는 접근법에서 벗어나, 그들이 조직과 일체감을 형성함으로써 혁신적 방안들을 찾아 주도적으로 실행할 수 있도록 장애 요인들을 제거해주는 것은 물론 그것을 뒷받침하는 조직 토양을 조성하는 것이 중요하다.

CHAPTER 1

삼성전자는 왜
C랩을 도입했나?

2008년, 미국으로부터 시작된 금융위기는 전 세계를 경기 침체의 늪에 빠뜨렸다. 그 여파로 'IT 공룡'이라고 불리던 소니, 닌텐도, 노키아, 모토로라 등의 전통 기업들이 이 위기를 극복하지 못한 채 몰락하고 말았다. 이들이 추락한 데는 '창조혁신 정신의 부재'가 가장 큰 원인이었다. 이때 "영원한 1등은 없다."라는 말이 유행했다.

이와 함께 '우버 모멘트(Uber Moment)'라는 신조어가 탄생했다. 이는 새로운 기술이나 기업이 등장하면서 기존의 산업 체계를 완전히 바꾸는 것을 의미한다. 다시 말해, 택시 공유업체인 '우버'라는 택시 서비스가 등장하며 기존의 택시 산업이 위협을 받았다는 것이다. '혁신하지 않으면 생존할 수 없는 시대'에 우버 택시의 등장은 다른 서비스 산업계 전반에 거센 지각 변동을 일으켰다.

이러한 외부 환경의 변화는 삼성전자 내부에도 깊숙이 파고들었다. 화웨이, 샤오미 등 가격 경쟁력을 갖춘 중화 민영기업체가 삼성전자를 맹렬히 추격해왔다. 더욱이 킬러 테크(Tech), 킬러 앱(App) 하나만을 가지고도 시장을 장악하는 새로운 비즈니스 모델이 산업의 판도를 뒤흔들며 삼성전자에 위기감을 안겼다. 삼성전자는 산업계 전반에 쓰나미가 몰려오고 있다는 것을 직감했다.

영원한 1등은 존재하지 않는다

2000년대 들어서 삼성전자 휴대폰 부문은 여러 면에서 노키아와 닮은 점이 많았다. 삼성전자는 차세대 신기술 개발과 인적 역량 확보, 그리고 기존 시장에서의 견고한 성장 덕분에 빠르게 성장했다. 또한 삼성전자는 1993년에는 메모리 반도체 분야에서 세계 1위를 차지했고, 휴대폰 분야에서도 성과를 이어갔다.

2008년에는 휴대폰 부문에서 세계 2위에 올랐으며, 2009년에 성장세가 다소 주춤했으나, 2010년 갤럭시 S의 성공적인 출시로 점유율이 급격히 상승했다. 2010년 8.9퍼센트였던 점유율은 2012년 30.3퍼센트로 급성장하며, 삼성전자는 휴대폰 시장에서 확고한 위치를 다지게 되었다. 드디어 노키아를 제치고 세계 1위 휴대폰 제조업체가 되었다.

삼성전자는 R&D 투자에도 자원을 아끼지 않았다. 2008년 삼성전자의 매출액 대비 R&D 투자 비중은 9.5퍼센트에 달했고, R&D 연구 인력 비중도 2008년 이후 30퍼센트 수준을 유지하고 있었다. 그런데 매출액 대비 R&D 투자액 비중(2009년 14.4퍼센트)과 R&D 연구 인력 비중(2009년 35퍼센트)이 삼성전자보다 더 높았던 노키아가 몰락했다. 무엇이 문제였을까?

삼성전자는 반도체와 휴대폰 시장에서 선두 기업의 위치를 선점하고 있는 만큼 노키아의 전철을 밟을 수는 없었다. 새로운 도전자들의 파괴적 혁신에 민첩하게 대응하면서도 지속 성장을 가능케 하는 선두 주자에 걸맞은 길을 찾아야 하는 과제를 안게 되었다. 이를 위해 내부에 창조적 혁신의 DNA를 품은 씨앗들을 심고, 그것들을 건강하게 자라게 하여 다양한 혁신의 열매를 맺어야 한다는 인식을 갖게 되었다. 또한, 전 세계의 글로벌 기업들이 실리콘밸리와 같은 창업 환경을 조성해, 사내 벤처를 활성화하는 노력이 새로운 돌파구를 찾기 위한 필수 전략임을 깨달았다.

삼성전자는 반도체와 휴대폰 분야에서 세계 최고 자리에 올랐지만, 이들 사업이 성숙기에 들어서면서 새로운 성장 동력이 필요해졌다. 이에 따라, 지속적인 혁신을 가능하게 하고, 회사 내부에서 벤처 창업을 촉진할 수 있는 기반을 마련할 필요성을 느끼게 되었다.

2012년 6월, 삼성전자에서는 최고 경영진 15명 안팎으로 팀을 구성해 미국 실리콘밸리로 떠났다. 혁신과 창의성의 산실인 그곳을 직접 방문한다는 목적이었다. 회사에서 가장 바쁘게 움직이는 고위직 임원들이 7일간이나 함께 해외로 연수를 간다는 것은 이례적인 일이었다. 더욱이 CES나 IFA 같은 대규모 글로벌 전시 행사에 참여하는 것도 아니었다.

C랩처럼 도전하라

그런데도 생활가전, 휴대전화, TV, 카메라에 이르기까지 전 분야의 최고 경영진이 혁신의 산실인 실리콘밸리로 모였다. 최고 경영진은 실리콘밸리의 혁신 DNA와 실리콘밸리식 성공 방식을 삼성전자에 접목할 수 있는 방안을 강구했다.

7일간의 실리콘밸리 탐방을 마치고 나서 삼성전자는 조직을 대폭 개편했다. 그 중심에는 '창의개발센터'와 '글로벌이노베이션센터' 신설이라는 혁신적인 내용이 담겨 있었다. 특히, 2013년 초부터 실리콘밸리식 창고 공간을 연상시키는 'C랩'이라는 개방형 연구 공간을 만들어 벤처 창업의 산실 역할을 맡긴다는 목표도 포함되어 있었다.

🚀 전통 강자의 몰락 VS. 신흥 강자의 부상

글로벌 경영 환경이 크게 변화하며, 불확실성은 더욱 증폭되었다. 『린 스타트업』의 저자 에릭 리스(Eric Ries)에게 영감을 주었던 콜롬비아대학교 스티븐 게리 블랭크(Steven Gary Blank) 교수는 "20세기에는 10~15년에 걸쳐 일어났던 일이 지금은 2~3년 만에 일어난다."고 말했다. 이에 에릭 리스는 "이런 상황에서는 스타트업이든 대기업이든 민첩함을 갖춰야 한다."고 강조했다.

최근에는 환경 변화의 속도뿐만 아니라 그 변화의 크기, 방향, 주체를 예측할 수 없는 '초경쟁 환경'에 직면해 있다. 연세대학교 신동엽 교수는 '초경쟁 환경'에 대해서 "초(Hyper)는 단순히 경쟁이 심해졌다는 것을 넘어 '비정상적'이라는 의미를 담고 있는데, 극도로 강하며, 그 도가 지나

전통 강자들의 몰락

IT공룡 과거 성공스토리에 갇혀 대세 읽고도 당했다

#1. 2004년 노키아 기술개발팀은 터치스크린, 인터넷 연결 등 아이폰의 원형을 개발했다. 글로벌 휴대폰 시장의 판을 읽고 있던 노키아로서는 스마트폰 시장으로 옮겨갈 수 있는 혁신적 아이템이었으며, 스티브 잡스 애플 전 최고경영자(CEO)가 아이폰을 구상했던 시기와 같다. 그러나 노키아 경영진은 R&D팀의 수천억 유로들였던 개발안을 '현행 스마트폰'을 폐기했다. 전직 노키아 직원은 이에 대해 "노키아가 자기만족에 빠져 변화를 거부하면서 소비자들에게 외면을 당하게 됐다"고 한탄했다.

글로벌 IT공룡 기업 몰락 이유

Mobile Shift	델, 소니, 닌텐도 (모바일로 구조변화 간과)
Maximum Speed	델, 모토롤라, 노키아 (빠른 시장 대응 실패)
Market Change	노키아, 닌텐도, 샤프, 소니 (보여 공략 실패, 자국시장 의존)
Management Risk	델, 노키아, 넷플 (잘못된 경영, CEO 판단 미스)
Manufacturing competitiveness	모토롤라, 델, 소니 (제조 경쟁력 상실)

쇠락하는 IT기업

회사명	주요제품
RIM	리서치인모션	블랙베리10
SHARP	샤프	LCD TV
EA	일렉트로닉아츠	FIFA12, 배틀필드3
SONY	소니	워크맨, PS2
Nintendo	닌텐도	위(Wii), 3DS
NOKIA	노키아	노키아2110, 루미아900
BARNES&NOBLE	반스엔드노블	누크(전자책)
acer	에이서	아스파이어

졸다가 죽은 코닥·소니·노키아…"영원한 1등은 없다"

입력 2013-04-19 15:40:53 | 수정 2013-04-19 15:46:34

'졸면 죽는다.' 요즘 기업 생태계에 딱 들어맞는 말이다. 세계시장을 호령했던 거대 기업이 하루아침에 몰락하는 게 요즘 지구촌 경쟁환경이다. 이건희 삼성 회장이 기회가 있을 때마다 "위기다"를 외치는 것도 같은 맥락이 아닐까. 죽었다 깨어나도 삼성은 따라올 수 없을 거라던 노키아와 소니가 몰락하는 현실은 '졸면 죽는다'를 잘 대변하고 있다.

Kodak
Panasonic
SONY make.believe
SHARP

2010년 전후로 발생한 전통 강자들의 몰락

쳐서 정상으로 볼 수 없다는 뉘앙스를 가지고 있다."라고 강조했다. 경쟁의 본질 자체가 근본적으로 바뀌었음을 나타내는 것이다.

2000년대 초만 해도 소니, 닌텐도, 노키아, 모토로라 등은 이른바 'IT 공룡'으로 불리며, 세계 시장에서 전통 강자로 군림했다. 그러나 2008년 글로벌 금융위기가 닥치며 시장은 큰 변화를 겪었다. 이 변화 속에서 애플, 구글, 페이스북(현 메타), 아마존 등은 '창조'와 '혁신'으로 세계 시장에서 더 큰 영향력을 발휘하며 새로운 혁신의 시대를 열었다.

노키아는 한때 '죽었다 깨어나도 삼성이 따라올 수 없는 1등 기업'이라는 자부심을 가졌으나, '성공 함정(Success Trap)'에 빠져 애플에게 그 자리를 내주고 말았다. 성공을 맹신하며, 새로운 시도를 배척하고 안주하는 태도가 결국 기업을 수렁으로 밀어넣는다는 사실을 노키아는 깨닫지 못했다.

C랩처럼 도전하라

노키아가 빠진 함정은 바로 2G폰의 대대적인 성공이었다. 당시 노키아는 글로벌 휴대폰 시장을 석권하고 있었으며, 터치폰 기술도 가장 먼저 개발한 회사였다. 2004년에 스티브 잡스(Steve Jobs)가 아이폰을 구상하기 시작했을 때, 노키아의 기술개발팀은 이미 터치 스크린과 인터넷 연결 기능을 갖춘 아이폰의 원형을 개발해놓은 상태였다. 그러나 노키아 경영진은 이러한 기술의 도입을 거부하여 이 혁신적인 아이템은 세상의 빛을 보지 못했다. 노키아는 단기적인 시각에서 새로운 시도가 필요하지 않다고 판단했으나 이로 인해 '대박' 아이템을 놓쳤고, 결과적으로는 시장의 선두 자리를 빼앗겼다. 만약 이 아이템이 현실화되었다면 노키아는 지금도 여전히 선두 자리를 지키고 있을지도 모른다.

1998년, 노키아는 모토로라를 제치고 휴대폰 시장에서 세계 1위 자리에 오를 정도로 기술력을 인정받았다. 2000년대 핀란드에서는 노키아의 성장이 국가 GDP의 절반을 좌우할 정도로 경제 성장을 주도했다. 그러나 2011년부터 노키아의 시장 점유율은 급락하기 시작했고, 결국 2013년 주력 사업이었던 휴대폰 사업 부문을 38억 유로에 마이크로소프트에 매각하기로 결정했다. 한때 노키아 전체 매출액의 60퍼센트, 영업 이익의 70퍼센트를 차지했던 휴대폰 사업 부문의 매각은 노키아의 몰락을 의미했다.

노키아의 몰락이 주는 시사점이 있다. 서울대학교 박상인 교수는 2016년에 출간한 저서에서 노키아의 성장과 몰락을 면밀하게 분석했다. 그는 "획기적인 신기술이 도입될 때, 기존의 선두 기업은 몰락할 수밖에 없다는 사실을 노키아 경영진은 충분히 인지하고 있었다."라고 강조했다. 이러한 인식하에, 노키아는 1990년대 후반부터 새로운 도전에 대비하여 준비를 해왔고, 매출액 대비 R&D 투자 비율을 1994년 6.3퍼센트에서 2009년에는 14.4퍼센트로 꾸준히 증가시켰다.

2007년 초, 애플의 스티브 잡스는 휴대폰 시장의 판도를 바꿀 아이폰을 공개했다. 당시 노키아는 휴대폰 시장에서 시장 점유율 49퍼센트로 정점에 있었는데, 그해 말에는 매출 510억 유로, 영업이익 72억 유로, 그리고 휴대폰 글로벌 시장 점유율은 40퍼센트에 그치게 되었다.

시장은 기업을 기다려주지 않는다. 21세기형 신흥 강자들은 자기 혁신과 새로운 시도를 거듭하며 전통 강자들이 빠졌던 '성공 함정'을 메꾸어나갔다. 이들은 자율성을 높이기 위해 부서 간 벽을 없애고, 실패에 관

게임 체인저로 부상한 새로운 강자들

C랩처럼 도전하라

대한 문화를 도입하는 등, 이전에 없던 업무 환경을 구축하면서 파괴적인 혁신을 지속했다. 이러한 변화 덕분에 이들은 시장의 규칙을 재정립하며 주도권을 쥐게 되었고, 새로운 게임 체인저로 부상하게 되었다.

애플의 아이폰은 종전의 휴대용 전화기 개념을 완전히 깨뜨린 혁신적인 제품이었다. 아이폰은 디자인, 운영체제(OS), 터치 스크린을 이용한 사용자 인터페이스 등에서 파격적인 변화를 도입하며 휴대폰 시장을 뒤흔들었다. 그러나 아이폰이 출시된 초기에는 경쟁사들이 크게 위협을 느끼지 않는 듯했다. 당시 세계 시장에는 이미 휴대폰이 널리 보급되어 있었고, 보급형 중저가 휴대폰이 주를 이루고 있었다. 또한, 2007년 말 세계적인 금융위기가 발생하여 휴대폰 시장의 수요가 급격히 감소했기 때문에 후발 주자인 애플이 큰 영향을 미치지 못할 것이라는 섣부른 판단을 했던 것이다.

글로벌 경영 환경에서 또 하나의 특징은 아군과 적군이 불분명하다는 것이다. '친구이자 적(Frienemy, Friend+Enemy)'과 '협력이자 경쟁(Co-opetition, Cooperation+Competition)'이라는 신조어가 생겨날 정도로 경영 환경은 한 치 앞을 분간하기 어려운 상황이다. 삼성전자의 사례는 이를 잘 보여준다. 스마트폰 시장에서 삼성전자의 최대 경쟁자는 애플이지만, 동시에 삼성전자의 반도체와 스마트폰 부품의 최대 고객 역시 애플이다.

결과적으로 끊임없이 변화하고, 기존의 문화를 파괴하는 혁신을 시도하지 않는다면 기업은 조용히 사라질 수밖에 없다. 우리는 과거의 성공에 안주할 수 없는 시대에 살고 있으며, 지속적인 혁신과 대응이 필수적인 환경에 놓여 있음을 절대 간과해서는 안 된다.

이 챕터의 첫머리에서 '우버 모멘트'에 관해 간략히 설명했다. 새로운 기술이나 기업이 등장하여 기존의 산업 체계가 완전히 변화하거나 위협받는 순간을 의미한다. 2010년 뉴욕에서 시작된 차량 서비스 공유 플랫폼인 우버는 이러한 변화를 대표하는 사례이다.

우버는 '눈이 오는 밤에는 택시가 잘 잡히지 않는다.'는 단순한 불평에서 출발하여, 버튼 하나로 차량 서비스를 요청할 수 있는 앱을 만들자는 목표로 발전했다. 이 아이디어는 결국 대기업으로 성장하게 되었다.

우버는 누구나 원하는 시간에 택시 기사가 될 수 있는 기회를 제공하며, 기존의 택시 산업에 큰 변화를 가져왔다. 이에 기존 택시업계는 강하게 반발했지만 소비자들은 점차 우버가 제공하는 혁신적인 서비스 방식에 적응하기 시작했다. 이로 인해 미국의 택시 산업은 우버의 등장으로 부정할 수 없는 변곡점을 맞이하게 되었다.

🚀 혁신적인 DNA, MZ세대의 부상

세계 시장을 선점하던 초일류 기업들이 몰락하는 등 외부 환경이 급격히 변하면서 삼성전자도 생존을 위한 변화를 모색하기 시작했다. 그 변화의 시작은 직원들의 80퍼센트를 차지하는 2030세대였다. 신조어인 'MZ세대' 중 'M'에 해당하는 밀레니얼 세대는 '자발적이고 자유분방한' 성격을 지닌 디지털 네이티브로, 이들이 직원의 주축이 되면서 삼성전자는 말 그대로 젊어졌다.

밀레니얼 세대들이 주축이 된 후, 이들은 삼성전자의 경직된 업무 환경을 지적했다. 2012 Samsung Culture Index(SCI) 결과에 따르면, 삼

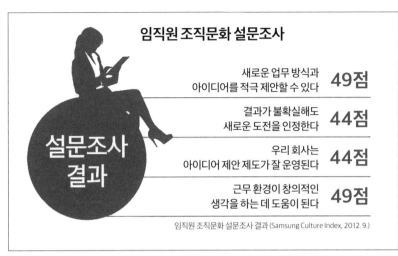

임직원 조직문화 설문조사

새로운 업무 방식과
아이디어를 적극 제안할 수 있다 **49점**

결과가 불확실해도
새로운 도전을 인정한다 **44점**

우리 회사는
아이디어 제안 제도가 잘 운영된다 **44점**

근무 환경이 창의적인
생각을 하는 데 도움이 된다 **49점**

설문조사
결과

임직원 조직문화 설문조사 결과 (Samsung Culture Index, 2012. 9.)

2012년 삼성전자 조직문화에 대한 설문조사 결과

성전자는 '혁신'과 '도전'에 관한 문항에서 모두 평균 이하의 점수를 받았다. 이는 혁신의 대부분이 작은 아이디어에서 시작되지만 업무와 직결되지 않으면 아이디어를 발전시키거나 구현할 기회가 제공되지 않았으니, 사원들의 이러한 평가는 이상한 것이 아니었다. 사원들은 다음과 같은 평가를 했다.

"새로운 아이디어를 제안해봐야 소용이 없다."

"혁신과 창의를 외치다 실패하기라도 하면 능력 없는 사람으로 낙인이 찍힌다."

"임원들은 단기 실적에만 집중하고, 절대 모험하려고 하지 않는다. 창의적 성과는 현재 업무 프로세스에서는 불가능하다."

삼성전자 MZ세대들의 회사에 대한 인식

젊은 연구원들은 아이디어를 펼쳐보이려는 의욕과 열정이 강하지만 회사가 이를 적극적으로 수용하지 못했다. 그럼에도 불구하고 이들의 창의적 혁신과 도전 정신 덕분에 삼성전자는 희망의 빛을 볼 수 있었다. 한 젊은 연구원은 "하고 싶은 일에 도전해보고 싶다. 그럴 수만 있다면 고과를 잘 받지 못해도 상관없다."라고 말했다. 이러한 젊은 세대들과 함께 삼성전자는 거대한 변화를 직면하고 받아들여야 하는 시점에 도달했다.

🚀 중화권의 추격

우리는 중국을 잘 모르고 있었다. 중국은 2010년부터 반도체 산업 육성 계획을 시작하여, 그것을 2020년까지 세계 첨단 수준으로 끌어올리는 것을 목표로 했다. 이 기간 동안 중국의 전자산업, 특히 스마트폰 분야는 급격히 성장했다. 샤오미, 화웨이, 오포, 비보 등의 기업이 등장하며 삼성전자를 위협하기 시작했다.

2011년 세계 시장 점유율이 7퍼센트에 불과했던 중국 스마트폰 브랜드는 2015년에는 28퍼센트로 증가했다. 샤오미는 중국 내에서 스마트폰 시장 점유율 1위를 차지하며 삼성전자를 맹추격했다.

초기에는 아이폰의 짝퉁이라는 오명을 벗지 못했지만, 가격 경쟁력과 다양한 콘텐츠 연계로 시장의 판세를 뒤집었다. 샤오미의 스마트폰은 삼성이나 애플보다 저렴했고, 전자책, 비디오 등 다양한 콘텐츠와 연계하여 디바이스의 활용도를 높였으며, 독자적인 운영 체계인 'MIUI'를 통해 소비자 맞춤형 제품을 개발했다.

샤오미의 성공 요인 중 하나는 통신사를 거치지 않고 '샤오미닷컴'을 통한 직접 판매 방식이었다. 이를 통해 판매 가격과 마케팅 비용을 절감하였으며, 이 전략은 중국을 넘어 인도 시장에서도 성공을 거두게 했다. '혁신'을 중심에 두고 성장한 샤오미의 성공은 쉽게 사그라지지 않았다. 삼성전자는 글로벌 시장 점유율 1위를 유지하고 있었지만, 인도에서는 샤오미와 치열한 경쟁을 벌여야 했다.

이와 함께 화웨이는 네트워크 장비 및 스마트폰 분야에서 세계적인 선두 기업으로 자리 잡으며 기술 혁신, 제품 다양화, 가격 경쟁력을 바탕으로 꾸준히 성장해나갔다. 삼성전자는 중국의 중저가 스마트폰의 맹렬한 추격 앞에서 위기감을 느끼지 않을 수 없었다.

이러한 중국 기업들의 성장과 혁신은 삼성전자의 경쟁력을 흔들었고,

삼성전자는 이에 대응하기 위한 전략을 모색해야 하는 상황에 직면하게
되었다.

🚀 상시 위기경영 체제

삼성전자는 차세대 신기술 및 인적 역량 확보와 기존 전자 기기 시장에
서의 견고한 성장으로 안정적인 경영 환경을 유지하고 있었다. 그러나
삼성전자는 항상 '상시 위기의식'을 가지고 있었다.

삼성전자의 신년사에는 항상 '위기'라는 단어가 등장했다. 매출 1위
를 기록하고 직원들에게 파격적인 성과급을 지급하면서도, '상시 위기경
영'을 강조하며 혁신을 촉구했다. 이는 노키아의 몰락과 아이폰의 등장

세계 언론 · 학계가 주목한 삼성전자의 성공 요인

C랩처럼 도전하라

에서 체감한 바와 같이, 시장 지배력이 뛰어나더라도 어느 한순간에 도태될 수 있다는 경각심에서 비롯되었다.

노키아와 삼성전자와 같이 성숙 산업에서 시장 지배력을 장악한 기업들은 파괴적 혁신과 벤처 창업 면에서 유리한 측면이 많다. 이는 이들이 내부 자원과 역량을 효과적으로 활용할 수 있는 장점을 가지고 있기 때문이다. 자금 동원력과 연구개발 역량이 뛰어난 이들 기업은 실패 가능성이 높은 제품이나 서비스에도 투자할 수 있는 여력을 갖추고 있다. 이러한 재정적·기술적 기반은 새로운 도전에 대응하며 혁신을 추진할 수 있는 강점으로 작용하게 된다. 하지만 휴대폰 시장이 스마트폰 시장으로 대체되면서 삼성전자의 글로벌 시장 점유율 1위는 빛을 잃어갔다. 애플의 아이폰이 본격적으로 시장에 진입하면서 삼성전자의 스마트폰 점유율과 영업 이익률은 뚜렷한 하락세를 보였다.

2014년 삼성전자의 매출액은 2013년 대비 9퍼센트 감소했고, 영업 이익률은 31퍼센트 하락했다. 이는 스마트폰 시장의 변화가 미친 영향이었다. 그러나 삼성전자는 빠른 추격자(Fast Follower) 전략과 세계 최고 수준의 제조 역량을 활용해 스마트폰 시장에 신속히 진입하며 경쟁력을 확보할 수 있었다. 이는 삼성전자가 급변하는 시장 상황에 빠르게 대응할 수 있었던 주요 요인이었다.

🚀 점진적 혁신과 파괴적 혁신

흔히 기업의 혁신은 크게 두 가지로 구분된다. 첫째, 점진적 혁신은 기존

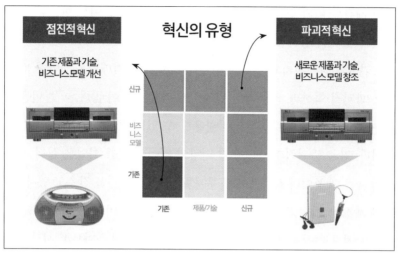

혁신의 두 가지 유형, 점진적 혁신 & 파괴적 혁신

의 틀을 유지하면서 제품, 기술, 비즈니스 모델 등을 조금씩 개선해나가는 방식이다. 둘째, 파괴적 혁신은 완전히 새로운 틀로 비즈니스 모델을 창조하는 방식이다.

삼성전자는 점진적 혁신에 능한 기업이었다. 더 콤팩트한 디자인, 합리적인 가격으로 제품을 업그레이드하는 데 탁월하여, 탄탄하게 성장할수 있었다. 전 세계 언론과 학계는 삼성의 성공 요인을 강력한 리더십, 빠른 의사결정과 실행력, 상시 위기의식으로 분석했다. 이러한 요소들은 모두 점진적 혁신에 적합한 요소라고 할 수 있다.

그러나 삼성전자는 파괴적 혁신을 통해 새로운 비즈니스 모델을 창조하는 데는 어려움을 겪고 있었다. 이는 기존의 틀을 깨는 것이 아니라 기존의 틀을 유지하면서 개선하는 데 집중해왔기 때문이다. 삼성전자는 변동성과 불확실성이 큰 경쟁 환경 속에서 창조적 혁신을 선도하고, 민첩하

C랩처럼 도전하라

고 유연하게 대처할 수 있는 기반을 마련해야 하는 도전에 직면했다.

노키아의 사례를 다시 살펴보자. 노키아는 애플보다 훨씬 더 많은 자금을 R&D에 투입했다. 2009년에는 애플보다 6.4배, 2010년에는 4.4배, 2011년에는 3배나 더 많은 돈을 R&D에 투자했다. 직원들 역시 혁신을 위해 밤낮을 가리지 않고 노력한 덕분에 제품과 서비스를 꾸준히 개선시킬 수 있었다. 그러나 이러한 노력에도 불구하고 노키아는 결국 몰락했고, 마이크로소프트에 매각되었다.

노키아의 실패 원인은 혁신의 접근 방식에 있었다. 노키아는 '점진적 혁신'을 추구하여 제품을 차근차근 변화시켰지만, 이는 경쟁 업체인 애플보다 '훨씬 덜 혁신적'이었다. 반면 애플은 '파괴적 혁신'을 통해 기존의 휴대폰과 완전히 다른 '아이폰'을 내놓았다. 애플은 매출액의 약 3퍼센트만을 R&D에 투자했지만, 그들의 제품은 노키아보다 훨씬 더 혁신적이었다. 이 사례는 점진적 혁신과 파괴적 혁신의 차이를 명확히 보여준다. 노키아의 몰락은 혁신이 단순히 자금과 노력의 문제가 아니라 접근 방식의 문제임을 보여주는 중요한 사례이다.

이렇듯 혁신은 개선(Improvement)이 아닌 돌파(Breakthrough)라고 할 수 있다. 기업은 이제 변화에 대응하기보다는 변화의 주체가 되어야 한다. 점진적 혁신이 기존 시장에서의 제품과 서비스를 개선하는 데 그치는 반면, 파괴적 혁신은 시장 자체를 바꿔버리는 힘을 가지고 있다.

물론 파괴적 혁신은 리스크가 크고 시간과 비용이 많이 들 수 있지만, 그 영향력은 산업이나 시장을 넘어 세상까지 바꿀 수 있다. 이는 점진적 혁신이 필요 없다는 의미가 아니라, 파괴적 혁신이 더 큰 성공 가능성을 열어줄 수 있음을 강조하는 것이다.

삼성전자 또한 변화의 중심에 있었고, 파괴적 혁신이 필요했다. 그러나 대기업에서 혁신을 도입하는 것은 쉽지 않다. 대기업은 작은 기업처럼 빠르게 방향을 전환하기 어려운 거대한 항공모함과 같기 때문이다. 선두를 달리는 대기업이 파괴적 혁신의 주도자가 되는 것은 현실적으로 어렵게 느껴질 수 있다. 하지만 다이내믹한 시장에서 생존하기 위해서는 대기업 역시 끊임없이 긴장하고 변화를 추구해야 하며, 특히 시장 환경과 기술이 빠르게 변화할 때 파괴적 혁신은 더욱 중요하다.

경영의 하이브리드에서 기술의 하이브리드로

만약 기업이 시장 변화에 신속히 대응하지 못한다면 그 기업의 미래는 또 다른 노키아의 사례로 남을 가능성이 크다. 삼성전자는 이러한 점을 인식하고 생존을 위해 파괴적 혁신을 선택했다. 이를 구체적으로 실행하기 위해 조직 내부에 실리콘밸리와 같은 창업 환경을 조성하고, 사내 벤처 창업을 장려하는 전략을 세웠다.

실리콘밸리로 집결한 삼성전자의 사장단들은 '하이브리드 전략'을 통해 조직을 혁신하자는 결론을 내렸다. 이는 기존의 선택과 집중 능력, 일사불란한 조직의 강점을 살리면서 실리콘밸리 스타트업처럼 빠르고 유연한 도전 문화를 가진 조직을 도입하자는 것이었다.

"시장을 선도하는 창조적 성과를 내라!" 이를 위해 창의개발센터가 새롭게 만들어졌다. 이는 삼성전자에서 창의적 혁신의 씨앗이 움트기 시작한 중요한 변화를 의미한다. 진정한 시장 선도자로 변신하기 위해 조직문화를 혁신하는 것은 필수 과제였다.

그동안 삼성전자는 '빠른 추격자'로서 세계적인 기업의 자리를 고수해왔지만, 이는 '창조적 혁신'과는 다소 거리가 있었다. 그래서 삼성전자는 '양손잡이 조직'을 구축하여 세계 시장에서 혁신 리더십을 확보하고 유지하기 위해 과감한 결단을 내렸다. 이는 기존 사업을 중심으로 안정성을 추구하는 한편, 창의적 혁신을 기반으로 신성장 동력을 확보하는 전략이었다.

삼성전자는 위기가 닥칠 때마다 한 단계 더 도약해왔으며, 하이브리드 전략을 구사하는 데 매우 능숙하다. 삼성전자가 세계적인 1위 자리를 굳건히 할 수 있었던 데는 경영, 기술, 조직의 하이브리드 전략이 핵심 역할을 했다. 다음은 삼성전자가 구축한 세 가지 하이브리드 전략이다.

① 경영의 하이브리드 전략

삼성전자는 경영의 하이브리드 전략을 펼치며, 일본식 경영 방식과 미국식 경영 방식의 접점을 찾았다. 삼성전자는 창업 이래 일본 기업들과 줄곧 협력하며 일본식 경영을 받아들였다.

사업 초기에는 일본 도시바 및 산요 등과 합작회사를 운영하며, 일본의 경영 방식을 자연스럽게 받아들였다. 그 과정에서 수직적 계열화를 비롯해 비관련 사업을 다각화하고, 시장 점유율을 중심으로 공채 제도와 연공 서열제, 종신 고용제 등의 보상 형태를 도입했다. 이러한 경영 방식은 회사에 대한 직원들의 충성도를 높이는 데 기여했다.

그러나 일본이 1985년에 '플라자 합의(Plaza Accord, 미국 달러화의 평가절하를 위한 주요 국가들 간의 정책 합의)' 후 경쟁력을 상실하게 되면서, 삼성

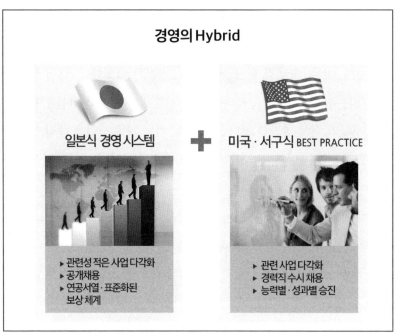

경영의 Hybrid

일본식 경영 시스템 ➕ 미국·서구식 BEST PRACTICE

▶ 관련성 적은 사업 다각화
▶ 공개채용
▶ 연공서열·표준화된
  보상 체계

▶ 관련 사업 다각화
▶ 경력직 수시 채용
▶ 능력별·성과별 승진

삼성전자 경영의 하이브리드 전략

전자는 IMF를 겪을 무렵 일본의 경영 방식에 미국식 성과주의를 융합했다.

미국식 경영 방식은 이익 창출을 강조하고, 능력이나 성과에 따라 직원들에게 보상하는 특징이 있다. 미국식 경영 방식 도입을 통해 주주를 우선시하고, 인센티브 제도를 파격적으로 적용했다. 또한 외부 시장을 확대하는 다각적인 전략을 추구한 결과, 우수한 인재도 확보할 수 있었다.

이러한 경영의 하이브리드 전략은 삼성전자가 글로벌 시장에서 경쟁력을 유지하고, 지속적인 성장을 이루는 데 중요한 역할을 했다.

② 기술의 하이브리드 전략

삼성전자는 기술의 하이브리드 전략을 통해 하드웨어와 소프트웨어를 결합하여 경쟁력을 강화했다. 삼성전자가 하드웨어 분야에서 전통 강자라는 것은 이미 널리 알려져 있다. 생활 가전제품 사업을 시작으로, 통신 기기 및 정보 단말기, 반도체 디스플레이, 전자부품 등 다양한 하드웨어 사업에서 두각을 나타냈다.

그러나 삼성전자는 소프트웨어 기술의 중요성을 일찍이 간파했다. 이를 위해 소프트웨어센터를 만들고, 미디어콘텐츠사업팀을 운영하며 소프트웨어 경쟁력을 점차 확보해나갔다. 이러한 노력을 통해 하드웨어와 소프트웨어를 결합한 새로운 서비스를 제공하는 솔루션 비즈니스의 기반을 다졌다.

이러한 기술 하이브리드 전략을 통해 삼성전자는 기존의 하드웨어 강점을 유지하면서도 소프트웨어 역량을 강화하여 종합적인 기술 경쟁력을 확보하게 되었다. 이는 삼성전자가 글로벌 시장에서 지속적으로 혁신하고 성장할 수 있는 중요한 원동력이 되었다.

③ 조직의 하이브리드 전략

삼성전자의 조직 하이브리드 전략은 'C랩' 제도로 설명할 수 있다. 대내외의 경영 환경이 불확실하다는 분석에 따라 삼성전자는 소규모 혁신 조직인 C랩을 도입했다. 이는 변화하는 환경에 민첩하게 대응하고, 새로운 차원의 창조적 성과를 창출하기 위해 기존 조직 운영의 한계를 뛰어넘는 파괴적인 조직 인사를 단행한 결과이다.

C랩 도입은 시의적절한 결단으로 평가받으며, 삼성전자가 위기의식

삼성전자의 기존 강점 + 스타트업처럼 빠르고 유연한 도전 문화
조직의 Hybrid 전략

기존 조직
Well organized
- 선택과 집중
- 강력한 리더십
- 일사분란한 조직문화

소규모 혁신조직
Disruptive
- 도전 정신
- 빠른 실행력
- 실패 용인

조직의 Hybrid

삼성전자의 C랩, 조직의 하이브리드 전략

을 바탕으로 선택한 혁신 전략의 중요한 요소가 되었다.

"지금은 작지만 앞으로 크게 될 혁신 아이디어를 빠르게 실행한다!"

바로 C랩의 목적이다. 'Small but Next big thing'은 제품이나 아이디어에만 적용되는 말이 아니라 C랩에서 성장할 인력들도 '작지만 크게 될 창의 인재'로 키우는 것을 의미한다.

C랩은 삼성전자가 스타트업처럼 빠르고 유연한 도전 문화를 조직에 도입하기 위한 전략이다. 삼성전자의 강점인 선택과 집중, 체계적인 조직 운영 방식을 유지하면서도 혁신적인 아이디어와 빠른 실행력을 갖춘 스타트업의 특성을 결합한 것이다.

쉽게 말해, 삼성전자가 기존의 강점을 살리면서도 새로운 시도를 통해 더욱 유연하고 창의적인 조직문화를 만들어가는 '조직의 하이브리드 전략'인 것이다. 이 소규모 혁신 조직은 도전 정신과 실행력, 그리고 실패를 용인하는 기조를 통해 삼성전자의 전체 조직을 조금씩, 그러나 분명하게 변화시키는 선구자적 역할을 하고 있다.

CHAPTER 2

창의성과 혁신의 발현 조건

C랩은 삼성전자 내에서 창조적 혁신의 토대를 마련하기 위해 기획되었다. C랩은 임직원들의 창의성과 혁신적 아이디어를 활발하게 분출시키고, 그것을 사업 아이템이나 혁신 과제로 발전시킴으로써 점진적 혁신의 결과물은 물론 파괴적 혁신의 결과물까지 역동적으로 만들어내는 것을 목표로 세웠다. 그렇다면, C랩은 혁신의 놀이터를 만들기 위해 어떻게 했을까? 우선, 창의성과 혁신이 어떤 조건에서 활성화되는지를 이해하고 그 조건을 충족하기 위해 집중해야 했다. 따라서 이 장에서는 창의성과 혁신이 발현되는 조건에 관한 이론적 틀을 정리했다.*

🚀 조직토양

창의성과 혁신은 정교하게 관리함으로써 발현되기보다는 땅에 뿌린 씨가 싹을 틔워 세상에 나오듯 창발하는 특성이 있다. 따라서 조직 구성원들에게 내재되어 있는 창의적 아이디어가 싹을 틔우고 자라서 열매를 맺으려면, 이를 촉진할 수 있는 조직 토양이 조성되어야 한다. 즉, 조직 구성원들이 혁신적인 문제를 해결하는 데 몰두할 수 있는 환경이 갖춰져야만 창의성과 혁신을 이끌어낼 수 있다.

쉽게 말해, 창의성과 혁신은 조직 구성원들이 다양한 개성과 관점, 그리고 아이디어를 보유한 자유인이라는 것을 전제하고, 그에 맞게 대우할 때 발현된다. 그러므로 조직 구성원들의 행동을 감독하고 통제하는 접근법에서 벗어나, 그들이 조직과 일체감을 형성함으로써 혁신적 방안들을 찾아 주도적으로 실행할 수 있도록 장애 요인들을 제거해주는 것은 물론 그것을 뒷받침하는 조직 토양을 조성하는 것이 중요하다.

창의적 혁신을 촉진하는 조직 토양은 어떠한 특성이 있을까? 고샬(Sumantra Goshal)과 바틀렛(Christopher A. Bartlett)은 "창의적 혁신을 촉진하는 토양은 스트레치(Stretch), 신뢰, 지원, 자기 규율로 특징 짓는 토양이다."[1]라고 주장한다.

---

* 이 챕터의 주요 내용은 『대전환 시대의 사람경영』(양혁승, 클라우드나인, 2022.)에 실린 내용을 부분적으로 수정하고 보완하여 작성하였다.

1 수만트라 고샬·크리스토퍼 바틀렛(장동현 역), 『개인화 기업』 세종연구원, 2009.

① 스트레치는 과감한 목표를 세우고 도전하는 조직 토양을 가리킨다. 단순히 무모한 목표를 세우기보다는 기존의 방식으로는 달성할 수 없는, 그래서 발상의 전환을 자극할 수 있는 목표를 세우고 나아가게 한다는 의미다.

② 신뢰는 조직 내 이해관계자들 사이의 관계의 질을 나타낸다. 상대에게 호의를 베풀면 그 상대도 본인에게 호의를 베풀 것이라는 믿음이고, 상대의 이익을 위해 일하는 것이 본인에게도 이익이 된다는 믿음이다. 신뢰는 협력과 상생의 밑거름이다. 또한 신뢰가 형성되어 있을 때 손실의 위험성을 회피하거나 이해타산에 에너지를 낭비하지 않고, 그 에너지를 창의성과 혁신에 집중할 수 있다.

③ 지원은 서로를 밀어주고 격려해주는 분위기를 말한다. 조직 구성원들 사이에 새롭고 파격적 아이디어를 제안하고 이를 시도해보려면, 격려하고 또 지원해주는 조직 토양이 필요하다.

④ 자기 규율은 구성원들이 누군가의 감독과 통제로 움직이기보다는 자신들의 행동을 조직의 비전과 가치에 맞춰 자율적으로 규율하는 조직 분위기를 가리킨다. 창의성과 혁신은 자율성과 주도성이 보장되는 분위기 속에서 발휘된다.

🚀 심리적 안전감

조직 구성원들은 심리적 안전감을 느낄 때 관료주의 틀에 갇힌 조직인에 머물지 않고 비로소 자유인으로서 사고하고 행동하게 된다. 심리적 안전감이란 대인 관계에 따른 위험 부담으로부터 안전하다고 느끼는, 즉 자신의 모습을 그대로 드러내도 편안함을 느끼는 심리 상태를 가리킨다. 이러한 심리적 안전감은 학습 문화와 혁신 문화의 토대가 된다.

조직 내에 설정되어 있는 제반 경계선을 뛰어넘는 독창적인 아이디어나 혁신적인 제안이 자유롭게 펼쳐지기 위해서는 우선, 그 결과가 자신에게 이런저런 불이익으로 되돌아오지 않을 것이라는 확신을 심어주어야 한다. 그리고 선의로 도전한 혁신적 시도가 비록 실패하더라도 그에 따른 책임을 추궁받지 않는다는 확신이 있어야 한다.

이러한 심리적 안전감을 느낄 때 조직 구성원들은 비로소 실수나 실패에 대해 처벌받을지 모른다는 두려움에서 벗어나 어떤 제안이나 문제점들을 자유롭게 이야기할 수 있다. 그리고 자신이 실수한 것이나 약점까지도 솔직하게 인정하고 다양한 개선 방안을 찾아나설 수 있다. 실패를 통한 학습과 혁신은 그러한 분위기 속에서 활성화된다.

이는 구글의 사례에서 구체적으로 나타났다. 구글은 2012~2015년에 아리스토텔레스 프로젝트(Aristotle Project)를 실행했다. 전 세계 200개가 넘는 구글팀을 대상으로 팀 역학을 분석했다. 이를 통해 가장 창의적이고 효과적인 성공을 나타낸 팀에게 있는 핵심 요소는 '심리적 안전'이라는 것을 밝혀냈다. 팀 효율성에 기여하는 다섯 가지 중요한 요소, 즉 심리적 안전성, 신뢰성, 구조 및 명확성, 의미, 영향력 중에서 심리적 안전이 가장 중요한 요소로 확인된 것이다.

미하이 칙센트미하이(Mihaly Csikszentmihalyi) 교수의 책 『창의성의 즐거움』에서 인용한 도널드 캠벨(Donald Campbell)의 주장을 들어보면, 환경이 창의성에 큰 영향을 미친다고 한다. 그는 심리학 분야에서 명문 대학의 정교수가 되기 위해 5년 동안 매년 5편의 논문을 발표해야 하는 요구가 창의성을 억압한다고 지적했다. 이런 단기 성과에 대한 높은 요구는 연구자들이 실패를 두려워하지 않고 자유롭게 탐구할 수 있는 여건을 해친다. 그 결과, 창의성을 발휘할 수 있는 자유가 줄어들고, 연구자들은 완전한 연구를 수행하기 어려워진다. 캠벨도 연구자들이 창의적이고 자유롭게 일할 수 있는 환경이 필요하다고 강조한다.[2]

물론 책임감이 결여된 채 심리적 안전성만을 강화하는 것도 문제가 있다. 무사안일주의로 귀착될 수 있기 때문이다. 책임감이 결여된 상태에서 심리적 안전성만을 느낄 때 사람들은 안전 지대에 머무는 경향을 보이며, 책임감은 있지만 심리적 안전성이 결여될 때 사람들은 불안 지대에서 침묵을 지키는 경향을 보인다. 반면, 책임감과 심리적 안전성이 결합하면 학습 지대를 만들어낼 수 있다. 즉, 학습과 혁신 문화는 심리적 안전성과 책임감이 조화를 이룰 때 꽃피울 수 있다.[3]

여기서 강조하는 책임감은 단기적인 결과보다는 과정에 대한 책임감이다. 이는 단순히 정해진 과정을 잘 따랐는지를 묻는 것이 아니다. 창의적으로 더 나은 과정을 찾았는지, 다양한 의견을 수렴하며 주도적으로 행동했는지, 각 과정의 효과를 투명하게 공유하고 다양한 시각에서 열린 자세로 리뷰했는지를 묻는 것이다. 즉, 과정을 통해 창의성과 혁신을 촉진하는 책임감을 중요하게 여긴다.

---

2 미하이 칙센트미하이(노혜숙 역), 『창의성의 즐거움』 북로드, 2003, 161~162pp에서 재인용.

3 Amy C. Edmondson, The competitive imperative of learning, Harvard Business Review, July-August 2008.

🚀 내적 동기

인간의 동기는 외적 동기와 내적 동기로 나뉜다. 외적 동기는 금전적 보상, 상사의 기대 등과 같은 외부로부터 주어지는 자극에 의해 유발되는 동기를 가리킨다. 내적 동기는 호기심, 흥미, 의미와 보람, 성취감 등과 같이 개인의 내적 요인에 의해 유발되는 동기를 말한다.

먼저 유의해야 할 점은, 외적 동기에 초점을 맞춰 조직을 운영하면 창의성을 발현하는 데 부정적 영향을 미친다는 것이다. 제한된 시간 안에 달성해야 할 과업 목표를 설정하고 또 인센티브를 제시함으로써 경쟁적 상황을 만들어 외적 동기를 강화하면, 구성원들은 인센티브를 받을 수 있는지 여부에만 관심을 기울이게 된다. 그리고 인센티브와 연결되어 있는 업무 목표를 달성하기 위해 집중하게 되는데, 창의적이고 혁신적인 방식을 적용하기보다는 자신이 가장 잘하는 방식을 우선 고려한다. 즉, 이전에 유사한 업무에서 효과를 가장 확실하게 거두었던 방식을 적용하는 것이다. 창의적이고 혁신적인 방식을 시도해볼 여유를 갖지 못한다.

또한 보상과 처벌로 구성원들을 관리하고 통제하면, 그들은 일 자체에 관심을 갖고 임하기보다는 인센티브를 받고 처벌을 피할 수 있는 방식을 택하기 때문에 시야가 좁아진다. 창의성과 혁신적인 사고가 발현되려면 자신이 익숙한 업무 수행 레퍼토리들로부터 한 걸음 물러서서 새로운 레퍼토리를 탐색하고 시도해볼 수 있어야 하는데, 눈에 보이는 인센티브를 받는 데 집착하게 되면 그런 시도를 할 엄두를 내지 못한다. 요컨대, 단기간에 특정한 목표를 달성하도록 독려할 목적으로 인센티브를 사용하면 구성원들로 하여금 익숙한 방식으로 목표에 매진하게 하는 결과를 야기하고, 혁신적 방식으로 도전해보려는 열정은 물론 실패를 통해 역량을 키우려는 성장 마인드를 약화시키게 된다.

반면, 내적 동기를 높이려면 구성원들에게 자발성, 성장 욕구, 의미와 보람, 성취감 등을 일 자체에서 경험할 수 있는 기회를 제공하는 데 초점을 맞춰야 한다. 의미 있는 작은 성취를 맛보게 하는 것은 내적 동기를 높이면서 구성원들의 창의성을 북돋는 방법이다.

창의성 연구에 집중해온 테레사 애머빌(Teresa Amabile) 교수의 연구 결과에 따르면, 직원들의 전반적 기분이 좋아질수록 새로운 아이디어를 내는 등의 창의성이 높아지고, 사소해보이는 업무라도 의미 있는 작은 성취를 경험하는 것이 기분 상태와 자존감에 긍정적 영향을 미치게 된다고 한다. 더 나아가 창의성에도 긍정적 영향을 미친다. 이는 작은 성취들이 불러일으키는 내적 에너지다.

🚀 여유 자원의 확보

2016년 과학저널 「사이언티픽 리포트(Scientific Reports)」에 '여유 자원의 중요성'과 관련해 관심을 끄는 연구 결과가 하나 게재되었다.[4] 진화생물학자인 하세가와(Hasegawa)와 그의 동료들이 개미 군집을 연구한 결과인데, 곤충 사회에서 집단이 장기적으로 존속하기 위해서는 게으른 일

---

4 Hasegawa, E., Ishii, Y., Tada, K., Kobayashi, K. & Yoshimura, J., 2016, Lazy workers are necessary for long-term sustainability in insect societies, Scientific Reports, 6: 20846.

C랩처럼 도전하라

꾼들이 꼭 필요하다는 것을 보여주는 실험이었다. 사회성이 강한 개미의 군집을 관찰하다보면, 관찰 시점에 보통 20~30퍼센트의 개미는 일을 하지 않고 게으름을 피운다고 한다. 이러한 현상은 관찰 시점에 일을 열심히 하는 개미들만 따로 분리해놓아도 나타나고, 게으름을 피우는 개미들만을 따로 분리해놓아도 마찬가지라고 한다.

연구자들은 개미들을 구분할 수 있도록 표시한 후, 오랜 시간 동안 그들의 행동을 관찰했다. 그 결과, 한 시점에 게으름을 피우던 개미들이 계속 게으름을 피우는 것이 아니라 열심히 일한 개미들이 피곤해서 휴식을 취해야 할 때 그들과 임무를 교대한다는 점을 발견했다. 그래서 연구자들은 관찰 결과를 기초로 시뮬레이션을 진행했다. 매 순간 모든 개미들이 일에 매달리는 개미 군집은 그들이 잠시 쉬는 동안 세균이 알을 오염시켜 썩게 만들기 때문에 장기적으로 존속하지 못했다. 그러나 휴식을 취하는 일부 그룹을 두고 순차적으로 임무를 교대하는 개미 군집은 장기적으로 존속할 수 있었다.

어느 집단이든지 지속적으로 생존하며 발전하기 위해서는 당장의 경쟁에서 우위를 점하기 위한 단기 성과 극대화의 요구와, 변화하는 환경에 적응하면서 장기적인 생존력을 높여야 할 요구 사이의 상충 관계에서 오는 긴장을 경험하게 된다. 위 연구 결과는 단기적으로 생산성을 극대화하기 위해 모든 개체가 일에 매달리는 집단보다는 어느 정도 여유 개체들이 존재하면서 서로 역할을 교대하는 집단이 장기적 생존 면에서 더 유리하다는 사실을 말해준다.

이는 창의성과 혁신 역량을 높임으로써 변동성이 높은 환경에서 장기적 경쟁 우위를 확보하려는 조직의 인력 운영에 시사하는 바가 크다. 이

연구 결과를 근거로 연구자들은 "게으른 일꾼들의 존재가 집단의 장기적 존속을 위한 필요 조건이다. 혁신 게임의 시대에 여유 인력을 운영하는 것은 무엇보다 중요하다."라고 강조한다.

그러므로 개인이든 조직이든, 창의적이고 혁신적인 방식을 탐색하고 시도하기 위해서는 정신적 혹은 시간적으로, 투입 자원 면에서 어느 정도 여유를 확보해야 한다. 모든 구성원이 빠듯하게 돌아가는 일상적 업무에 매달려야 하는 조건에서는 기존의 일하는 방식에서 한 걸음 물러서서 자신들이 하고 있는 것들을 비판적으로 성찰하고, 기존의 틀에서 벗어나 새로운 길을 찾아볼 여유를 갖기 어렵기 때문이다.

3M은 "4년 이내에 개발된 상품의 매출액이 회사 전체 매출액의 30퍼센트 이상을 차지하도록 한다."라는 모토로, 창의적 기업의 명성을 오랫동안 유지해왔다. 위 목표 달성을 뒷받침하기 위해 3M은 R&D 인력들에게 '15퍼센트 룰(근무 시간의 15퍼센트에 해당하는 시간을 재량껏 사용하도록 허용하는 규칙)'을 적용해왔다.

그리고 구글은 '15퍼센트 룰'을 확대해 '20퍼센트 룰'을 적용해왔으며, 인적자원 배치 측면에서 10퍼센트의 인력은 실패할 리스크가 아주 크지만 성공한다면 많은 이익을 보장할 수 있는 프로젝트에 할당하는 원칙도 적용해왔다. 이러한 여유 시간 및 여유 자원을 투입하는 것은 효율성을 극대화하려는 경영 관점에서 보면, 자원 낭비라고 할 수 있다. 하지만 지속적 혁신을 추구하는 관점에서 보면, 필수적인 투자라 할 수 있다.

이처럼 여유 인력을 확보하는 것은 기술과 지식의 반감기가 급격하게 짧아지고 있는 오늘날, 조직의 역량을 확보하는 측면에서도 필수적인 조건이라고 볼 수 있다. 기술과 지식의 반감기가 짧아질수록 구성원들이 보유하고 있는 기술과 지식은 빠르게 진부해지고, 새로운 기술과 지식을 제때 습득하지 못하면 개개인은 물론 조직도 뒤처질 수밖에 없기 때문이다. 따라서 지속적인 학습을 통한 새로운 기술과 지식의 습득 및 활용은 매우 중요하다.

그리고 기술의 반감기가 짧아지면 짧아질수록, 기술 간 연계 구조가 복잡해지면 복잡해질수록 구성원들의 지속적 학습에 더 많은 시간과 자원을 투입해야 한다. 그런데 모든 인력이 일상적 업무에만 집중하고 있다면, 구성원들이 학습을 통해 역량을 향상할 수 있는 시간을 확보하기는 어렵다. 그런 점에서 지속적인 학습은 더 이상 업무 외적인 선택 사항이라기보다 업무의 중요한 일부로 간주되어야 하며, 이를 현실화하기 위해서는 어느 정도 여유 자원을 확보해야 한다.

🚀 집단지성의 활용

문제가 갈수록 복합적인 성격을 띠고, 환경이 유동적으로 변화하며 불확실성이 높아지는 상황에서 집단의 창의성을 활용하는 것은 선택이 아닌 필수가 되었다. 집단지성을 탐구한 제임스 서로위키(James Surowiecki)는 "평균이란 '보통 수준'을 의미하지만 집단의 지혜가 개입되면 평균은 '탁월함'으로 변한다."[5]고 말한다. 즉, 창의성과 혁신은 개인 수준보다는 집단지성이 발휘되는 메커니즘 속에서 시너지 효과가 나타날 때 활성화된

---

5   제임스 서로위키(홍대운·이창근 역), 『대중의 지혜』 랜덤하우스중앙, 2005, 38pp.

다. 그는 집단지성의 장점이 발현되기 위해서는 다음의 네 가지 조건이 충족되어야 한다[6]고 말한다.

① 인지적 다양성의 확보

전문성이나 사물을 바라보는 관점에서 동질성이 강한 집단이라면 그 속에서 창의적 집단지성이 작동되기는 어렵다. 다양성이 결여된 집단은 집단지성이 아닌 '집단사고(Groupthink)'의 덫에 빠지게 된다. 그에 반해 인지적 다양성은 해법의 범위를 확장시켜주며, 문제를 바라보는 독창적이고 기발한 해석을 가능하게 한다.

집단의 의사결정에 관한 전문가 찰란 네메스(Charlan Nemeth)는 "소수의 의견이 중요한 이유는 그들의 의견이 결국 옳다고 판명되는 경향이 있기 때문이 아니라 다양한 측면에 관심을 갖게 하고 또 사고를 촉진시키기 때문이다."[7]라고 강조한다. 즉, 소수의 의견이 틀린 것으로 판명된다고 해도 그들의 의견이 창의적 해결 방안을 찾아내거나 질적으로 더 나은 결정을 내리는 데 기여한다는 것이다.

② 독립적 의견 표명

구성원들이 다른 구성원들의 의견에 의존하거나 편승하지 않고 독립적으로 생각하며, 자신의 의견을 자유롭게 제시할 수 있어야 한다. 의견

---

6 제임스 서로위키(홍대운 · 이창근 역), 『대중의 지혜』 랜덤하우스중앙, 2005, 36-37pp.

7 Charlan J. Nemeth, 1986, Differential contributions of majority and minority influence, Psychological Review, 93: 23~32. 애덤 그랜트(홍지수 역), 『오리지널스』 한국경제신문, 2016, 312pp에서 재인용.

표명의 독립성은 특정한 구성원들의 판단 착오가 서로 연관되어 집단적 편향으로 전환되는 것을 막아주고, 신선하고 새로운 정보와 아이디어가 논의 테이블에 올라올 수 있는 기회를 넓혀준다. 누구의 생각이든 아이디어는 아이디어 그 자체로 경쟁하고 협력해야 한다.

따라서 리더는 집단 내에서 개인의 독립적인 의견이 개진되는 것을 가로막는 요소들을 제거하고 의견을 자유롭게 개진할 수 있는 여건과 프로세스를 마련해야 한다. 특히 위계적 질서가 강한 집단이나 동질적인 집단에 속한 개개인은 심리적으로 동조화 압력을 강하게 받는다.

더욱이 한시적인 과제를 수행하기 위해 다양한 전문성과 기술을 보유한 개개인으로 구성된 집단보다 상시적으로 함께 일하는 집단(예를 들어 기능 부서) 내에서 동조화 압력은 더 강할 것이다. 게다가 의견을 순차적으로 발표할 때도 전문성이나 영향력이 큰 사람의 의견에 다른 사람들이 영향을 받을 수 있다.

③ 분산화

문제에 대한 좋은 해법은 그 문제가 발생하는 현장에 근접한 사람들로부터 나올 가능성이 높다. 정보의 질적인 면에서 분산화는 많은 장점이 있다. 일선 현장 조직의 구성원들에게 그들의 현장 전문성과 노하우를 활용할 수 있도록 주도권을 주고, 현장성을 반영한 그들의 경험에 따른 좋은 의견이 교류되는 채널을 활성화할 때 집단지성을 위한 정보와 아이디어의 질이 많이 향상될 수 있다.

이뿐만 아니라 의사결정의 분산화는 구성원들의 자율성과 그에 따른 내적 동기를 높이는 데도 크게 기여한다.

④ 종합하는 능력

분산 시스템은 시스템 내 모든 구성원의 정보를 통합하는 메커니즘이 있을 때만 집단지성의 시너지 효과를 기대할 수 있다. 다양한 창의적 아이디어를 테이블 위에 펼쳐놓더라도 그것을 수렴해서 신속하게 실행하지 못한다면 창의적 아이디어를 제시하려는 구성원들의 의지는 점차 사그라질 수밖에 없다. 따라서 구성원들이 특정 과제에 대해 창의적 아이디어를 제시하면 해당 과제에 주도권을 갖는 개인이나 팀이 그것들을 수렴한 후 실행하게 하는 등 그들이 직접 매듭을 지을 수 있어야 한다.

🚀 낯선 것과의 접점 확대

뇌과학자 정재승 교수는 "창의적인 사람이 따로 있는 것이 아니라 창의적인 순간이 있을 뿐이다."[8]라고 말한다. 또 그는 "'아하! 모멘트', 즉 창의적 아이디어가 만들어지는 순간에는 평소 신경신호를 주고받지 않던 굉장히 멀리 떨어져 있는 뇌의 영역들 사이에 서로 신호를 주고받는 현상이 벌어진다."라고 강조한다. 그는 창의성은 무에서 유를 창조하는 것이 아니라는 데 주목하고 있다. 기존에 있는 것들, 즉 서로 모순적이고 역설적인 관계에 있는 것들과 익숙하지 않은 낯선 것들을 생산적으로 재배열하는 과정에서 발현된다는 것이다.

이 점을 고려하면, 창의적이고 혁신적인 발상이 이루어지기 위해서는

---

8   정재승, 「열두 발자국」 어크로스, 2018, 220pp.

해결해야 할 문제와 평소에는 서로 상관없어 보이는 다양한 관점과 지식, 경험 등이 필요하다는 것을 알 수 있다. 그것들이 서로 어우러져 불꽃이 튈 수 있는 조건이 형성되어야 한다는 것이다. 다시 말해, 반복적인 일상에서 벗어나 해결해야 할 문제를 새로운 관점에서 바라보고, 상관없어 보이는 개념들을 서로 연결해보는 과정에서 창의적 아이디어와 통찰이 일어난다는 것이다.

'사회적 네트워크 이론'도 혁신과 관련해 '약한 연결 고리'의 중요성을 강조하는데, 위 내용과 맥을 같이한다. 약한 연결 고리란 자주 또는 직접적으로 교류하지는 않지만 가끔 혹은 간접적으로 교류할 수 있는 관계를 가리킨다.

보통 교류가 잦은 강한 연결 고리로 맺어진 관계를 통해서는 새롭고 낯선 관점 또는 정보나 아이디어를 접하기 어렵다. 생각과 아이디어를 서로 반복적으로 공유하고 확인하기 때문에 익숙한 사고방식을 강화하는 역할을 한다. 즉, 당사자들에게 정서적 안정감을 주는 익숙함의 세계를 제공하는 역할을 한다고 볼 수 있다. 그러나 익숙함의 경계를 넘어서서 형성되는 약한 연결 고리는 평소에 접하기 어려운 생소한 정보와 아이디어, 새로운 관점을 접할 수 있는 통로 역할을 하게 된다.

런던 비즈니스 스쿨의 린다 그래튼(Lynda Gratton) 교수는 "경계를 넘어선 외부 세계와 약한 연결 고리들을 활성화할 때 새로움에 대한 탐색과 혁신이 활발하게 일어날 수 있다."[9]고 말했는데, 바로 이런 이유 때문이다. 이처럼 창의성과 혁신의 발현은 새로운 자극이나 새로운 정보 소

9　린다 그래튼(조성숙 역), 『핫스팟』 21세기북스, 2008, 118pp.

스, 본인과 다른 관점이나 전문성을 가진 사람들과 약한 연결 고리 등을 유지하면서, 그 연결 고리들을 통해 들어오는 낯설고 이질적인 것들을 열린 자세로 접할 때 활성화된다. 익숙함과 낯섦이 부딪치는 경계에서 새로운 창조와 혁신이 이루어진다.

따라서 조직 구성원들이 자신의 사회적 경계 너머에 있는 조직 내외부의 사람들과 약한 연결 고리를 유지하도록 장려하는 데서 한 걸음 더 나아가 개방형 혁신의 문을 전향적으로 열어나가야 한다. 창의성과 혁신은 다양한 관점, 전문성, 아이디어들이 상호작용하는 과정에서 발현된다는 점을 감안하면, 창의성의 발현을 활성화하는 데 필요한 다양성의 조건을 한 조직 내에서 충족하는 것은 제한적일 수 있다.

그러므로 다양성을 적극적으로 포용하는 조직문화를 구축하되, 외부 세계에 존재하는 다양한 관점과 전문성, 정보와 아이디어들을 크라우드소싱(Crowdsourcing) 등을 통해 적극적으로 받아들이고 활용함으로써 창의적 혁신을 활성화해야 한다. 초연결 디지털 인프라를 확장함으로써 다양성 원천과의 접점 확보나 그에 따른 거래 비용 등을 해소할 수 있는 길이 크게 열렸기 때문이다.

여기서 특히 주목해야 할 부분이 있다. 이른바 디지털 대전환, 즉 불연속적 대전환의 시대에 기존의 조직을 이끌어가는 기성세대가 직접적으로 맞닥뜨리는 새로운 세대는 디지털 환경 속에 둘러싸인 채 태어나 성장한 MZ세대라는 점이다. 그들의 주 활동 공간은 여러 측면에서 물리적 제약을 받는 오프라인 세계가 아닌 디지털 가상 세계이자 온라인과 오프라인이 융합된 메타버스 세계다. 따라서 기성세대가 그들의 생활방식과 사고방식을 이해하기 어렵다. 그들에게 다가가려고 노력하지만 현실적으로 벽을 느끼는 경우가 많다.

그러나 디지털 인프라를 기반으로 한 파괴적 혁신을 주도하는 세대는 젊은 세대다. 따라서 이들을 이해하고, 이들을 대상으로 한 비즈니스 모델을 구축하는 것이 중요하다. 하지만 더 중요한 것은 이들을 단순히 대상으로 삼는 것을 넘어서 이들이 혁신의 주도자가 될 수 있도록 폭넓은 기회와 환경을 제공하는 것이다.

🚀 실패를 통한 학습 장려

창의성과 혁신은 다양한 시도와 실패를 통해 학습하는 과정에서 발현한다. 그렇기 때문에 창의성과 혁신은 완결성을 추구하는 태도보다는 불확실성과 미완성 상태를 받아들일 줄 아는 태도가 중요하다. 혁신적 제품을 개발해 새로운 시장을 창출하는 과정은 미완성의 베타 버전을 시장에 출시하고, 고객들의 피드백을 받아 그것을 폐기하거나 개선·발전시켜 다음 버전을 출시하고, 또다시 피드백을 받아 그다음 단계로 발전시켜나가는 과정이다.

이 과정은 인간의 의식이 작동하는 방식과 같다. 합리적 사고는 시행착오를 통해 첫 번째 추측보다 점점 더 나은 답을 찾는 과정이다. 이렇게 단순한 것에서 시작해, 적응하고 배우는 능력이 인간 지성의 진정한 비밀이라고 할 수 있다.

오늘날과 같이 변화가 빠른 시대에는 기술적 혹은 기능적으로 완벽한 제품을 만들어 출시하겠다며 시간을 끄는 것은 지혜롭지 못하다. 그 사이에 애자일 프로세스(Agile Process)를 따라 출시된 경쟁사의 제품이 시장을 선점할 가능성이 높기 때문이다. 변화가 빠르고 불확실성이 높은 오늘날과 같은 환경에서는 그만큼 속도가 중요하다. 이뿐만 아니라 시장 고객의 피드백을 받지 않고 기술적 혹은 기능적으로 완결성을 갖춘 제품을 개발해 판매하는 것은 무의미하다.

혁신의 중심 거점이 된 미국 실리콘밸리의 모토 중 하나가 "빨리 실패하라(Fail Fast)!"인 것도 실패를 통한 학습을 추구하는 실리콘밸리의 문화를 반영한 것이다. 이는 곧 혁신이란 실험 정신에 기반한 다양한 시도를 속도감 있게 진행하면서, 현장으로부터 피드백을 받아 발전시켜나가는 애자일 프로세스 혹은 실패를 통한 학습 프로세스 속에서 발현된다는 것을 보여준다.

또한 혁신은 다양하게 시도하며 특정한 상황이나 시점에서 최선이라고 할 수 있는 선택지를 찾아나가는 역동적인 과정이라고 볼 수 있다. 이와 관련해 콜린스(James Collins)와 한센(Morten Hansen)은 '조준 후 발사' 프로세스가 아닌, '발사 후 조준' 프로세스를 변동성과 불확실성이 높은 환경에서 적용할 전략 실행 프로세스로 제시했다.[10]

이는 목표를 정확히 설정한 후에 실행하는 것이 아니라, 여러 작은 시도와 실험을 통해 어떤 것이 효과가 있는지 먼저 확인하는 방식이다. 다양한 실험을 하다가 가능성이 보이면 그곳에 자원을 집중 투입하는 방식인데, 이렇게 하면 불확실한 환경에서도 빠르게 기회를 포착하고 민첩하게 대응할 수 있어 높은 성과를 낼 수 있기 때문이다.

---

10 짐 콜린스 · 모튼 한센(김명철 역), 『위대한 기업의 선택』, 김영사, 2012.

이러한 접근법은 상황과 환경이 빠르게 변화한다는 것을 전제로, 다양한 시도를 해볼 수 있는 여유와 잉여 자원을 평소에도 조직 안에 보유하고 있어야 한다는 점과 실패에 대한 관용적 분위기가 형성되도록 제도적으로 뒷받침되어야 한다는 점을 시사한다.

🚀 혁신 조직의 독립 운영

한 산업 내에서 선두 자리를 점하고 있는 기업들이 파괴적 혁신(혹은 단절적 혁신)의 주도자가 되기는 어렵고, 오히려 해당 산업의 신생 벤처기업들이 일으킨 파괴적 혁신의 희생양이 되기 쉽다. 이는 곧 거대 기업 내에서 사내 벤처를 육성한다는 것이 구조적으로 어렵다는 것을 말해준다. 이러한 현상은 파괴적 혁신에 관한 이론과 수많은 사례를 통해 확인할 수 있는데, 그 이유는 여러 가지다.

우선, 한 제품이나 서비스에서 시장 지배적 위치를 점하고 있는 선두 기업이 신생 기업에 비해 파괴적 혁신을 주도하기 어려운 이유는 '제 살 깎기 현상'때문이다. 만약, 휴대폰 시장에서 선두 자리를 점했던 노키아가 새로운 스마트폰을 만들어 출시했다면 시장에서 어떤 일이 벌어졌을까? 노키아 스마트폰을 구매하는 고객들 중 상당수는 자사의 기존 휴대폰을 구입하려던 고객들일 것이다. 즉, 자사 제품들의 잠재 고객들을 놓고 혁신 제품과 기존 제품이 경쟁하는 상황이 펼쳐지는 것이다. 이것이 제 살 깎기 현상이다.

그러나 스마트폰 시장에 새로 진입한 애플은 제 살 깎기의 불이익을 전혀 받지 않았다. 그렇기 때문에 혁신 제품을 판매해서 얻은 매출액과 영업 이익이 재무적 성과로 고스란히 이어졌다. 이런 이유 때문에 비록 노키아와 애플이 동일한 개발비를 들여 유사한 혁신 제품을 만들고, 동일한 매출과 영업 이익을 얻었다고 가정해도, 두 회사가 혁신 제품을 개발하는 데 따른 단기 투자 수익률이 다를 수밖에 없다. 그러므로 노키아의 입장에서는 제 살을 깎아먹을 수 있는, 즉 대체성이 있는 혁신 제품을 개발할 유인이 떨어질 수밖에 없다.

의사결정 면에서 창업(創業)을 통해 새로운 시장을 만들어가야 하는 경영진과 기존 제품과 서비스 시장에서 수성(守城)을 진두지휘하는 경영진들 사이에서는 의사결정 기준에서 차이가 나타난다.

사내 창업을 통해 조직 내 혁신 DNA를 활성화하려면 창업 초기에 자금, 기술, 역량 있는 인력이 투입되어야 한다. 그리고 중장기적인 관점에서 실패 위험도가 높은 과감한 도전과 시도를 장려하는 의사결정이 뒷받침되어야 한다. 그런데 창업에 필요한 돈과 기술과 인력이 어디에서 오는가? 기존 시장에서 수성을 위해 분투하는 모기업에서 나온다.

모기업 경영진은 통상 1년을 단위로 돌아가는 경영 주기에 따라 이윤을 최대화해야 하는 성과 압박에서 자유롭지 못하다. 그래서 이들은 낭비적 요소를 최소화하고, 자원을 활용하는 데 있어서도 효율성을 극대화할 수밖에 없다.

따라서 필요 자원의 젖줄 역할을 감당하는 모기업 경영진들 관점에서 보면 창업과 관련된 제반 의사결정이 비효율적이고 한가롭기만 한 의사결정으로 보일 것이다. 그들은 투자 수익에 관한 전망이 뚜렷하게 보이지 않고, 오히려 투자 손실의 위험성이 높게 보이는 창업 아이템에 자원을 지원하는 의사결정을 하기란 쉽지 않다.

그러므로 창업을 활성화하려면 '지원은 하되 간섭하지 않는' 환경과 의사결정 구조를 만들어야 한다. 양손잡이 조직을 주창한 오라일리(Charles O'Reilly)와 투시먼(Michael Tushman) 교수는 "성숙한 기업에서 창조적 혁신이 가능하게 하려면 혁신을 주도할 조직을 비즈니스를 주도하는 조직과 구조적으로 분리해야 한다."라고 강조한다. 그것이 성공적인 혁신을 위한 핵심이라는 것이다. 그러나 혁신 조직의 구조적 분리가 혁신 조직이 본사의 자산과 역량에 접근하는 것을 어렵게 한다면 혁신의 동력이 힘을 잃을 수 있다. 그래서 그들은 혁신 조직을 구조적으로 분리함으로써 독립성을 확보할 수 있도록 하되, 본사의 자원에 접근할 수 있도록 인터페이스를 구축해서 양자 사이를 통합하라[11]고 제언한다.

성숙한 비즈니스의 강점을 효과적으로 활용하기 위해서는 새로운 요구와 기존 요구 사이의 인터페이스가 혁신 조직이 압도당하거나 방해받지 않으면서 본사의 자산과 역량에 접근할 수 있는 방식으로 운영되어야 한다는 것이다.

---

11 찰스 오라일리 · 마이클 투시먼(조미라 역), 『리드 앤 디스럽트』 처음북스, 2020.

CHAPTER 3

네 맘대로
해봐!

2012년 말, 삼성전자는 본사 조직으로 '창의개발센터'를 신설했다. 이어서 2013년 초에는 사내 벤처 창업 프로그램인 C랩을 도입했다.

C랩은 창의적인 아이디어를 가진 임직원들이 자기 주도적으로 팀을 구성해 새로운 프로젝트를 시도할 수 있게 하는 제도다. 사내 공모를 통해 최종 선발된 팀은 기존 업무에서 벗어나 C랩 소속으로 이동하여 독립적인 업무를 진행하게 된다.

C랩은 새로운 프로그램의 탄생을 넘어 창의 프로젝트를 수행하도록 정밀하게 설계된 새로운 업무 방식의 시발점이었다. 글로벌 경쟁이 격

화되면서 시장의 판도를 뒤집을 혁신이 절실했기 때문에 삼성전자는 기존 조직에 창의 아이디어 발굴, 신속한 실행력, 실패 장려, 도전 정신을 추구하는 혁신 조직을 설치하게 되었다.

🚀 새로운 아이디어라면 무엇이든 OK

삼성전자의 임직원 30만 명을 한 장으로 압축해놓은 총괄 조직도에 부회장 직속 조직으로 '창의개발센터'가 표기되어 있었다. 이는 창의개발센터의 중요성과 회사 차원의 강력한 지원을 명확히 보여주는 것이다.

창의개발센터의 초대 센터장으로 임명된 담당 임원은 처음에는 너무 막막했지만 곧, "기존의 조직과는 확연히 다른 실험 조직으로서 사내 창업 제도를 운영한다."라는 전략을 수립했다. 그렇게 'Creative Lab'이라는 직관적인 이름의 조직을 만들고, 과제 리더의 명칭을 'Project Leader'에서 'Creative Leader'로 바꾸었다. 새로운 제도를 운영하기 위해 참고할 만한 벤치마킹 대상이 없었기에 창의개발센터는 모험을 선택할 수밖에 없었다.

"확실하게, 모든 것을 혁신하라!" 삼성전자에는 '마하 경영'이라는 경영철학이 있다. 이는 속도를 의미하는 것이 아니다. 비행기가 음속을 돌파하기 위해서는 엔진만 교체하는 것으로는 부족하다. 비행 동체의 부품, 소재, 연료 및 시스템까지 모든 것을 바꿔야 한다는 의미이다. 창의개발센터도 모든 것을 혁신하라는 주문을 받았다.

창의개발센터는 처음부터 학문적으로 정립된 이론조차 알지 못해 어려움에 직면했지만, 기존에 신사업을 발굴하고 변화를 꾀하기 위해 만들어졌던 조직들과는 달랐다. 단순히 새로운 아이디어를 제안하는 정도에서 그치지 않고, 기존에 경험하지 못한 혁신, 즉 완전히 새로운 무언가가 필요했다. C랩은 '삼성전자를 혁신하기 위한 중심'으로서, 기존의 접근 방식이나 논리부터 달라야 했다.

'소규모 혁신 조직'이라는 기본적인 철학에서 출발한 창의개발센터는 기획, 결정, 실행 전반에 완전한 자율권이 주어졌으며, 성과에 대한 책임도 창의개발센터가 지는 조직이었다. 이렇게 생겨난 C랩은 대기업 안의 또 다른 스타트업으로, 기존의 사내 분위기와는 구분된 별동 부대와 같았다. 스타트업의 도전 정신과 대기업의 인적·물적 자원이 융합된 독특한 형태였기 때문에 파격적인 제도를 시행할 수 있었다.

삼성전자는 창의개발센터를 설립한 이후 본사와 각 사업부, 해외 연구소 등 여러 조직에 C랩을 설치해 운영했다. 그중에서도 본사 직영의 C랩이 가장 규모가 크고 수준도 높았다.

본사 C랩은 특정 사업부에 국한되지 않고 최신 융복합기술 분야와 하이테크 분야를 주로 다뤘다. 반면, 사업부 C랩과 연구소 C랩은 다소 지엽적이지만 각 분야의 기술적인 측면을 고려하여 사업부에 밀착된 아이디어를 다뤘다.

초기 창의개발센터는 가장 트렌디한 스타트업 동향을 빠르게 반영하기 위해 양재역 인근 사무실과 강남구 서초사옥의 지하에 위치했다. 이는 C랩을 담아내기에는 규모가 작고 혁신이라는 원대한 목표를 실현하기에는 열악한 상황이었다. 하지만 C랩은 스타트업을 육성하는 소규모 혁신 조직으로서 벤처 정신으로 시작했기 때문에 이러한 제약이 장애 요인으로 작용하지 않았다. C랩은 다음의 총 다섯 단계에 걸쳐 업무가 진행되었다.

① **1단계:** '아이디어 발굴'로, 이 단계에서 임직원들은 자신의 아이디어를 제안하고 'C랩 공모전'에서 개발하고자 하는 콘셉트를 설명한다.

② **2단계:** '콘셉트 개발'로, 팀 구성과 멘토링이 이루어진다.

③ **3단계:** '프로토타입 개발·증명'으로, 팀은 아이디어를 실제로 구현하고 검증한다.

④ **4단계:** '사내외 전시회 참여'로, 각 팀은 자신들이 개발한 제품을 각종 전시회에서 선보인다.

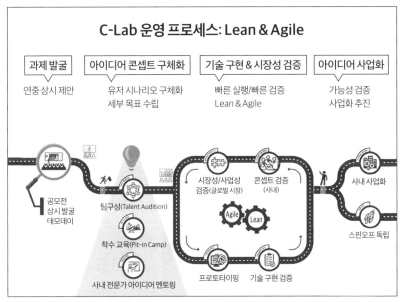

C랩 운영 프로세스, 린&애자일

⑤ **5단계:** '출구(Exit)' 단계로, 성공적인 팀은 삼성전자에 남거나(사업부 이관) 분사(스핀오프)할 수 있다.

C랩의 시작 단계는 'C랩 공모전'이다. 삼성전자는 임직원으로부터 혁신적 아이디어를 발굴하기 위해 매년 상반기와 하반기 두 차례에 걸쳐 'C랩 공모전'을 개최했다. 공모전에 참여해 C랩 팀으로 선발되면 1년간 현업을 떠나 창의개발센터에서 스타트업처럼 근무하며 아이디어를 구현하는 데 전념하게 된다.

C랩 팀은 다양한 검증 단계를 거쳐 아이디어를 발전시키며 사업화에 성공하거나 스핀오프를 추진하기도 한다.

그럼 실패한 팀은 어떻게 될까? 이는 걱정할 필요가 없다. 팀원들이 원하면 현업에 복직할 수 있는 시스템이 마련되어 있기 때문이다. 삼성전자는 "실패를 두려워하지 말고, 도전하고 또 도전하라."라는 조직문화를 C랩을 통해 확산시키고 있다. C랩은 항상 열려 있는 구조로, 삼성전자의 비즈니스에 적합하지 않거나 제품의 범위에서 벗어나는 아이디

2016년 C랩 과제 공모전 홍보 포스터

C랩 과제 공모전에서 선정된 과제들

C랩처럼 도전하라

어라도 확장성이 증명되면 선정될 수 있다. 이로 인해 삼성전자는 미처 발굴하지 못했던 다양하고 독특한 아이디어를 통해 새로운 혁신을 이끌어낼 수 있었다.

"We Are Creative Igniters(창조적인 불씨)!"라는 문구는 C랩을 표현하는 데 자주 사용된다. 실제로 C랩은 작은 불씨처럼 보이지만 큰 불꽃으로 성장해 삼성전자의 혁신을 이끄는 '이그나이터(Igniter)' 역할을 하고 있다.

C랩 과제는 모든 임직원에게 생중계되는 공개 오디션 방식으로 최종 선정된다. 전체 프로세스는 사내 집단지성 플랫폼인 '모자이크(MOSAIC, Most Open Space for Advanced Intelligence and Creativity)'를 통해 진행되는데, 임직원들은 아이디어가 있으면 언제든 자유롭게 제안할 수 있

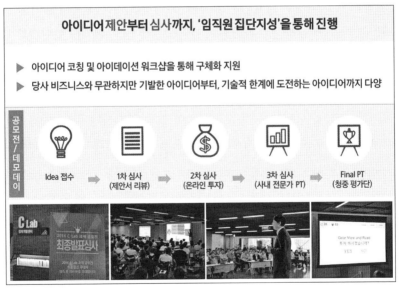

C랩 과제 공모전 프로세스

으며, 제안된 아이디어에 대해 다른 임직원들이 검토하고 의견을 더하는 방식으로 진행된다.

모자이크에서는 사원 개개인에게 미리 지급된 '코인'을 이용해 가상 투자하는 방식으로 아이디어를 지지하게 된다. 이 결과와 내부 심사위원단의 평가를 종합해 공모전 후보 과제를 선정한다.

기존 업무에서 과제 선정은 임원들이 주로 담당했다. 그러나 C랩 공모전 최종 심사에서는 사원들이 심사를 맡는다. 심사할 사원들은 선착순으로 뽑으며, 직무와 경력은 고려하지 않는다. 놀라운 점은, 이렇게 선정된 심사위원들의 평가와 전문가 및 임원들의 평가 결과가 거의 다르지 않다는 것이다. 이러한 획기적인 방식을 채택한 이유는 제안된 과제의 특성을 감안한 것인데, C랩 과제의 50퍼센트 이상이 앱 개발에 관한 아이디어였다. 그러나 당시 임원들은 앱을 많이 사용하지 않았고 사원들이 훨씬 다양한 앱을 사용하고 있었다. 그러므로 사원들이 과제를 심사하는 것이 더 적합하다고 판단하여 사원 중심의 심사 체계를 도입했다.

C랩 과제의 최종 발표 심사는 치열한 경쟁과 철저한 준비 과정을 거쳐 이루어진다. 7~8분간의 프레젠테이션을 위해 수차례 하드 트레이닝을 실시하는데, 이는 팀원들의 수준을 높이고, 삼성전자의 창의적이고 혁신적인 제도에 참여하는 데 필수적인 과정이었다. C랩 최종 발표 심사는 일종의 흥행 사업이라는 개념을 심어주고, 많은 호응을 얻기 위해 특별히 신경을 썼다. 첫 C랩 공모전은 앞으로의 수준을 결정하는 중요한 기준이 되기 때문에 참여자와 모든 스태프가 특별히 공을 들였다.

"C랩 출신의 프레젠테이션 역량은 따라갈 수 없다. 공모전에 C랩 출신이 참여했다면 그 대회는 피하라." 이러한 소문이 날 정도로 철저한 준비 덕분에 스토리텔링, 스피치, PPT 작성 등 훈련을 통해 성장한 C랩 출신들은 스핀오프 이후에도 각종 공모전에서 우수한 성과를 거두고 있다. 이처럼 면밀한 대비를 통해 첫 공모전을 성공적으로 흥행시킬 수 있었다.

C랩은 "하찮은 아이디어는 없다."는 철학을 강조하며, 이그노벨상(Ig Nobel Prize, 노벨상을 패러디하여 만들어진 상) 영상과 "생각한 바를 주저 없이 도전해본다."는 철학을 담은 잭슨 폴록(Jackson Pollock)의 소개 영상을 제작·공유하여, 청중 평가단으로부터 많은 공감을 받았다. 이뿐만 아니라 공모전에 많은 아이디어가 제안될 수 있도록 IT와 예술의 만남, IT와 패션의 만남 등의 주제를 제시하며, 아이디어를 구체적이고 쉽게 구상할 수 있도록 도왔다. 이러한 노력의 결과로 첫해에는 약 100:1의 경쟁률을 보일 정도로 임직원들로부터 높은 호응을 얻었다.

🚀 직급 NO, 근무 시간·장소도 맘대로

"충격적일 만큼 자유롭고 신선하다!" C랩이 등장하자 직원들은 이렇게 반응하며 새로운 조직문화를 이끌어갈 주인공이 되고자 했다. C랩은 직원들에게 자유로운 근무 환경을 제공하며, 출근 시간이나 장소에 구애받지 않고 일할 수 있게 해주었다. 삼성전자가 경직된 조직문화를 탈피해 스타트업처럼 C랩을 운영하기 시작하자, 직원들은 새로운 도전에 대한 의욕을 갖게 되었다. 이러한 변화로 직원들은 새로운 일을 할 수 있다는 기대감과 만족감을 느끼게 되었다.

삼성전자는 대기업에서도 파괴적 혁신이 생각보다 어렵지 않다는 것을 보여주었다. 혁신을 위해 필요한 제반 여건을 모두 지원한다는 방침이 있었기에 가능했던 일이다. 삼성전자는 파괴적 혁신을 위해 가장 먼저 조직문화의 근간을 변화시켰다. 먼저 신뢰 관계를 구축했다. C랩 과제를 수행하는 과정에서 직원들은 감독과 통제 없이 회사의 비전과 가치에 맞춰 자율적으로 행동할 수 있었다.

또한 직급을 철폐하고 근무 시간과 공간을 개인의 자유에 맡겼다. 직원들은 수원의 삼성 디지털시티와 서울대학교 연구공원 내에 위치한 삼성전자·서울대 공동연구소에 마련된 독립 공간에서 스타트업처럼 근무할 수 있었다. 특히 직급이나 호칭에 구애 받지 않고 수평적인 분위기에서 일할 수 있다는 점이 혁신적이었다. '부장님'이나 '과장님' 같은 호칭 대신 '프로'라는 이름으로 불렀고, 차장이나 대리 등의 직급도 모두 사라졌다. C랩 과제에 참여하는 순간, '○○○ 부장, ○○팀 소속'이라는 정보가 모두 비공개로 전환되며, 참여자들의 직급과 경력도 알 수 없게 했다.

C랩의 팀은 규모가 작기 때문에 전통적인 계급형 구조인 하이어라키(Hierarchy)가 아닌, 수평적 구조인 홀라크라시(Holacracy)로 팀을 구성했다. 팀의 리더인 CL(Creative Leader)이 있긴 하지만 팀원들도 의사결정에 참여하여, 초기 스타트업과 유사한 조직 구조를 형성했다. 팀원들은 각자 자기 분야를 전담하며 책임을 지게 되는데, 이로 인해 협업의 중요성을 자연스럽게 인식하게 되었다.

홀라크라시 조직 운영은 직급과 역할이 다른 이들이 함께 과제를 수행할 때 결속을 돕는 데 중요한 역할을 했다. 이 실험적인 조직이 흔들림 없이 자리를 잡은 것은 놀라운 일이었다. 질서정연하고 위계질서를 중시하던 삼성전자가 새로운 조직문화를 받아들인 것이다.

C랩의 혁신은 여기서 멈추지 않았다. 삼성전자는 각 개인의 아이디어 가치를 인정하고, 이를 발전시킬 수 있는 환경을 조성해주었다. 구성원들은 이 환경에서 적극적으로 도전하며 성과를 냈다. 실패를 용인하는 것은 물론 인사평가에서도 독립성을 유지했다. 특히 아이디어를 제안한 CL이 인사 및 예산을 자율적으로 집행할 수 있는 권한을 갖게 했다. 마치 CL이 스타트업의 CEO처럼 팀을 구축하는 것이다.

C랩은 '보고를 위한 보고'를 없애기 위해 업무와 예산 관련 보고 절차를 최소화했다. 스타트업과 같은 소규모 조직은 대기업처럼 일할 수 없기 때문이다. 팀은 1년 동안 '과제 착수 보고', '중간 보고', '결과 보고' 세 차례의 보고만 하면 된다. 예산 관련 결재도 컴플라이언스(Compliance, 기업 경영이 법령, 규정, 윤리 또는 사회통념에 맞도록 하는 내부 통제 장치)를 위해 필요한 수준에서 C랩 시스템 내에서 최소화했다. 물론 삼성전자 내의 절차를 준수해야 하지만 외부 스타트업처럼 운영될 수 있도록 형식적 절차를 최소화한 것이다.

C랩 과제로 채택되면 CL은 자신의 과제에 맞는 인력을 확보해야 한다. 이를 '셀프 스태핑(Self-Staffing)'이라고 한다. 아이디어를 제안했지만 혼자서 구현할 수 없기에 CL에게 팀원을 모을 수 있는 권한을 부여하는 방식이다. CL은 탤런트 오디션(TA, Talent Audition) 제도를 통해 구인 공고를 내고, 적합한 인력을 직접 선정하여 팀을 구성한다. 이 과정에서 본사의 인사팀은 관여하지 않으며, 선발된 팀원은 현업에서 나와 C랩에서 독립적으로 활동하게 된다.

C랩의 멤버는 과제별로 4~5명 정도가 선정되며, 이들은 하드웨어, 소

프트웨어, 서비스, 기획 등의 역할을 맡게 된다. C랩의 독특한 환경과 자유로운 분위기 때문에 참여하고자 하는 직원들이 점점 많아져갔다. 아이디어를 주도적으로 제안해 CL이 되는 것은 큰 도전이지만, C랩 멤버로 활동하는 것은 부담이 적으면서도 매우 의미 있는 경험이 된다. TA는 일요일에 진행되어 직원들이 본인의 업무나 소속 부서장의 눈치를 보지 않고 참석할 수 있도록 했다.

만약 과제를 수행하는 데 필요한 전문가가 사내에 없을 경우, '오픈 C랩' 제도를 통해 외부 전문가를 영입할 수도 있다. 교수, 유학생 등 다양한 외부 인력을 계약직으로 참여시킬 수 있는데, '시잉스멜즈(Seeing Smells)' 과제가 그 대표적인 예이다. 이 과제에서는 아이디어 제안자인 CL 외에 팀원 네 명이 모두 외국인으로 구성되었다. C랩은 이렇게 다양한 인력을 허용하여 혁신을 추구하고 있다. 본사 인사팀의 지원 덕분에 이러한 외부 인력 영입 절차도 순조롭게 진행되었다.

아이디어를 제안한 사람이 과제 리더인 CL이 되기 때문에 1~2년차 신입 사원이 CL인 경우도 있다. 차장 혹은 부장급이 멤버로 참여하기도 하지만, 그렇다고 CL의 역할이 약화되지는 않는다. 전사 '공식 파견 제도'를 통해 C랩에 선정된 직원들은 소속 부서를 떠나 창의개발센터로 파견되기 때문에 현 부서의 영향력을 받지 않고 C랩에 전념할 수 있다.

C랩은 다음과 같은 다양한 인센티브 제도를 도입하여 직원들의 참여를 독려하였다.

① C랩은 운영 초기에 참여한 직원들은 모두 인사고과에서 '상위고과'를 부여했다. 이후에는 50퍼센트 수준으로 축소했고, 최종적으로는 C

랩 수행 기간 동안 인사고과 평가를 중지하는 방식을 도입했다. 이는 C랩에 파견된 기간 동안 직원들을 기존 인사평가 시스템에서는 완전히 배제하여, 평가나 승진에 얽매이지 않고 도전할 수 있도록 하기 위해서다. 기존 사업부에서는 평가를 바탕으로 차년도 연봉 협상을 하지만 C랩 참여 기간에는 이러한 절차가 모두 연기된다. 예를 들어, 승진 심사 시기가 되더라도 1년 후로 미뤄진다. C랩에서 1년간 활동한 결과를 평가받고 현업에 복귀하게 되면 그 결과를 소급 반영하게 된다. 이렇게 함으로써, 평가와 승진 등 업무 외적인 신경을 원천적으로 차단해준 것이다.

② C랩 과제가 완료되면 참여했던 인력은 필요한 사업부로 이관되거나 스핀오프를 통해 창업 과정을 거친다. 사업부로 이관될 경우 우수 과제는 수천만 원 수준의 이관 인센티브를 받을 수 있다. 더욱이 C랩에서 활동한 결과가 우수하지 않더라도 현업에 복귀한 후 평가나 승진, 연봉에 불이익을 받지 않는다. 이는 1년이라는 단기간에 성과를 내기 힘들다는 현실을 인정하고, 회사 차원에서 도전과 실패를 적극적으로 장려하기 위한 조치이다.

C랩은 업무 효율성을 높이기 위해 직원들에게 자율권을 부여했고, 그 결과 직원들은 C랩에 진심을 다하게 되었다. 그 하나의 사례가 스핀오프 기업인 '모닛(MONIT)' 대표의 이야기이다. 스마트 아기띠를 만드는 모닛의 대표는 늦은 나이에 결혼해 아이를 키우며, 부모가 아기 기저귀를 갈아줘야 할 때를 모르는 상황을 경험했다. 그는 아기의 엉덩이가 짓무르는 것을 걱정하다가 수분 센서가 부착된 기저귀를 생각해냈다. 이 센서는 습

도를 측정해 그 결과를 부모의 휴대폰으로 알려준다. 이를 통해 부모는 기저귀를 갈아줄 타이밍을 놓치지 않게 된다. 하지만 여기서 강조하고 싶은 것은 모닛 대표의 창의적인 아이디어뿐만이 아니라 그의 열정이다.

모닛 대표는 주말에도 종종 출근하곤 했는데, 한번은 창의개발센터장이 "지금 애 봐야 할 시간일 텐데…."라고 하자, 그는 "집에 있으나 사무실에 있으나 똑같아요. 집에서 애를 보더라도 마음은 온통 회사에 있기 때문에 차라리 나오는 게 더 나아요."라고 대답했다.

C랩은 구성원들에게 자율권을 부여하고 "네 맘대로 해봐라."라는 기준에 따라 운영되다보니 회사 내부에서는 '일을 적당히 하거나 놀러가는 것은 아닌지' 하는 우려가 있었으나, 모닛 대표의 한마디가 이러한 우려를 불식시켰다. "집에 있어도 마음은 오직 여기에 있습니다." 이 말은 C랩 과제를 수행하는 모든 직원의 진심을 대변하는 말이었고, 이것이 곧 C랩의 '벤처 정신'이다.

🚀 혁신의 원천 모자이크와 C랩 페어

삼성전자는 두 종류의 업무 시스템을 운영하고 있다. 첫째는 '녹스'(구 '싱글')라는 시스템으로, 모든 메일 수·발신과 회사 생활 전반에 필요한 모든 정보를 제공하는 '인트라넷'이다. 모든 임직원은 자동적, 의무적으로 녹스를 사용하게 된다. 둘째는 30만 명에 이르는 삼성전자 임직원들의 집단지성을 활용하기 위해 구축된 '모자이크 시스템'이다. 모자이크는 자동 가입되지 않고 의무적으로 활용하지 않아도 된다. 그러나 대부

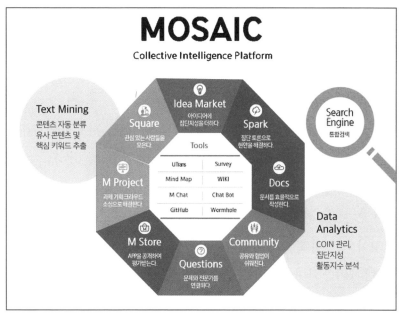

삼성전자 집단지성 플랫폼인 모자이크 시스템의 구성도

분의 임직원이 새로운 아이디어를 제안하고, 발굴하고, 평가하고, 육성하는 모든 프로세스에 모자이크를 활용하고 있다. (모자이크에 대한 자세한 내용은 챕터7에서 설명하겠다.)

삼성전자는 집단지성을 적극적으로 활용하는 대표적인 기업으로, 그 중심에는 '모자이크'가 있다. '아이디어(Idea)에 사람(People)을 더한다.'는 기본 콘셉트에서 출발한 모자이크는, 2014년 3월 베타 시스템으로 첫선을 보인 이후 눈에 띄게 활성화되었다. 현재 일 평균 활용자 수는 13만 명, 접속 횟수는 27만 회에 이른다.

모자이크의 주요 기능은 크게 세 가지 영역으로 나뉜다. 첫째, 삼성전자의 글로벌 직원들의 집단지성을 발현시킬 수 있는 10여 종류의 기능이 있다. 둘째, 제안된 아이디어를 분석·활용할 수 있도록 지원해주는 시스템 기능이 있다. 셋째, 사용자 및 포인트를 관리하는 백업(Backup) 시스템 기능이 있다.

처음 모자이크를 도입하면서 창의성과 생산성을 극대화할 수 있도록 업무 환경을 최적화하는 것을 가장 중요하게 생각했다. 이를 위해 필요한 전제 조건은 새로운 가치를 창출하는 아이디어를 발굴하는 것이고, 또 그 가치가 구현될 수 있도록 다수의 힘을 효율적으로 모으는 것이었다.

이 모자이크 외에 아이디어를 자유롭게 공유할 수 있는 또 다른 소통의 장이 있다. 바로 'C랩 페어'다.

C랩 페어는 사내 전시회로, 진행 중인 모든 C랩 과제를 연 1회 공개하여, 아이디어나 콘셉트 수준의 과제라도 제약 없이 선보이고, 직원들로부터 의견을 받는 소통과 발전의 장이다.

2013년 첫 C랩 페어

이는 기존의 완료된 결과물을 전시하는 '삼성 기술전'과는 달리, 각 과제의 특성에 따라 아이디어 콘셉트부터 완성된 결과물까지 다양한 부스로 운영된다. 이를 통해 직원들은 단순히 관람하는 것을 넘어, 직접 참여하고 체험하며 과제 수행자와 소통할 수 있는 기회를 갖는다.

'도그푸딩(Dog fooding)'이라는 IT업계 용어처럼, C랩 페어는 직원들이 자사 제품이나 서비스를 직접 경험하고 문제점을 사용자 관점에서 확인할 수 있도록 돕는다. 사내 체육관에서 오프라인으로 3~4일간 운영되는 C랩 페어는 온라인으로도 진행되어 직접 참관하기 어려운 직원들도 참여할 수 있다. 또한, C랩 과제는 CES, IFA와 같은 글로벌 전시회에도 참가하여, 시장성과 글로벌 경쟁력을 검증받고 있다.

◀ 2018년 미국 라스베이거스에서
개최된 CES에 참가한 C랩 팀원들

▼ 2017년 스페인 바르셀로나에서
개최된 MWC에 참가한 C랩 과제들

C랩 과제가 처음 CES에 참여했을 때, Link 과제의 전시 부스는 관람객들로 북적였다. 외국 유튜버들까지 관심을 보이며 몰려들었는데, 단 세 명이 부스를 운영하느라 정신이 없기도 했다. 이러한 해외 전시회에서의 긍정적인 반응은 C랩 멤버들에게 IFA, MWC, SXSW 등 다른 전시회에 도전할 자신감을 주었다.

블룸버그(Bloomberg) 통신 및 BBC 등 유수의 언론 매체에서도 "삼성이 혁신한다" "삼성의 창의적 혁신" 등을 헤드라인으로 내세우며 C랩의 도전을 높이 평가했다. 이는 삼성전자는 물론 C랩을 홍보하는 데 큰 도움이 되었고, C랩 멤버들이 이룬 멋진 성과로 볼 수 있다.

🚀 'C랩 정신'에 대한 신뢰와 지지의 힘

C랩이 12년 동안 존재할 수 있었던 것은 삼성전자의 굳건한 의지와 회사의 지지, 실무자의 노력, 직원들의 적극적인 호응이라는 삼박자가 맞아떨어졌기 때문이다. C랩은 혁신의 요건을 갖춘 제도지만 그 자체만으로는 성공을 설명할 수 없다.

C랩이 성공할 수 있었던 이유는 삼성전자가 회사 차원에서 개방적인 제도를 도입하고 운영할 수 있도록 전폭적으로 지원했기 때문이다. 제도 자체보다 이를 뒷받침하는 환경과 가치관이 더 중요하다. 사내 창업 제도를 도입하려는 기업이나 기관은 이 점에 주목해야 한다.

회사는 직원들의 창의성을 믿고 불필요한 간섭을 하지 않으며 필요한 모든 지원을 제공해야 하고, 직원들은 회사가 자신의 아이디어를 성장시킬 좋은 배경이 되어줄 것이라는 신뢰를 가져야 한다.

이 두 가지 신뢰 중 하나라도 부족하면 사내 창업 제도는 성공할 수 없다. 그러기에 사내 창업 제도는 단순히 기발한 스타트업을 발견하는 것 이상의 가치를 제공한다.

삼성전자 창의개발센터는 'C랩 정신'을 싹 틔우고 성장시키기 위해 다양한 노력을 기울였다. 먼저, C랩 파트너

C랩 파트너들과 역할

스는 임직원들의 아이디어 발굴, 제안된 아이디어의 인큐베이션(콘셉트 구체화), 기술적 구현과 시장성 검증, 출구(스핀오프) 전략 수립 등의 업무를 담당한다. 또한, 크고 작은 공모전을 기획하고, 창의개발센터 소속 스태프로서 개인별로 4~5개의 과제를 전담해 C랩팀을 지원하는 역할을 한다.

'C랩 전문 멘토단과 서포터즈'도 운영한다. 전문 멘토단은 사내에서 업무별·전공별로 전문적 지식과 경험이 있는 사람들로 구성되어, 멤버들에게 자신의 지식과 경험을 전수한다. 특히 외국인 고문 및 임원을 비롯해 기술이나 전문성이 있는 임직원들이 자원해서 멘토 역할을 수행하기도 한다. 서포터즈는 소비자의 관점에서 도움을 줄 수 있는 사람들로 구성되어, 아이디어에 관심을 가지고, 개발된 제품에 대해 피드백을 제

공하는 등 지원군으로 활동하며, 과제를 성공적으로 구현하는 데 기여한다.

퀵패스(Quick Pass) 제도도 도입되었다. 이는 C랩 멤버들이 필요한 경비를 빠르게 처리할 수 있도록 하는 제도다. 초기에는 기존의 회사 프로세스대로 진행하면서 많은 시간이 소요되었지만, 퀵패스를 통해 100만 원 미만의 비용은 CL이 전결할 수 있게 했다. 또한, 대학이나 기관과의 산학 협력 계약도 절차를 간소화하여 신속하게 진행할 수 있었다.

그러나 C랩이 성과를 올릴수록 현업 부서장들의 불만이 커졌다. 인력 부족 상황에서 자신과 호흡을 맞춘 인력이 C랩으로 유출된다고 생각했기 때문이다. 또한, C랩이 연구원들에게 '헛된 꿈'을 불어넣는다는 이의도 제기되었다. 그래서 현업 부서와 지원 부서가 C랩 운영에 협조적이지 않을 때도 있었다. 그럴 때마다 본사 인사팀이 적극적으로 나서서 해결사 역할을 해주었고, 창의적 혁신을 추진하는 데 어떤 걸림돌도 용납하지 않았다. 이는 삼성전자가 C랩의 '창의적 혁신'을 위해 전폭적인 지원을 아끼지 않았음을 보여주는 것이다.

CHAPTER 4

변화와 혁신, 결과로 증명하다

C랩은 2024년 현재까지 400여 개의 과제를 진행했으며, 그중 200여 개는 사업부로 이관되었고, 62개는 스핀오프 제도로 창업을 했다. C랩 과제는 사소한 문제에 의문을 제기하며 시작되는 경우가 많다. 예를 들어, "뇌졸중을 예고할 수는 없을까?" "흔들리는 차 안에서 어지러움 없이 휴대폰을 볼 수는 없을까?" "엘리베이터 안에서 소리 없이 통화할 수는 없을까?"와 같은 질문들이다. 이러한 질문들이 C랩 과제의 출발점이 된다.

넷플릭스, 에어비앤비, 인스타그램, 핀터레스트, 텀블러, 왓츠 앱, 드롭

박스 등 성공한 기업들도 초기에는 '이상하다'고 여겨지는 아이디어로 시작했다. 예를 들어, 에어비앤비는 "모르는 사람의 집에서 누가 잠을 자겠냐?"는 의문을 받기도 했다.

C랩 멤버들은 "당연한 불편함은 없다."라고 주장하며, 감동을 주는 과제부터 터무니없어 보이는 과제까지 다양한 이야기와 교훈을 담아내기 위해 노력하고 있다.

다음에서 C랩의 대표적인 과제들을 살펴보며, 그들이 어떻게 강렬한 인상을 주었는지 알아보자.

🚀 아이디어를 살려라, 절차보다 혁신

C랩은 "절차보다 혁신을 우선하라!"는 신념을 운영 원칙으로 삼고 있다. C랩 과제는 독창적인 아이디어로 회사에는 혁신을, 세상에는 놀라움을 주어야 한다. 절차상 문제로 인해서 창의적인 아이디어를 포기해서는 안된다. 평상시 조직 운영에서는 절차와 원칙을 지키는 것이 중요하지만, C랩은 다르다. 두 가지 가치가 충돌할 때, C랩은 언제나 혁신을 우선시한다. C랩은 언제나 혁신의 손을 들어주었다.

✪ 아이디어는 내가 낼게, CEO는 누가 할래? ▶ 네모닉

C랩 과제는 본사 과제와 사업부 과제로 나뉘어 운영되었다. 프린팅사업부의 C랩 과제로 진행된 '네모닉'은 1년간의 개발 끝에 성공적으로 완수되었고, 성과를 인정받아서 스핀오프 심사도 통과했다. 하지만 과제

에 참여했던 멤버들은 스핀오프를 할 의지가 없었고, 대표를 맡을 사람도 없었다. 결국 1년의 시간이 흐르고 말았다.

창의개발센터는 이 아이디어를 살리기 위해 새로운 CEO를 찾아나섰다. 'CEO 공모제'라는 제도를 도입하여, 이미 스핀오프가 정해진 아이디어를 책임질 CEO를 선발하기로 했다. 이렇게 해서 현재의 대표가 발탁되었고, 그는 C랩 과제 수행 경험을 바탕으로 스핀오프를 무리 없이 진행하여, 망고슬래브를 설립하게 되었다.

⭐ '카니발라이제이션'을 허하라! ▶ 링크플로우

무선사업부의 '아이디어 경진대회'에서 우수 아이디어로 선정된 '넥밴드형 360도 카메라'는 참신하고 혁신적인 아이디어였다. 그러나 이미 삼성전자가 360도 카메라를 출시한 상황에서 이 아이디어는 1년 가까이 개발을 시작하지 못했다. 신제품이 기존 제품 시장을 잠식할 것을 우려하는 '카니발라이제이션(Cannibalization)'의 딜레마라고 할까?

이 상황을 인지한 창의개발센터는 넥밴드형 360도 카메라를 전사 C랩 과제로 편입시키기로 결정했다. 이 아이디어가 기존 360도 카메라의 'Pain point'를 정확히 해결할 수 있다고 판단했기 때문이다. 그래서 1차, 2차, 3차 심사를 모두 생략하고 바로 최종 심사 후보로 올렸다. 이는 일종의 최종 라운드까지 부전승으로 올라간 것과 같았다. C랩 과제는 C랩 공모전과 C랩 페어를 통해 1년에 두 번 선정되지만, 아이디어에도 유통 기한이 있다는 사실에서 더 이상 기다릴 수 없었다.

이 과제가 스핀오프한 후 놀라운 일이 벌어졌다. 코로나 팬데믹 상황에서 넥밴드형 360도 카메라는 원격진료에 유용하게 활용되었다. 이 기세를 몰아 링크플로우는 C랩 과제 최초로 코스닥 상장을 눈앞에 두고 있다.

만약 당시 절차를 우선시하며 넥밴드형 360도 카메라를 선정하지 않았다면 어땠을까? 링크플로우의 혁신적인 제품은 무산되거나 개발이 훨씬 지체되었을 것이다. 창의개발센터가 절차를 넘어 혁신을 우선시한 덕분에 넥밴드형 360도 카메라는 성공적으로 시장에 나올 수 있었고, 그 결과는 링크플로우에게 새로운 도약의 기회가 되었다.

이 이야기는 혁신을 추구하는 과정에서 절차보다 중요한 것이 무엇인지를 잘 보여준다. C랩의 운영 원칙, "절차보다 혁신을 우선하라!"가 어떻게 현실에서 놀라운 결과를 만들어냈는지를 증명한 사례이다.

⭐ 스핀오프 막차, 태워주세요! ▶ 스왈라비

스왈라비가 C랩 과제에 도전할 당시, 이미 많은 만보기 앱이 시장에 존재했다. 그러나 대부분의 앱은 걸음 수와 움직임을 단순히 기록하는 기능에 그쳤다. 스왈라비 과제의 CL은 이 점에서 차별화를 꾀했다.

그는 만보기에 '보상'이라는 개념을 도입하여 걷기를 게임처럼 즐길 수 있는 앱을 개발하기로 결심했다. 하지만 당시에는 혁신적인 아이디어였지만 아직 시장에서 검증되지 않은 개념이었기에 사업성을 인정받기가 어려웠다. 그 결과, 스핀오프를 하는 데도 많은 난관이 있었다.

스왈라비를 제외한 다른 모든 스핀오프 과제는 이미 확정된 상황이었다. 그러나 CL은 이에 굴하지 않았다. 그는 '워크온(WalkON)'이라는 서비스로 스핀오프하여 이를 사업화하겠다는 강한 의지를 가지고, 삼성전자 경영진들을 끊임없이 설득했다. 마침내 경영진은 그의 결단과 열정을 인정하고, 워크온을 제1기 스핀오프 기업으로 선정했다. 이는 기준 프로세스를 따랐다면 불가능했을 일이었다.

2016년 4월 5일, 스왈라비는 국내 최초로 보상형 만보기 서비스 앱을 출시했다. 이어 서울시를 시작으로 전국 지방자치단체들과 협업해 지역민 건강 관리 사업을 진행했다. 그리하여 전국 보건소 중 80퍼센트 이상이 워크온과 계약을 맺었으며, 공공기관과 협력하여 기업 임직원 및 학생들의 건강 관리를 지원하는 등 다양한 분야에서 두각을 나타내고 있다.

현재 워크온은 회원 220만 명을 보유하고 안정적인 매출을 올리고 있다. 스왈라비는 서비스 및 사업적인 면에서 많은 성과를 보여주며, 걷기와 보상의 연계를 일반화된 서비스로 자리 잡게 했다. 이러한 성과는 CL의 굳은 의지와 혁신적인 사고 덕분에 가능했다.

✪ 지나가는 아이디어라도 낚아채라 ▶ MR.VR

MR.VR은 제안서도 없이 C랩에 선정된 특별한 과제였다. 당시 VR 기기가 주목받고 있었는데, 그 기기를 착용할 때 나타나는 어지럼증을 해결할 방법에 대한 아이디어가 논의 중이었다. 이 아이디어가 구체화되기 전이었는데, C랩 과제 심사는 이미 수백 개의 아이디어가 30개로 추려진 단계에 접어들었다. 창의개발센터는 이 중요한 아이디어가 심사받을 기회를 주기로 결정했다. 이는 절차보다 혁신을 우선시하는 원칙을 또다시 상기시켜준 사례이다.

결과적으로, MR.VR 아이디어는 일론 머스크(Elon Musk)가 출범시킨 하이퍼루프(Hyperloop)팀과 협력하게 되는 엄청난 기술 개발의 시작이 되었다. 그러나 MR.VR은 삼성전자가 자체적으로 후속 개발을 하기로 하면서 스핀오프에서 제외되었다. 초기 수익 모델을 확보하기 어려울 것이라는 판단 때문이었다.

이 결정은 아이디어를 제안했던 CL에게는 큰 아쉬움을 남겼다. 돌이켜보면, 스핀오프의 의미를 살리지 못한 안타까운 일이었다.

스핀오프의 기회를 기다리던 그는 결국 홀로 퇴사하게 되었다. 그 후 그는 AI 로보틱스와 관련된 스타트업을 시작하여 새로운 도전을 이어가고 있다. 혁신을 추구하는 그의 여정은 지금도 계속되고 있으며, 앞으로 어떤 성과를 이룰지 기대가 모아진다.

🚀 맨땅에라도 헤딩하라, 길은 반드시 있다

'기술 구현 가능성'은 스타트업은 물론 대기업에서도 과제를 선정할 때 빠지지 않고 등장하는 심사 기준이다. 무언가 새로운 시도를 할 때, "아이디어는 훌륭하지만 당장 기술력이 없어 실현이 어렵다."는 우려의 소리를 자주 듣게 된다. 그러나 '도전의 상징'인 C랩의 시각은 달랐다. C랩은 언제나 아이디어의 혁신성을 최우선 가치로 여긴다. 번뜩이는 아이디어가 있음에도 기술적으로 구현하기 어렵다는 이유만으로 그 아이디어를 포기할 수는 없기 때문이다.

C랩은 삼성전자의 창의 인재들에게 약속을 했다. "그럼에도 불구하고 도전할 수 있는 기회를 주겠다." 이렇게 기회를 얻은 아이디어는 언제나 '혁신'으로 화답했다.

C랩은 기술적인 어려움이 있더라도 아이디어의 가치를 믿고 도전할

C랩처럼 도전하라

수 있는 기회를 제공함으로써 수많은 혁신적인 성과를 이루어냈다. 이는 C랩이 단순히 기술력에 의존하는 것이 아니라 창의성과 도전 정신을 중시하는 문화를 가지고 있음을 증명하는 것이다.

✪ 뇌졸중을 예고하는 모자 ▶ 뇌예모

한국에서 뇌혈관 질환은 사망 원인 중 4위를 차지하는 치명적인 질병이다. 두통, 언어 장애, 감각 저하, 시야 장애 등 다양한 증상으로 인해 초기에 발견하기 어렵다는 점에서 더 큰 문제이다. 이 문제를 해결하겠다고

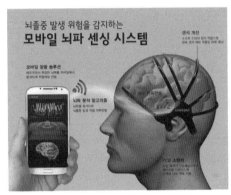

뇌졸중 예고 모자(뇌예모)의 뇌파 센싱 시스템

C랩에 도전한 팀이 있었다. 이렇게 '뇌예모(뇌졸중 예고 모자)'팀은 뇌파를 실시간으로 분석해 뇌졸중 발생을 예측하고 신속한 처치를 가능하게 하자는 아이디어에서 출발했다.

기존의 뇌파 측정 방법이 번거롭고 어려운 점을 개선하기 위해 뇌예모팀은 평소에도 쉽게 뇌파를 측정할 수 있는, 작고 편리한 모자형 웨어러블 기기를 개발하기로 했다. 그러나 팀의 구성원 다섯 명 모두 뇌와 관련된 공부를 해본 적이 없었고 의료, 의공학, 인공지능, 알고리즘 등에 대한 배경지식도 전혀 없었다. 품질관리 업무를 담당했던 두 명과 신입 사원 세 명으로 이루어진 이 팀은 심지어 논문 한 편 써본 경험이 없었다.

C랩 과제 최종 심사 날, 뇌예모팀은 우연히도 어버이날을 맞아, "내년 어버이날에는 우리가 개발한 뇌졸중 예고 모자를 어머니께 선물하고 싶습니다."라는 마지막 멘트를 전했다. 이 멘트 덕분인지, 그들은 최고 성적을 받으며 C랩 과제로 선정되었다.

그러나 사람을 살리는 웨어러블 기기를 만드는 과정은 쉽지 않았다. 의학 지식이 없는 이들에게 이는 넘을 수 없는 벽처럼 느껴졌다. 그들은 관련 분야의 전문가들을 찾아가 조언을 구하고, 각종 논문과 전공서를 찾아가며 공부했지만 의학적 현상들을 이해할 수 없었다. 모니터 속 데이터를 보며, 그것이 뇌파인지 노이즈인지 구분하는 것조차 어려웠다.

뇌파와 관련해 전문가 한 명 없는 팀에서 아이디어만으로 뇌졸중을 예고하는 모자를 만든다는 건 말도 안 되는 일이었다. 고민 끝에 관련 전공의 대학 교수와 신경정신과 의료진을 찾아가봤지만, 이들에게 도움이 될 만한 답변은 돌아오지 않았다. 하지만 이들은 포기하지 않았다. 또 다른 가능성을 찾기 위해 서울대학교 컴퓨터공학과 교수에게도 조언을 구하면서도 수십 번의 실패를 거듭했다.

그런데 놀라운 일이 일어났다. 뇌파 추출 성공률 1퍼센트에서 시작한 연구가 결국 성공률 99퍼센트에 이르게 된 것이다. 마침내 삼성서울병원과 협업하여 뇌파의 정상 여부를 판별하는 알고리즘을 새로 만들어냈다.

뇌예모팀은 뇌파 측정 장비로서 새로운 재질의 전극, 착용을 위한 다양한 전극 형상, 뇌파 취득을 위한 고성능 회로, 안드로이드 앱을 통한 실시간 뇌파 분석 및 UX, 뇌파 이상 분석 알고리즘을 개발하는 성과를 거두었다.

뇌예모팀은 실생활에서 착용할 수 있는 헤드셋 형태의 뇌파 측정 기

C랩처럼 도전하라

구를 자체적으로 제작한 3D 프린터를 활용해 만들었다. 기존 제품의 단점을 극복하기 위해 끊임없이 고민한 끝에 전기가 통하는 고무 소재와 저항이 낮은 실리콘을 발굴하여 전극 형태로 적용했다. 이를 통해 젤이나 식염수를 사용하지 않는 센싱 장치의 가능성을 확인했고, 착용감도 개선하는 '일석이조'의 효과를 얻었다.

과제가 시작된 지 6개월 만에 첫 워킹 프로토타입이 완성되었다. 전극을 모자에 조립해 뇌파를 측정할 수 있도록 했다. 데이터를 이용한 알고리즘을 개발할 때는 서울대학교 교수와 산학 과제를 진행했고, 삼성서울병원의 신경과 교수, 정신건강의학과 교수와의 협업도 많은 도움이 되었다.

마침내 C랩 과정이 마무리되고 뇌예모 과제는 사업부로 이관되었다. 이관된 부서에서는 심전도 측정 IC를 개발하여 'S-Patch'라는 의료 기기 인증을 받은 제품까지 개발하는 성과를 거두었다. 해당 제품은 2016 CES에서 삼성 키노트(Keynote) 스피치로 발표·시연되었고, 한국 식약청(K-FDA)과 미국 FDA의 승인을 받았다.

비전공자 다섯 명이 모여 뇌졸중을 정복하기 위해 도전한 뇌예모팀. 이들은 머리에 착용하는 웨어러블 형태로 뇌파를 분석해 뇌졸중을 진단하고 예측할 수 있는 제품을 현실화했다. 이들은 삼성전자의 애뉴얼 어워즈(Annual Awards) '창조상' 부문에서 전 임직원 중 최고의 창조활동 팀으로 선정되어 수상의 영예를 얻었다.

아무것도 생각나지 않는 상황에서도 이것저것 시도하다보면 더 좋은 방안이 나오기 마련이다. C랩이라는 제도가 있었기에 이들은 스스로 알지 못했던 기술적 역량과 열정을 세상에 과감히 드러낼 수 있었다. 뇌예모팀의 이야기는 도전과 혁신이 어떻게 불가능을 가능으로 바꾸는지를 잘 보여주는 사례로 남아 있다.

✪ 냄새는 왜 전송할 수 없을까? ▶ 시잉스멜즈

우리가 귀로 들을 수 있는 소리는 녹음하고 전송하거나 축적한 후 재생하며 원래의 소리를 그대로 들을 수 있다. 눈으로 볼 수 있는 영상도 마찬가지다. 찍어서 전송하거나 녹화해서 재생하면 원래의 영상을 다시 볼 수 있다. 하지만 코로 맡는 냄새는 어떤가? 이러한 과정을 거친다는 게 현실적으로 어렵다.

시잉스멜즈팀은 바로 이 점에 주목했다. '바이오센서 기술을 삼성전자 제품에 접목할 수 없을까?' 하고 고민하던 중, 혈액 내 암을 비롯해 질병 관련 인자를 센싱하는 기술이 공기 중 특정한 냄새를 감지하는 기술과 근본적으로 유사하다는 것을 발견했다.

이를 바탕으로 후각 센서를 개발하기 위해 C랩 과제에 도전했다. 삼성전자는 다양한 전자 기기를 개발하고 있기 때문에 인간의 오감과 유사한 기술을 확보하면 이러한 전자 기기들에 적용할 수 있는 필수적인 센싱 기술이 될 것이라는 확신이 들었다.

그러나 C랩 과제 발표 리허설에서는 기술적인 내용만을 강조한 탓에 흥미를 끌지 못했다. 발표자는 해당 기술을 전공한 박사로, 기술적인 깊이는 있었지만 이 기술이 왜 중요한지, 우리의 삶을 어떻게 바꿀 수 있는지는 잘 전달하지 못했다. 그래서 발표 방향을 바꿔 기술이 완성된 세상에서 우리의 변화된 삶을 먼저 보여주는 것으로 다시 접근했다.

향기를 센싱하고 멀리 떨어진 가족에게 전송하는 연기와 동영상을 보여주며, 청중에게 직관적인 기술의 효용성을 전달했다. 커피, 향수, 와인 등 향기와 밀접한 일상생활을 떠올리며 스토리를 구성했고, 이는 큰 효과를 발휘해 C랩 과제 최종 심사에서 1위로 선정되었다.

후각 센서 기술은 냄새를 감지하는 소재, 이를 전기적 신호로 바꿔주는 센서, 출력을 읽어주는 반도체 회로 그리고 신호를 학습해 냄새를 판별하는 AI 알고리즘으로 구성된다. 회로 설계는 삼성전자 내부 인력으로 해결했지만, 소재와 센서 개발은 내부에서 해결되지 않아 케임브리지대학의 도움을 받아 개발했다. 소재를 담당할 인력은 영국에서 박사 학위를 준비 중인 학생을 임시로 영입하였고, 팀원 다섯 명 중 네 명이 외국인 임직원으로 구성된 글로벌연구팀으로 꾸려졌다.

시잉스멜즈팀은 반도체사업부(현 삼성파운드리)의 지원을 받아 후각 센서를 구동하기 위한 회로를 설계했다. 기존의 크고 비싼 계측 장비 대신 전용 회로를 설계하고 삼성 파운드리 MPW(Multi-project Wafer) 서비스를 이용해 후각 센서의 소형화에 성공했다. 이를 통해 회사 내부의 데모뿐만 아니라 해외 주요 센서학회에서도 성과를 발표할 수 있었다. 이 결과는 삼성전자 제품의 사물인터넷 시대를 여는 핵심 부품 후보로 선정되어, 2015 CES 키노트 스피치에서도 소개되었다.

시잉스멜즈의 과제는 후속 연구를 위해 DMC연구소(현 삼성리서치)로 이관되었다. 이후 가전사업부로 이관되어 연구가 지속되었다. 이 기술은 다양한 케어 서비스 영역에서 활용될 수 있는데, 대표적으로 'Air-care' 관련 제품이 있다. 후각 센서는 공기청정기에서 사용되는 기존 센서보다 더 스마트한 서비스를 제공할 수 있다. 환기 필요 여부나 유해 물질 제거 필요성을 알려주고, 오염원의 근원을 제거할 수 있는 기능도 가능하다. 머지않아 우리는 TV 속에서 냄새나 향기가 나는 여러 음식과 제품들을 만나게 될지도 모른다. RGB가 빛의 삼원색으로 다양한 색을 구현하듯, 세 가지 기본 향기를 통해 세상의 모든 향기를 재현할 수 있기를 기대해본다.

C랩은 단순히 신제품 개발을 넘어 세상을 바꾸는 혁신 기술로 인간의 삶을 쾌적하고 풍요롭게 만드는 것을 목표로 한다. 아이디어가 기술로, 기술이 현실로 변하는 순간을 꿈꾸며, 시잉스멜즈팀의 이야기는 이러한 꿈이 어떻게 이루어지는지를 잘 보여주었다.

🚀 따뜻한 기술로 세상을 바꿔라

기술 개발의 출발점은 다양하다. 누군가는 금전적 '대박'을 기대하며 꿈을 꾸고, 또 누군가는 사회에 센세이션을 일으키겠다는 포부를 가지고 기술 개발에 뛰어든다. 그러나 기술은 꼭 필요한 사람을 위해 사용될 때 가장 빛나는 가치를 인정받는다. 그래서일까? 국내 기업들의 사회공헌 활동은 점차 다양화하고 있다. 최근에는 기업의 주력 사업 역량을 사회 공헌과 연결하는 '기업형 재능 기부' 방식으로 활발하게 진행되고 있다. 그야말로 사회공헌의 질이 높아지고 있다.

여기 소개할 과제들에는 자신의 기술을 통해 인류와 사회에 이바지하고자 하는 개발자들의 꿈이 담겨 있다. 착한 꿈에 기술과 자원이 더해지면 그 꿈은 현실로 이뤄져 빛을 발하기 마련이다.

✪ 2억 7천만 시각장애인의 빛 ▶ 릴루미노

시각장애인의 92퍼센트는 TV를 시청하며 여가 시간을 보낸다고 한다. 그런데 이들 중 86퍼센트는 빛과 명암만을 구분할 수 있다. 릴루미노팀은 "저시력 장애인들에게 희망을 돌려주자."는 마음으로 C랩 과제에 도전했다. 그들의 목표는 저시력 장애인의 잔존 시력을 극대화해 더잘 볼 수 있는 기기를 만드는 것이었다.

2016년 6월, SW 개발자 세 명으로 구성된 팀이 C랩 과제를 시작했다. '피트인 캠프(Pit-in Camp)' 기간 동안 사용자 검증을 위해 간략한 'PoC(Proof of Concept)' 앱을 구현하고, 실로암 시각장애인복지관에서 첫 필드 테스트를 진행했다. 그러나 첫 테스트에서는 아무런 효과가 없다는 것을 알게 되었다. 좌절했지만 문제점을 발견하고 수정하는 과정을 반복하면서 시각 개선 효과가 나타나기 시작했다.

이후 삼성전자가 개발한 가상현실(VR) 헤드셋인 기어 VR을 활용한 시각보조 앱을 개발했으며, '릴루미노(Relumino, 라틴어로 빛을 돌려주다)'

릴루미노의 시야
이동 기능과 윤곽선
개선 기능

라는 이름으로 이를 상품화했다.

2017년 스페인 바르셀로나에서 열린 MWC 행사에서 릴루미노를 처음 선보였고, 국내외에서 큰 관심과 문의를 받았다. 특히 현지에서 5살 짜리 시각장애인 아이의 부모가 부스를 방문해 직접 테스트를 요청하기도 했는데, 이를 통해 릴루미노는 시각장애인들에게 희망의 빛을 줄 수 있다는 확신을 얻게 되었다.

릴루미노가 공개된 이후, 많은 기사와 보도를 통해 국내외 시각장애인 단체와 개인으로부터 문의가 들어오기 시작했다. 삼성전자 디지털프라자에 '릴루미노 체험존'을 만들어 시각장애인 방문객들이 체험할 수 있는 기회도 마련하였다.

릴루미노의 초기 제품이 상품화된 후 얼마 지나지 않아 스타가르트 (Stargardt disease, 청소년기 유전성 황반변성 질환의 한 형태)라는 시각장애를 가진 한 피아니스트의 사연을 듣게 되었다. 그는 장시간 연주 악보를 보는 데 어려움이 있었으나, VR 형태의 릴루미노를 사용한 후 악보를 보고 연습을 지속할 수 있게 되었다. 그의 부모는 무대에서 릴루미노를 착용한 상태로 연주하는 아들을 보며 매우 기뻐했다.

한빛맹학교는 릴루미노 개발 초기부터 많은 필드 테스트를 진행했던 곳이다. 당시 심한 시각장애를 가진 중학생 소녀가 자신의 어머니를 지금껏 알아보지 못했으나 릴루미노를 착용한 후 어머니를 알아보

릴루미노가 모티브를 제공한 한지민·박형식 주연의 영화「두 개의 빛 릴루미노」

는 놀라운 일이 벌어졌다. 이 상황은 「두 개의 빛: 릴루미노」라는 단편영화의 모티브가 되었다. 삼성전자는 한빛맹학교에 릴루미노 기기를 지원해 학생들이 수업 시간에 활용할 수 있도록 하였다.

2018년 평창 동계올림픽은 릴루미노를 전 세계에 알리는 좋은 기회였다. 시각장애인이 성화 봉송 주자로 참여한 행사에서 릴루미노를 기부하고, 패럴림픽에 참가한 시각장애인 선수들에게 릴루미노를 사용할 수 있는 쇼케이스 행사를 진행해 많은 호응을 얻었다. 이후 칸두코 무용단(Candoco Dance Company, 장애인과 비장애인으로 구성된 영국의 전문 무용단체)의 공연에 시각장애인을 초청해 릴루미노를 착용하고 공연을 관람하도록 했다. 릴루미노는 아시아 지역 최대 광고 페스티벌인 '스파이크스 아시아(Spikes Asia)'에서 혁신 부문 금상을 수상하며, 그 혁신성을 인정받았다.

2018년에는 글래스 형태의 릴루미노를 개발하기 위해 C랩 기간을 연장했다. TV의 릴루미노 모드는 저시력 사용자의 TV 시청 경험을 개선했으며, 글로벌 인증 기관인 티유브이 라인란드(TÜV Rheinland)로부터 '저시력 케어' 인증을 받았다. 2022년 말, 릴루미노 글래스를 개발했고, 2023년 3월부터는 시각장애인들이 직접 사용하게 해 개선점을 알아내기 위해 시범적으로 보급했다. 배우이자 난타 공연기획사 대표인 예술감독도 포함되었는데, VR 타입의 릴루미노 보급 이후 글래스 타입의 릴루미노 보급이라는 두 번째 이정표를 세웠다.

2023년 6월, 프랑스 파리에서 열린 '비바테크(Viva Technology)' 전시회에 참여해 국내 사회공헌 사업의 취지를 해외에 전파했다. 현지의 시각장애인과 시각장애인 단체는 부스를 방문해 릴루미노를 직접 체험했다. 이후 삼성 스마트 TV에 릴루미노 기능을 탑재하고, 2024년에는 갤럭시 S24 스마트폰에도 릴루미노 기술을 적용하였다.

서울대학교 미술관에서는 2024년 1~3월 소장품전에서 시각장애인인 관람객들이 릴루미노를 통해 작품을 더욱 자세히 관람할 수 있도록 편의를 제공했다.

또한 일본 대학생 이와타 토모유키는 레베르시신경병증(LHON, Leber Hereditary Optic Neuropathy)으로 시력을 잃었으나 릴루미노를 사용하고 가족과 함께 후지산의 풍경을 즐길 수 있게 되었다고 감동의 감사 메일을 보내왔다.

"저에게 릴루미노가 도착한 이후에 수많은 감사와 놀라움이 있었습니다. 무엇보다 감동스러웠던 점은 가족과 함께 후지산의 풍광을 즐길 수 있었다는 것입니다. 레베르시신경병증에 걸려 시력을 잃은 지 6년⋯. 무엇보다 어머니와 아버지, 동생, 여자친구가 눈물을 흘리며 기뻐해줬습니다. 릴루미노는 정말 대단합니다! 어떻게 하면 릴루미노가 약시인 어린아이에게도 더욱 유용하게 사용될 수 있을까요? 어떻게 하면 일본에서도 릴루미노 사용을 확대해나갈 수 있을까요? 여러분과 이 이야기를 꼭 나눠보고 싶습니다. 저는 어린아이들을 위해 릴루미노를 전하는 역할에 기여할 수 있다고 생각합니다."

2018. 5. 25. 이와타 토모유키(岩田朋)

릴루미노는 시각장애인의 빛이 되어 세상에 온기를 전하고 있다. 저시력 장애인이 스마트폰을 통해 영상이나 사진을 볼 때 시인성과 편의성을 높인, 노력의 결과물이라는 데 자부심을 느끼고 있다. C랩의 작은 아이디어로 시작된 릴루미노의 기술이 다양한 제품군에 탑재되어, 빛을 돌려주자는 취지가 확장되어가고 있다.

⭐ 루게릭 환자의 손 ▶ 아이캔

"비가 내리는 오후에 길을 걷는다.

거리에는 사람들이 없다.

혼자서 걷고 있다.

비를 맞는다.

말없이 서 있다.

비가 내린다.

비를 맞는다."

한 구절 한 구절 가을비의 쓸쓸한 기운이 고스란히 묻어나는 이 시에는 놀라운 비밀이 숨겨져 있다. 조현수(가명) 씨는 손을 사용하지 않고 오직 눈으로만 이 시를 썼다. 그 비밀은 '아이캔(eyeCan)'이라는 기기에 있다.

아이캔은 손을 사용할 수 없는 장애인들이 눈으로 PC를 조작할 수 있는 기기다. 아이캔팀은 손을 움직일 수도, 말을 할 수도 없는 환자들이 세상과 소통할 수 있도록 돕기 위해 웹 카메라와 안경테 등을 활용해 저가형 안구마우스 아이캔을 개발했다. 이들은 근육무기력증에 걸린 아티스트를 위한 'Eye Writer'를 보고 영감을 받아, 루게릭 환자와 같은 전신마비 환자를 위한 안구마우스를 개발하기로 결심했다. 시장에는 이미

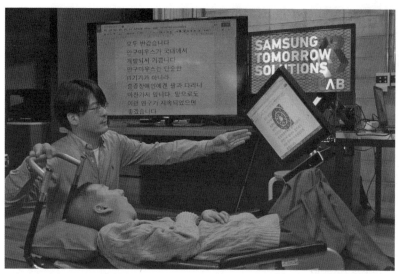

척추성근위축증 환자가 안구마우스 아이캔 2.0을 통해서 인사말을 전하는 모습

비슷한 제품이 있었지만 가격이 1,200만 원으로 비싸기 때문에 일반인이 접근하기 어려웠다. 그러나 아이캔팀은 재료비를 최소화해 5만 원이면 제작 가능한 제품을 개발했다. 이는 제1호 C랩 과제가 되었다.

아이캔은 연세대학교에서 스티븐 호킹으로 불리는 학생에게 테스트할 기회를 가졌다. 이 학생은 생후 10개월에 SMA(척추성근위축증)로 전신이 마비되었지만 강한 의지로 연세대학교 대학원에 재학 중이었다. 8년간 일반 안구마우스를 사용하던 그는 아이캔을 쓰자마자 감탄했다. 그는 아이캔이 그 비싼 일반 안구마우스의 70~80퍼센트 기능을 보여준다며 매우 만족스러워했다.

2014년, 아이캔은 기존의 안경형 안구마우스의 단점이 보완된 모니터 거치형으로 개발되어 '아이캔플러스'로 발전했다. 이를 통해 안구마우스의 사용성과 편의성을 더욱 향상시켰고, 보급 사업을 추진하게 되었다.

아이캔플러스를 사용하게 된 두 사람의 가슴 따뜻한 이야기가 있다.

2004년, 뇌출혈로 투병 생활을 시작한 양성주(가명) 씨는 말을 할 수 없어서 눈 깜박임만으로 가족과 대화를 나누었다. 하지만 지금은 아이캔플러스 덕분에 가족들과 의사소통을 하며 가족애를 나눌 수 있게 되었다.

또 다른 사용자 이 씨는 발병 직후 태어난 셋째 아들에게 충분한 사랑을 주지 못해 늘 마음에 걸렸다. 아이캔플러스를 통해 아버지의 진심이 모니터에 한 글자씩 새겨질 때마다 가족들의 눈가가 촉촉해졌다. 아이캔은 모니터에 아버지의 진심을 새겨가며, 가족들의 '사랑'과 '감사'의 마음을 전하는 도구가 되었다.

아이캔은 비상업적 용도의 오픈소스 프로젝트로, 기기 및 소프트웨어를 모두 공개했다. 필요한 사람들은 매뉴얼에 따라 하드웨어를 만들고, 소프트웨어를 다운로드해 사용할 수 있으며, 수정과 개선도 가능하다. 삼성전자는 경기도 재활공학서비스센터와 손잡고 기증 대상자를 선발해 아이캔플러스를 무료로 보급했다.

이렇듯 아이캔은 누군가의 따뜻한 손이 되어 세상과 소통하는 기적을 만들어가고 있다. 아이캔팀의 노력과 열정은 많은 사람들에게 희망을 주며, 세상을 조금 더 따뜻하게 변화시키고 있다.

✪ 소방관의 눈 ▶ 이그니스

삼성전자는 2013년부터 '삼성 투모로우 솔루션'이라는 대표적인 사회공헌 프로그램을 통해 더 나은 세상을 만들어나가는 공모전을 실시하고 있다. 2016년, 결선에 오른 20개 팀 중 특히 눈에 띄는 팀이 있었다. 경기 동두천소방서의 한경승 소방관과 한국산업기술대학교의 대학생

세 명으로 구성된 '이그니스(IGNIS)' 팀이다.

화재 진압 현장에서 소방관이 가장 두려워하는 것은 무엇일까? 화마의 위협이나 죽음의 공포도 있지만, 소방관들은 '아무것도 보이지 않는 순간'이 가장 두렵다고 말했다. 누군가를 구하지 못할까봐 두려운 것이다. 이를 극복하기 위해 소방관들은 열화상 카메라를 사용한다. 열화상 카메라는 열을 탐지하여 화면에 보여줌으로써 연기가 자욱한 화재 현장에서 소방관이 시야를 확보할 수 있도록 돕는다. 하지만 열화상 카메라는 2,000만 원이 넘는 고가의 장비로, 1구조대당 1대만 지급되고 있는 실정이었다. 모든 대원이 열화상 카메라를 착용할 수 없었다. 그래서 개인적으로 구입하기 위해 적금을 드는 일도 있다고 한다.

한경승 소방관은 이 문제를 해결하기 위해 열화상 카메라와 관련된 아이디어를 삼성전자의 사회공헌 공모전인 삼성 투모로우 솔루션에 제안했다. 이그니스팀은 그해 아이디어 부문에서 대상을 받았고, 삼성전

이그니스 헬멧을 착용하고 모의 화재 현장에서 테스트를 하는 모습

자는 이 아이디어의 사회적 기여도를 높이 평가하여 C랩을 통해 기술 개발에 나섰다. 그 결과, 우수한 내구성과 휴대성을 갖추면서도 가격이 저렴한 열화상 카메라 '이그니스'가 탄생했다.

이그니스는 현직 소방관의 작은 아이디어가 삼성 투모로우 솔루션을 만나 빛을 발할 수 있었던 결과물이었다. 이그니스를 사용해 화재 현장에서 소중한 생명을 구하는 사례가 발생하자 전국 소방관들로부터 감사 편지가 날아들었다. 그중 하나를 소개한다.

"설 연휴를 사흘 앞둔 지난 2월 12일 오전 6시 8분, 경기도 부천의 한 원룸텔에서 '타는 냄새가 나는 것 같다.'는 신고를 받았습니다. 화재가 난 곳은 'ㅁ' 자가 겹친 형태의 미로 같은 복도 안쪽이었는데, 때마침 1주일 전쯤 보급받은 열화상 카메라로 각 호실의 방화문을 비춰보니, 유독 한 방의 온도만 4도 가량 높게 측정됐습니다. 그런데 손으로 방문을 여러 차례 두드려도 인기척이 없었고, 화재 흔적도 보이지 않았습니다. 하지만 어디선가 타는 냄새가 희미하게 나는 것 같았습니다. 안에 사람이 있을 수 있다는 판단에 휴대용 랜턴 뒷부분으로 창문을 깨고 열려는 순간, '쩍' 소리가 났습니다. 창문 틈에 테이프가 발라져 있었던 거죠. 컴컴하고 연기가 자욱한 방 안에는 번개탄 세 개가 피워져 있었고, 그 옆에는 의식불명 상태로 쓰러진 제 또래의 젊은 친구가 보였습니다. 호흡이 멎기 직전이더군요. 곧장 병원으로 옮긴 뒤 치료를 받게 했습니다. 다행히 그는 의식을 되찾았습니다.

신임 소방관이던 제가 난생처음 누군가의 생명을 구한 경험이었습니다. 열화상 카메라를 만들어주신 분들이 어찌나 고맙던지요.
다시 한 번 정말 감사합니다!"

열화상 카메라 덕분에 소방관들은 화재 현장에서 소중한 목숨을 구할
수 있었다. 이러한 사례가 이어지며, 2017년 11월 삼성전자는 소방의
날을 기념해, 전국 18개 시도의 소방서와 안전센터에 이그니스 1,000대
를 전달했다. 그리고 이듬해 4월, 베트남 소방청에 이그니스 300대를 전
달하며, 국내외에서 활발히 사회공헌 사업을 전개했다.

이그니스는 소방관의 작은 아이디어가 더 많은 생명을 구할 수 있는
큰 기적으로 발전한 사례다. 이그니스는 삼성 투모로우 솔루션과 C랩의
지원을 통해 소방관들의 생명을 보호하는 도구로 자리매김했다. 이그니
스는 현재 전국의 소방관들에게 소중한 눈이 되어 더 많은 생명을 구하
는 데 기여하고 있다.

뜻대로 되지는 않았지만 도전은 항상 아름답다

C랩은 실패할지라도 도전해보겠다는 도전자의 진심과 그 도전을 믿겠
다는 회사의 진심이 모여 만들어졌다. 그러나 언제나 사업적 성공을 약
속해주지는 못 했다. 창업이 성공하려면 치열한 고민과 노력 그리고 행
운이 따라야 한다. 그렇기에 C랩에는 각기 다른 이유로 도전을 멈추는
아픔을 간직한 과제들도 있다. 수익 모델 부재와 팀원 간 갈등 등 다양한
이유의 어려움을 겪기도 했다. 그러나 이들은 사업적으로는 이 과제에

서 실패했을지 모르지만 소중한 깨달음을 얻었고, 그 힘으로 또 다른 도전을 계속할 수 있게 되었다.

✪ COME ON, 수익 모델 ▶ 험온

일상에서 떠오르는 영감을 글과 그림으로 기록하는 것은 비교적 쉽지만 순간적으로 떠오른 악상을 남기려면 작곡에 대한 전문 지식이 필요하다. 그러나 작곡을 잘 몰라도 악상을 손쉽게 남길 수 있다면 어떨까?

C랩의 뮤직크로키팀은 바로 이 점에 착안해 '험온(Hum On)!' 앱을 개발했다. 험온은 사용자가 허밍으로 흥얼거리는 음을 인식해 악보로 만들어주는 앱이다. 또한, 완성된 악보를 단선율, 록(Rock), 발라드, 오케스트라 등 다양한 방식으로 재생하는 기능도 갖추고 있다. 고려대학교 밴드 동아리 '아드레날린'의 멤버들은 "아이디어로만 머물던 생각을 실제로 구현해준다는 점에서 획기적인 앱이다."라고 극찬했다.

험온 과제의 CL은 생활가전사업부의 엔지니어였다. 그는 세계 최초의 세탁물 감지 센서를 개발하는 프로젝트에 참여해 '자랑스러운 삼성인상'까지 받았다. 그러나 그가 다른 엔지니어들과 다른 점은 '음악을 사랑하는 개발자'라는 것이다. C랩 과제에 선정되면서 험온의 기술 개발에 전념할 수 있는 기회를 얻었다.

험온이 공개되자, 세계 각국의 뮤지션들과 대중으로부터 폭발적인 관심을 받았다. 정식 버전이 아님에도 불구하고 앱 다운로드 수가 30만 건에 이르렀고, 2018년 8월에는 누적 다운로드 수가 76만 회였는데, 2019년 8월에는 130만 건으로 급속히 늘어났다. 이는 작곡에 대한 진입 장벽을 한순간에 무너뜨린 놀라운 결과였다.

C랩 과제를 수행한 후, 험온팀은 '쿨잼컴퍼니'로 스핀오프하여 창업했다. 이들은 한국팀 최초로 세계 3대 음악 박람회인 '미뎀랩(Midemlab) 2017'에서 우승했고, 실리콘밸리 액셀러레이터 버클리 스카이덱(Berkeley SkyDeck)에 선발되었다. 그러나 성공으로 보였던 길은 결국 실패로 끝났다. 험온은 고객이 원했던 서비스였기에 다운로드 수는 많았지만 고객이 지갑을 여는 서비스는 아니었다. 잘나가는 것처럼 보이는 것과 실제로 잘나가는 것은 엄청난 차이가 있었다.

하지만 쿨잼컴퍼니는 여기서 멈추지 않았다. 영상 편집 서비스를 출시하며 새롭게 출발했다. 유튜브의 폭발적인 성장으로 고품질의 영상 편집 수요가 늘어나고 있다는 점에 착안한 것이다. 영상 기획부터 촬영, 편집까지 모두 대행하는 외주 제작사는 많았지만, 편집만 별도로 진행하는 곳은 거의 없었다. 그래서 탄생한 서비스가 편집자 WaaS(서비스형 인력) 플랫폼인 '에딧메이트'다. 기존의 재능마켓은 단순히 편집자 정보를 제공하면 고객이 직접 편집자를 선택해야 했다.

반면, '에딧메이트'는 편집자와 고객을 매칭해주고, 협업 과정까지 관리하는 것이 특징이다.

서비스를 시작한 지 1년 반이 지난 지금, 에딧메이트는 월 매출 1억 원을 바라보고 있다. 이제 고객이 원하는 것을 확실히 알게 된 쿨잼컴퍼니는 더 빠른 성장을 위해 투자 유치도 기대하고 있다.

험온에서 에딧메이트로 이어진 쿨잼컴퍼니의 여정은 실패 속에서도 새로운 도전을 멈추지 않는 혁신의 이야기를 보여준다. 음악을 사랑하는 개발자의, 작은 아이디어로 세상을 바꿀 수 있다는 믿음과 열정은 지금도 계속되고 있다.

C랩처럼 도전하라

✪ 소리는 어디서 나오는데? ▶ 팁톡

엘리베이터처럼 한정된 공간에서 통화할 때 주변 사람들이 신경 쓰였던 적이 한 번쯤은 있을 것이다. 반대로, 콘서트장처럼 주변 소리가 너무 커서 통화가 힘들었던 적도 있을 것이다. 팁톡(Tip Talk)팀은 이러한 문제를 해결하기 위해 '인체를 통한 소리 전달'이라는 혁신적인 아이디어를 생각해냈다. 전용 웨어러블 기기를 착용한 상태에서 손가락을 귀에 대면 통화음이 들리는 방식이었다.

팁톡의 핵심 기술은 '손끝 통화'였다. 전화가 오면 음성 신호가 스트랩을 통해 진동으로 변환되고, 이 진동이 손끝에서 귀로 전달되어 소리가 들리는 원리였다. 인체를 매질로 소리를 전달하기 때문에 매우 내밀한 통화가 가능하다는 장점이 있었다. 하지만 초기 제품은 미세한 전류로 촉각신경을 자극하는 방식이었고, 사람들은 몸에 전류가 흐른다는 사실을 꺼림칙하게 여겨 제품 테스트를 꺼렸다. 이는 팀에게 큰 충격이었고, 혁신적 기술과 좋은 기술은 별개라는 것을 깨닫게 했다.

팁톡팀은 원점으로 돌아가 다시 고민하기 시작했다. '인체에 무해한 매개체'를 우선시하기로 한 것이다. 여러 차례 전문가들과 교수들의 도움을 받아 초음파나 저주파가 아닌 사람들이 편하게 인식할 수 있는 가청 주파수대 진동이 인체에 무해하다는 사실을 알게 되었다. 이 기술을 바탕으로 팁톡은 다시 도전했다.

팁톡은 파리에서 열린 스타트업 전시회 '비바테크'에서 세계 최대 명품 그룹 'LVMH 혁신상'을 수상했고, 독일 베를린에서 열린 세계 국제가전박람회 'IFA 2018'에서도 극찬을 받았다. 서울 신라호텔에서 열린 제10회 아시안리더십콘퍼런스(ALC) 스타트업 경연대회 '피치앳팰리스

코리아 1.0'에서도 1위를 차지하며, '손끝 통화' 기술은 전 세계에서 주목받았다.

세계 최대 크라우드 펀딩 플랫폼인 '킥스타터'와 '인디고고'를 통해 총 1만 5천 명이 제품을 선주문했고, 주문 금액은 무려 220만 달러(약 24억 원)에 이르렀다. 삼성전자를 비롯한 여러 벤처 캐피털로부터 투자를 받으며 팁톡의 미래는 무척 밝아보였다.

그러나 그 명성은 오래가지 못했다. 제품이 출시된 후, 전 세계 소비자들로부터 '제 기능을 못한다.'라는 소문이 퍼지기 시작했다. '손끝으로 통화한다.'는 혁신적인 기획과 달리, 이용자들은 통화음이 거의 들리지 않는다고 불만을 토로했다. 전화기와 기기 볼륨을 최대한 높이면 손에 진동은 느껴지지만 손가락을 통해 나오는 소리보다 기기의 스피커에서 나는 소리가 더 컸다. 기술 구현 능력이 부족했던 것이다.

이로 인해 팁톡팀은 큰 위기를 맞았다. 소비자들의 불만이 쏟아졌고, C랩 출신 스핀오프 기업이 기술적 결함은 물론 향후 대응 능력까지 부족하다는 논란에 휘말렸다. 이는 C랩의 신뢰도와도 직결되는 상황이었다.

하지만 팁톡팀은 여기서 멈추지 않았다. 실패를 경험 삼아 그들은 다시 도전의 길로 나섰다. 새로운 기술과 접근 방식을 통해 문제를 해결하고, 더 나은 제품을 만들기 위해 다시 시작했다. 그들은 지금도 여전히 세상을 바꿀 수 있는 기술을 개발하기 위해 최선을 다하고 있다.

⊙ R&D와 마케팅의 주도권 다툼 ▶ MYG

2006년에 설립된 미국의 생명공학기업 '23andME'는 유전자 검사를 통해 질병을 진단하는 사업을 주력으로 하고 있다. 인간의 염색체 23쌍에서 유래한 회사 이름처럼, 이 회사는 99~199달러의 비용으로 고객의 침을 분석해 유전자 정보를 제공한다. 2013년, 할리우드 배우 안젤리나 졸리(Angelina Jolie)가 이 회사의 유전자 분석 결과를 통해 유방암과 난소암을 예방하기 위해 수술을 받은 일화가 있다.

C랩 과제 중에서도 개인의 유전자 정보를 활용하는 창의적인 아이디어가 제시되었다. 'MYG(Mobile Your Genome)'라는 과제는 유전자 정보를 스마트폰에 내장하여 건강 서비스를 제공하는 것이었다. 일반 서버에 유전자 정보를 올리면 민감한 정보가 유출될 수 있으므로, 스마트폰에 정보를 압축하여 저장하고 개인 맞춤형 서비스를 제공하는 방식이었다. 스마트폰의 메모리 용량이 계속 증가하고, 고도의 압축 기술이 적용되면 충분히 가능하다는 설득력이 있었다.

이 아이디어는 매우 흥미롭고 미래 가치가 충분했다. 예를 들어, 알코올 분해 능력은 개인별로 차이가 있으므로, 유전자 분석 정보를 통해 음주 후 몇 시간이 지나면 운전할 수 있는지 확인할 수 있다. 또한, 개인별 맞춤 영양제, 운동 능력, 혈압, 인슐린 수치 등도 제공할 수 있어 건강 관리까지 할 수 있는 'My Data' 시대에 적합한 아이디어였다.

그러나 서비스 개발 과정에서 개발팀과 마케팅팀 사이에 불협화음이 들리기 시작했다. 마케팅팀은 기술을 잘 이해하지 못한 상황에서 마케팅의 중요성을 강조했고, 개발팀은 기술 구현이 우선이라고 주장했다. 결국 두 팀은 타협하지 못하고 팀이 거의 와해 수준에 이르렀다. 마케팅팀은 본인들의 의견이 반영되지 않자 업무 협력을 중단하고, 보고 및 발표 업무에서 손을 떼고 말았다.

이러한 어려움 속에 간신히 과제를 마치게 된 'MYG' CL은 포기하지 않았다. 2018년 대학 교수로 전직한 후, 해당 아이디어로 교수창업에 도전했다. 2022년, 그는 '포어텔 마이헬스(FORETELL MY HEALTH)'라는 이름으로 창업했다.

포어텔 마이헬스는 건강의 위험과 이상 상황을 미리 알려주어, 개인의 소중한 일상을 지키는 비전을 제시하며, 주로 조기 암 검진을 위한 액체 생검법을 개발하고 있다. 지난해 TIPS 사업에도 선정되며, 그 꿈을 향해 한 단계 더 다가가고 있다.

MYG는 유전자 정보를 통한 건강 관리의 혁신적 아이디어에서 출발했다. 비록 내부 갈등으로 인해 C랩에서는 성공하지 못했지만, CL의 끈질긴 도전 정신은 포어텔 마이헬스 창업으로 이어가고 있다.

❂ 자중지란(自中之亂)을 일으키다 ▶ 척앤착

다섯 명의 엔지니어가 제시한 혁신적인 디바이스 아이디어가 C랩 과제로 선정되었다. 주먹만한 크기의 디바이스에서 태블릿보다 큰 화면을 보여주겠다는 목표였다.

롤러블이나 폴더블 디스플레이가 상용화되지 않은 시점에서 이 아이디어를 실현할 기술은 프로젝터 기술뿐이었다. 상상력을 더해 어떤 표면에든 '척' 붙이면 화면이 '착' 나타나는 디바이스를 구상한 팀은, '척앤착'이라는 이름을 붙였다.

척앤착 디바이스는 프로젝션 된 화면을 태블릿처럼 터치하면서 사용할 수 있었다. 화면이 투사되는 표면의 색에 맞춰 색감을 자동으로 보정하는 기능과 두 대 이상의 디바이스를 연결해 큰 화면을 구현하는 기술도 개발했다. 이들은 초단초점(UST) 광학기술에 집중했다. 이미 몇몇 업체들이 UST 기술을 이용한 프로젝터 제품을 판매하고 있었지만 척앤착팀의 아이디어를 적용한 디바이스는 아직 세상에 없었다. 척앤착팀은 어려운 광학기술을 개발하면서, 삼성 내 최고 수준의 일본인 광학기술 설계 고문으로부터 멘토링을 받아 만족할 만한 기술을 확보할 수 있었다.

2015년, 척앤착팀은 스핀오프에 도전하게 되었다. 그러나 시작 단계에서 문제가 발생했다. 대표와 이사들 간의 경영 비전과 개발 방향에 대한 의견 차이로 인해 내부 분쟁이 발생한 것이다. 결국 대표가 물러나고, 초기 개발을 이끌었던 CL이 후임 대표가 되었지만, 이전 대표와의 분쟁이 지속되며, 팀은 자중지란을 겪었다. 다행히 삼성전자의 도움으로 1년 동안의 분쟁은 정리되었고, 2016년 새로운 회사로 다시 시작하게 되었다.

하지만 또 다른 문제가 발생했다. 척앤착팀이 1년 남짓한 시간을 허비하고 있을 무렵, CES에서 소니가 척앤착의 콘셉트와 유사한 프로젝터를 선보였다. 2017년에는 투사된 화면에서 터치까지 가능한 제품도 출시했다. 척앤착팀은 자금과 개발력이 소니에 비해 현저히 부족해서 결국 상품화에 실패했다.

척앤착팀의 후임 대표였던 인력은 다시 삼성전자로 돌아와 'Smart Things'를 개발하고 있다. 그는 스핀오프 후 5년 동안의 경험이 앞으로의 개발 업무에 많은 변화를 줄 것으로 기대하고 있다.

그는 예전에는 기술 개발 자체에 매몰되었지만, 이제는 어떤 기술이 정말 필요한지에 대한 생각부터 하게 되었다. C랩에서 과제를 수행하고 스핀오프를 경험하며 쌓은 노하우와 기업가 정신이 현업에서 온전히 발휘되기를 기대한다.

🚀 유일하게 뼈아픈 실책, 신뢰 파기

C랩은 "실패는 없다." "실패는 성공의 시작이다."라는 정신을 강조하며, 보다 높은 목표를 잡도록 장려했다. 그 과정에서 기술이나 서비스를 구현하기 어려웠거나 사업적으로 성공하지 못한 경우도 많았지만, 그 어떤 과제도 실패라고 여긴 적은 없었다. 그러나 스핀오프 제도를 악용해 '모럴해저드'를 드러낸 과제는 분명한 실패 사례로 남았다. 이는 기술적·사업적 실패 여부를 떠나서, C랩이 추구하는 기업가 정신에 부합하지 못한 경우였다.

C랩은 스핀오프 심사에서 과제를 수행하며 목표했던 아이디어와 그 기술을 제대로 구현했는지 여부를 살핀다. 스핀오프 심사를 통과한 팀은 우선 퇴사한 후 스타트업 법인을 설립하게 된다. 재직 중에는 법인을 설립하는 것이 허용되지 않기 때문이다.

퇴사 처리가 되면 본인의 퇴직금에 창업 격려금 명목으로 2년치 연봉을 받게 되고, 삼성벤처투자(SVIC)로부터 5~6억 원의 투자금도 받는다. 게다가 퇴직 후 5년 내에 회사로 복귀할 수 있는 권한도 주어진다. 이는 스핀오프사와의 기본 계약 사항이다.

그러나 한 CL은 법인을 설립한 후 삼성벤처투자(SVIC)가 투자 집행을 하기 전에 시중의 VC(Venture Capital)와 투자 계약을 맺었다. 결국 삼성전자와의 계약을 일방적으로 파기한 것이다. SVIC로부터 투자를 받는다는 것은 스타트업으로서 성공 가능성이 매우 높다는 것을 의미하는데, 해당 CL은 스핀오프 약정대로 SVIC로부터 투자를 받는 대신 시중의 다른 VC의 투자를 받았다. 이른바 '먹튀'를 한 셈이다.

더 거슬리는 점은, 해당 CL이 삼성전자와 스핀오프 계약을 파기했음에도 불구하고 기업 설명회(IR)에서 '삼성전자 C랩 출신'이라는 전력을 사용했다는 것이다. 그런데 아이러니하게도 코로나19로 인해 거의 모든 기업이 어려운 상황에 처했지만 이 회사에는 오히려 반전의 기회가 되었다. 스타트업 기업으로 유일하게 코로나 진단키트 시장에서 입지를 다질 수 있었고, 미국식품의약국(FDA) 승인을 받으며 수백만 달러(30억 원) 규모의 수출 성과를 거두었다. 더욱이 중소벤처기업부의 '아기 유니콘'에 선정되기도 했다.

이 제품에 적용된 분자진단 기술은 그가 삼성전자에 근무할 때부터 확보한 기술이었다. 이 사건 이후로 삼성전자는 제도의 허점을 보완했지만 기본적인 신뢰 관계를 저버리고 고의적으로 회사에 누를 끼치는 사람을 막아내기란 참으로 어려운 일이었다. 해당 과제 이후 스핀오프 사례는 다소 감소했는데, 이는 결코 우연의 일치만은 아닐 것이다.

이 이야기는 도전과 혁신의 정신을 강조하는 C랩에서도 배신과 모럴해저드가 발생할 수 있음을 보여준 것이다. 그러나 C랩은 이러한 경험을 통해 제도를 보완하고, 더 강력한 신뢰와 윤리를 바탕으로 새로운 도전을 이어가고 있다.

CHAPTER 5

사표를 던져라!
실패하면 다시 돌아오라!

관상어 중 '코이'라는 물고기가 있는데, 이들을 들여다보면 참으로 신기하다. 어항에서 기르면 5~8센티미터밖에 자라지 못한다. 그런데 연못에서는 25센티미터나 자라고, 강에서는 120센티미터까지 자란다. 이를 두고 '코이의 법칙'이라고 하는데, 주변 환경에 따라 엄청난 결과 차이가 만들어진다는 의미다.

C랩 과제가 완료되면 멤버들은 ① **사업부 이관,** ② **현업 복귀,** ③ **스핀 오프** 세 가지 길로 나뉜다. 이를 결정하기 위해 완료 심사를 진행하게 된다.

사전에 공유된 C랩 과제 결과를 살펴보고 관심이 있는 사업부 인력들이 함께 참여해 이관 가능성을 판단한다. 아울러 삼성벤처투자를 대상으로도 투자 결정을 위한 심사를 진행한다.

이러한 과정을 통해 삼성전자는 C랩이 출범한 지 3년 만인 2015년 8월, 첫 스핀오프 제도를 도입했다.

"일단 도전하라. 5년 이내라면 실패하더라도 돌아와라. 모든 경력을 인정해주겠다." 이처럼 삼성전자는 스핀오프 창업으로 퇴사하는 직원에게 재입사할 수 있는 권리를 보장하는 파격적인 조건을 제시했다. '5년 내 재입사'를 보장하는 조건은 안정적인 대기업을 떠나야 하는 부담으로 인해 고민하는 구성원들에게 창업에 도전할 용기를 심어주었다.

특히 삼성전자의 전략적 사업 목표와 딱 들어맞지 않은 경우라도 성장 잠재력이 충분히 예상되는 아이디어라면 스핀오프를 통해 성장시킴으로써 중장기적으로 기존 비즈니스와의 시너지 효과를 노릴 수 있게 했다.

하지만 순조롭게 진행되지는 않았다. 현업 부서장들의 반대가 만만치 않았다. C랩 과제 수행을 통해 이들이 창의 인재로 성장하여 현업 부서로 돌아와 경험 이상의 능력을 발휘할 것을 기대하고 있었는데, 스핀오프 제도로 이들을 내보내고, 더욱이 사업이 안정될 수 있도록 창업 비용을 비롯해 투자 및 사업 컨설팅까지 지원해준다고 하니, 반대가 거셀 만도 했다.

"일단 밖으로 나가라. 그래야 성장할 수 있다!" 그야말로 파격 그 자체로 스핀오프 제도가 시행되었다.

🚀 스핀오프, 이젠 내보내야 한다

2014년, CES를 시작으로 IFA, MWC와 같은 국제 전시회에 C랩 과제를 수행한 다양한 결과물을 선보였다. 그중에 MR.VR을 착용한 외국인들의 반응은 그야말로 폭발적이었다. 더욱이 각국의 대기업들이 C랩 멤버들에게 협업을 요청하는 사례도 이어졌다. 이는 C랩 과제가 글로벌 성장 잠재력을 보유하고 있다는 것을 의미했다.

또한 CES와 같은 국제 전시회에서 '아이디어' 수준의 제품을 출품하는 타국 스타트업들을 보면서 C랩은 자신감을 얻었다. C랩은 시제품 제작 단계까지 성공한 뒤 거의 완전한 성능을 갖춘 제품을 준비해 CES에 참가했다. 초기에는 '기술이 너무 소소하지 않을까?' 하는 걱정도 있었

東亞日報

2015년 08월 18일 화요일 B06면 경제 금융

삼성전자 "우수 아이디어 낸 임직원을 사장님으로"

'사내 벤처 육성' 9명 뽑아
스타트업 창업 기술 등 지원

삼성전자가 우수 창업 아이디어를 내는 임직원들을 '사장님'으로 대우시킨다.

삼성전자는 사내(社內) 벤처 육성 프로그램인 'C-Lab(Creative Lab)'에서 나온 우수 과제를 뽑아 스타트업 창업을 지원한다고 17일 밝혔다. C-Lab은 삼성전자가 2012년 임직원들의 다양한 아이디어를 키워내고 창의적 조직문화를 확산하겠다며 도입한 프로그램으로 지난 3년간 100여 개의 아이디어가 발굴됐다.

삼성전자는 이 가운데 외부 사업화가 가능한 3가지 과제로 △신체의 일부를 활용해 통화음이 잘 들리게 하는 신개념 사용자경험(UX) '팁톡(Tip Talk)' △개인의 걸음걸이를 모니터링하고 교정하는 스마트 슈즈 솔루션 '아이오핏(IoFIT)' △걷기 운동과 모바일 쿠폰을 결합한 서비스 '워크온(WalkON)'을 선정했다. 해당 아이디어를 낸 9명의 임직원은 삼성전자를 퇴직한 뒤 각각 3개의 스타트업 법인을 설립해 말과 내년 상반기(1~6월) 상용화를 목표로 제품과 서비스를 출시하게 된다.

삼성전자는 컨설팅을 통해 스타트업 기업에 경영·기술 노하우를 전수하고 사업의 조기 안정과 성장을 지원할 예정이다. 본인이 원할 경우 삼성전자 재입사도 가능하다.

삼성전자는 내부 C-Lab 인력을 대상으로 직급과 호칭을 없애고 근태 관리도 적용하지 않는 등 전에 없던 '인사 실험'에도 나선다. 과제 결과와 직접 연결된 새로운 평가 및 보상제도 등을 도입해 성과 창출에만 매진할 수 있도록 지원할 계획이다. 삼성전자 관계자는 "임직원들의 창의적 아이디어와 도전의식을 독려하고 기업가정신이 깊은 인재를 발굴해 회사에도 새로운 변화와 혁신의 분위기를 가져올 수 있을 것으로 기대하고 있다"고 설명했다.

김지현 기자 jhk85@donga.com

삼성전자의 창의·혁신 과제 C-Lab 임직원
스핀오프 제도를 통해 "스타트업" 퇴직

삼성전자 스핀오프 창업 제도에 대해 소개한 신문 기사

C랩처럼 도전하라

지만, 맞은편 전시 부스에 구현되지 않은 제품의 콘셉트만 가지고 참가한 이스라엘팀들을 보며 용기를 얻게 되었다.

한편으로는 새로운 아이디어에 대한 관점의 차이를 느꼈다. 창업 국가로 불리는 이스라엘에서 온 팀들은 가능성을 중시하고 성공 여부와 관계없이 자신감을 갖고 자신의 생각을 표현했다. 이는 국내 상황과는 사뭇 다른 시각이었다.

CES와 관련된 재미있는 일화도 있다. CES 개최 도시인 라스베이거스 인근에 데스 밸리(Death Valley)라는 유명 관광지가 있다. 지구상에서 가장 뜨겁고 건조한 지역인데, CES에 참여한 C랩 및 스핀오프팀들의 필수 방문 코스로 정했다.

데스 밸리에는 '모자이크 캐니언(Mosaic Canyon)', '유레카 밸리(Eureka Valley)', '라스트 찬스 캐니언(Last Chance Canyon)' 등 우연하게도 C랩을 비롯한 스타트업과 관련된 용어와 일치하는 곳이 여럿 있었다. 특히 '스타트업의 성지'로 불리는 CES 개최지에 '죽음의 계곡'이라고 일컫는 데스 밸리가 근처에 있다는 것은 신기하고 재미있는 일이었다.

CES에 참여한 C랩 및 스핀오프팀들이 데스 밸리를 필수 방문 코스로 삼은 것은 이곳의 독특한 환경과 상징성이 스타트업의 성장과 도전 정신을 자극하기 때문이었다. '데스 밸리'는 창업 후 2~3년 내에 많은 스타트업이 겪는 어려운 시기를 의미하는데, 실제로 데스 밸리를 방문하고 나면 홍역 같은 어려운 시기를 잘 극복하게 된다는 미신이 있다고 한다.

🚀 거슬러오르는 연어처럼!

창의개발센터는 본래 C랩을 기획할 때부터 스핀오프를 염두에 두고 있었다. 그렇기에 스핀오프에 대한 열망은 더욱 커져갔다. 하지만 "누구를 위해서 내보내나?" "나가면 실패할 게 뻔한데…."라는 비판에 직면했던 탓에 첫해에는 그 뜻을 펼치지 못했다. 그러나 사내 창업 제도의 핵심은 회사 밖으로 나가서 의미 있는 성장을 이루는 것이라는 생각만은 굽히지 않았다.

이듬해 스핀오프를 다시 시도했다. 두 개 과제만이라도 시범적으로 스핀오프해보겠다는 의지를 강하게 내비쳤다. 다행스럽게도, 당시 경영지원실장이 이를 흔쾌히 받아들였다. 그렇게 해서 스핀오프를 구체적으로 검토해서 공식화하게 되었다.

하지만 스핀오프를 통해 창업을 하는 직원들에게 어떤 지원을 해줘야 할 것인지를 고민해야 했다. 삼성전자 같은 좋은 직장을 떠나는 것은 결코 쉽지 않았기 때문이다.

우선 본인의 결단도 중요했지만 가족과 주변 친지들의 반대가 거셌다. 이때 물꼬를 터준 것이 '5년 내 돌아올 수 있게' 하는 복귀 카드였다. 시행 첫해인 2015년에 제1기로 3개사가 창업하게 되었고, 이듬해 제2기 때는 7개사로 확대되었다.

스핀오프 과정을 돌아보면 예상치 못한 걸림돌이 많았다. "회사의 자원으로 키운 인력과 기술을 내보내다니 당치않은 일이다." 이렇게 말하는 사람들이 적지 않았다. 그러나 강을 거슬러올라가는 연어의 회귀 본능을 생각해보자고 설득했다. 어미 연어가 하천에 알을 낳으면 새끼 연어들은 드넓은 바다를 향해 긴 여정을 시작한다. 성체가 되면 다시 알을 낳기 위해 하천으로 돌아오는데, 거친 자갈을 헤집고 올라오는 과정에서 천적을 만나므로 무사히 도착하는 연어는 많지 않다. 거센 물살을 가르며 강을 거슬러올라오는 힘찬 연어도 있지만 험난한 여정에서 죽어버리는 연어도 있다.

C랩의 스핀오프 제도도 이와 유사하다고 할 수 있다. 건강하고 강한 연어만이 회귀하듯 C랩 과제를 통해 스핀오프를 한 회사들은 어떤 경로로든 삼성전자에 도움이 될 것이라는 믿음이 있었다. 그래서 창의개발센터는 "일단 밖으로 나가서 생각의 한계를 뛰어넘어야 성장의 가능성이 열린다."는 논리로 경영진을 설득했으나 1년 차에는 실패를 했다.

그러나 창의개발센터는 스핀오프하는 회사들이 삼성전자의 전략적 파트너이자 든든한 우군으로 성장할 것이라는 확신이 있었다. 마침 2년 차에는 C랩 과제가 국제 전시회에 출품되며, CES 혁신상을 비롯해 기대 이상의 성과를 거두고 있던 시기였다. 더욱이 국내외 언론에 C랩이 자주 노출되다보니 회사 내에서도 스핀오프에 관심을 갖기 시작했고, 이번에는 전사적 공감대가 형성되어갔다.

한편, 사내에서 스핀오프를 망설이던 직원 중 한 명도 스핀오프를 결정할 당시를 다음과 같이 회고했다.

"당시 스핀오프가 '새로운 형태의 권고사직이 아니냐?'라고 말하는 사람도 있었는데, 저는 한 경영진이 해주었던 격려가 스핀오프를 결심하는 데 큰 힘이 되었어요. 그 경영진은 삼성전자 내에서 좋은 기술이 많이 나오는 반면, 여러 가지 이유 때문에 세상의 빛을 못 보고 사장되는 경우도 많다고 했어요. 그 가운데 가능성이 높은 아이디어와 기술에 대해서는 열정이 충만한 임직원들에게 기회를 주고 싶다고 했죠."

스핀오프를 적극적으로 추진했던 그 경영진의 말은 단순한 격려가 아니었다. 정글과도 같은 창업 생태계에서 5년 혹은 10년간 생존하다보면, 어느 순간 삼성전자의 든든한 파트너로 성장할 수 있다는 확신을 심어주는 말이었다.

🚀 스핀오프 제도의 힘

스핀오프 1호가 탄생한 뒤 언론으로부터 많은 관심을 받게 되었다. "사표 내고 창업하라, 실패하면 돌아오라." "우수 아이디어를 낸 임직원을 사장님으로!" 등의 헤드라인이 신문을 장식했다. 모두 C랩 과제의 스핀오프 혜택을 설명하는 표현이었다.

사업 가치를 인정받은 C랩 과제의 CL이나 팀원이 '사장'이 되고 싶다는 열정이 있으면 스핀오프가 가능하였다. C랩이 직원들의 '창의적 아이디어'에 투자하는 것이라면, 스핀오프는 그들의 '열정'에 투자하는 것이라 볼 수 있다.

그런데 C랩 과제를 수행한 멤버들 간의 의견이 다른 경우도 있었다. 다섯 명 내외의 C랩 멤버 중 일부가 회사에 남기를 원할 때는 스핀오프팀을 구성하는 데 어려움이 있다. 이때는 '사내 창업 공모'를 해서 해당 과제에

C랩처럼 도전하라

관심이 있는 직원들이 스핀오프에 도전해볼 수 있는 기회를 준다.

이렇듯 스핀오프를 한 과제에 대해서는 적절한 지원이 이루어졌다. 잘 다니던 회사를 그만두고 나가서 독립적으로 회사를 설립하는 것이기 때문에 퇴직금을 지급하는 건 당연했고, 여기에 창업 격려금으로 2년치 연봉을 더해주었다. 스타트업 초기의 금전적인 어려움을 덜어주기 위함이다.

또한 삼성벤처투자는 5~6억 원의 시드머니를 투자하는데, 이는 신생 스타트업에게는 큰 금액이다. 삼성벤처투자의 투자는 다른 투자사들에게도 신뢰를 주며, 스핀오프 회사들의 명함에는 'Accelerated by SAMSUNG'이 적혀 있어 삼성 패밀리임을 명확히 했다. 그리고 스핀오프 후에도 창의개발센터를 통해 삼성 관계사와의 연결과 멘토링을 받을 수 있게 했다.

이처럼 삼성전자가 제공하는 다양한 혜택 중 가장 중요한 것은 단연코 '커넥션(Connection, 연결)'이다. C랩 출신 스핀오프사들은 삼성전자를 비롯해 관계사들과도 협력을 진행할 수 있다. 연결되지 않으면 고립되고, 고립되면 소멸한다는 말이 있듯이 회사 차원에서 이들이 고립되지 않고 성장할 수 있게 지원하는 것이다. 이러한 이유로 C랩이 '황제 창업'이라는 부러움을 사기도 한다.

그러나 직원 개인의 입장에서 보면, 스핀오프를 결정하는 것이 결코 쉬운 선택은 아니다. 대기업이라는 안정적인 직장을 포기하고, 야생의 창업 생태계에 뛰어들기로 작정하는 것은 현실적으로 위험천만한 일이기 때문이다. 그러므로 5년 내 복귀 가능 카드가 단순한 복귀만을 의미하지는 않는다. 그동안 스핀오프의 시간을 모두 현업 경력으로 인정받고 복귀할 수 있도록 해준다는 것이다. "스핀오프를 한 회사가 망하든 흥하든 돌아오고 싶으면 언제든지 돌아올 수 있도록 해주자."라는 것이 당시 경영지원실장의 결심이었다.

어찌 보면 직원들 입장에서는 제일 걱정되는 위험을 최대한 덜어준 것이다. 마지막 고비라고 할 수 있는 가족들의 반대를 설득할 수 있는 강력한 무기가 바로 '5년 내 복귀 카드'였다. 창업해서 실패하든 성공하든 기업가 정신을 직접 경험한 인력을 확보하는 것이 필요하다는 신념이 있었기 때문에 이런 제안이 가능했던 것이다. 이와 함께 현업으로 복귀할 때는 스핀오프를 해서 나가 있던 5년에 더해 각자의 성장과 역량에 따라 필요 시 플러스 알파로 6년 혹은 7년의 경력으로 인정해주겠다는 의도도 있었다.

실제 미국 실리콘밸리에서는 스탠포드 MBA 출신의 초봉이 20만 달러 수준인데, 창업 경험이 있는 경우에는 스톡옵션에다 연봉이 50만 달러 혹은 100만 달러 수준으로 우대한다. 이를 지켜본 삼성전자도 창업 경험이 있는 직원들을 우대해야 한다는 인식이 실제로 확산되었던 것이다.

5년이라는 기간에는 중요한 의미가 있다. 스타트업은 출발 후 3년 차가 될 무렵이면 초기 투자금이 소진되며, 이른바 '죽음의 계곡'을 마주하게 된다. 이때 다음 투자 시리즈가 진행되지 않거나 영업 이익이 충분히 나오지 않으면 죽음의 계곡을 넘지 못하고 폐업하고 만다.

수익구조 곡선이 양(+)으로 바뀌는 시점을 대략 5년 정도로 보기 때문에, 창업 기업 생존율의 주요 지표를 5년 후 생존 여부로 잡는다. 물론 5년 이후에도 기술 기반 스타트업은 시장에서 경쟁 제품들과 치열하게 경쟁하며 지속 가능한 비즈니스 모델을 찾기 어려운 상황이 계속될 수

C랩처럼 도전하라

도 있다. 또한 제품 양산 과정에서 '다윈의 바다(Darwinian Sea, 경영·마케팅·시장 변화 등 기술 외적인 요인들로 인해 겪게 되는 어려움)'를 만나게 된다. 그래서 스타트업을 한 뒤 5년이 다 되어가는 시점에서도 길이 보이지 않을 수 있다. 이러한 절체절명의 시기에 돌아갈 곳이 있다는 것은 사업에 집중할 수 있는 심적 여유를 준다.

삼성전자가 스핀오프를 장려하며 혜택을 제공한 이유는 과제 아이디어가 단순히 과제로 끝나지 않기를 바랐기 때문이다. 회사 울타리 밖의 무한 경쟁에서 살아남아야 의미 있는 성장을 이룰 수 있다. 좋은 아이디어는 시장과 소비자에게 더 가까이 다가가야 하며, 기업가 정신이 충만한 이들이 회사를 떠나 각자의 일을 시작할 때 사회는 혁신한다. 혁신적인 아이디어가 시장에서 제대로 성장할 수 있는 기회를 제공함으로써 C랩 제도의 진정한 의미가 실현된다. 이렇게 시작한 회사들이 성장해 모기업으로 M&A를 통해 '스핀인(Spin in)'하는 것이 창의개발센터의 바람이었다.

🚀 혁신을 향한 출정

C랩은 기술 개발과 아이디어 구현에만 집중하기 때문에 과제를 수행하는 동안 회사 설립에 대한 고민은 하지 않는다. 그러나 스핀오프를 하게 되면 기업의 대표가 되고, 경영 업무를 새롭게 감당해야 한다. 그래서 이를 돕기 위해 3개월 정도의 '스핀오프 준비 기간'을 제공한다.

이때 전문가를 초청해 강연 등을 진행하며 법인 설립, 투자 유치, 마케팅, IP, 인력 공급 등 기본적인 경영 지식을 갖출 수 있는 기회를 제공한

C랩 스핀오프팀들의 출정식 모습

다. 이처럼 철저한 준비 과정을 거친 후에야 비로소 스핀오프를 통해 스타트업으로 출발하게 된다.

첫 스핀오프를 추진할 때 스핀오프 멤버들을 격려해주자는 방침을 세웠다. C랩의 큰 성과인 스핀오프를 성공적으로 시작하기 위해서는 이에 걸맞은 세레모니가 필요했다. 그러나 이 또한 완전히 처음이었다. 사내의 반대를 무릅쓰고 시도하는 스핀오프였기에 C랩 멤버들에게 자신감을 불어넣어줄 수 있는 이름이 필요했다. 그래서 마치 군인들이 전투에 나가기 전에 치르는 행사인 '출정식'이라는 이름을 선택해, 비장한 각오를 다짐할 수 있도록 했다.

출정식에서 스핀오프 아이템들을 소개하는 시간을 마련했다. 이때 삼성전자의 스탭 부서 부사장들이 모두 초대되어 이들의 성과를 격려하고 또 앞날을 응원했다. 더욱이 삼성전자 사장이 "잘해서 삼성 C랩 출신이라는 이름을 빛내달라."는 캘리그라피 현판도 직접 써서 전달하며, 스핀

C랩처럼 도전하라

오프사들의 든든한 후원자임을 강조했다.

출정식 때 웰트 대표는 "입사 전부터 꿈꾸던 아이디어를 마음이 통하는 사람들과 개발하는 과정에서 욕심이 커졌다."라고 말하며, "회사를 떠나는 건 아쉽지만 삼성전자 덕분에 오랜 꿈을 실현하게 돼 기쁘다."라는 소감을 밝혔다. 망고슬래브 대표 역시 "독립에 대한 걱정이 전혀 없는 건 아니지만 설사 실패한다 해도 다시 돌아올 곳이 있으니 정진하겠다."라고 포부를 밝히기도 했다.

또한 스핀오프 후 어느 정도 자리를 잡은 모닛 대표는 "모닛이 지금까지 오는 데 C랩의 힘이 컸다."라며, 다음과 같이 C랩에 대한 진심을 전했다.

> "저를 포함해 6명이 삼성전자에서 나와 설립했어요. C랩 과제를 수행하기 전까지 전혀 모르던 사람들이었죠. 하드웨어와 소프트웨어 등 다양한 능력을 갖춘 멤버들이 서로 힘이 되어주고 있어요. 스타트업은 좋은 사람과 자원을 끌어들이는 게 큰 문제거든요. 또 제품 콘셉트를 증명하고 양산하는 것은 또 다른 차원의 큰 일이에요. 제가 C랩을 거치지 않았다면 제품은 시장에 아직도 나오지 못했을 겁니다. 삼성전자 C랩 출신이라고 하면, 비즈니스를 하는 데 파트너들이 기본적인 믿음을 갖는 것 같아요."

이처럼 최소한의 믿음만으로도 엄청나게 소비되는 에너지를 줄일 수 있다. 그런데 스핀오프를 추진하며 또 다른 어려움도 있었다. 견물생심(見物生心)이라고 했던가? 대표라는 직함은 물론 회사 지분에 민감하게 반응하며 집착하는 사원들도 있었다. 결국 창의개발센터가 나서서 분란을 잠재웠다. 스타트업의 의사결정 체계로 볼 때 절대 지분을 가진 사람이 있어야 한다는 VC들의 의견이 있었는데, 공동 창업자는 지분을 동일하게 배분한다는 원칙을 내세웠던 것이다. 물론 대표는 역할이 크기 때문에 지분을 조금 더 배분하는 방향으로 설득을 하기도 했다.

> "여러분이 진짜로 성공하는 모습을 보고 싶어 하는 조직은 바로
> 창의개발센터다. 그러니 센터의 의견을 받아들여야 한다. 그렇지
> 않으면 창업을 진행할 수 없다. 욕심내지 마라."

창의개발센터가 이렇듯 단호한 입장을 표명하자 '잿밥'에만 관심이 있는 것 아니냐는 오해를 받았던 직원들도 결국 수긍하게 되었다. 기업이 성장해야 지분도 의미가 있는 것 아닌가? 그런 상황에서 지분 1퍼센트 혹은 2퍼센트에 연연하는 게 얼마나 안타깝게 보였는지 모른다.

C랩과 스핀오프 제도가 자리 잡은 후 5년이 지났을 즈음, 국내 일간지에서 인상 깊은 인터뷰 기사를 접했다. 성공한 벤처기업가에서 학자로 변신한 제레미 케이건(Jeremy Kagan) 컬럼비아대학교 경영대학원 교수는 한국 기업들에게 "사표를 던지고 나가 창업했다가 실패한 직원들을 다시 고용하라!"고 조언했다.

C랩의 스핀오프 제도는 이미 그보다 수년 앞서 사표를 낸 후 5년 내에 복귀할 수 있는 기회를 제공해왔다. 완벽한 정답이라고 할 수는 없지만 C랩의 스핀오프 제도가 옳은 방향으로 가고 있음을 보여주는 방증이 아니겠는가?

PART 2

C랩의 성장과 미래

처음부터 혁신적인 아이디어는 없다. 아무리 작은 아이디어라도 비난하거나 무시하지 않고, 격려하며 기다려주는 아량이 필요하다. 위대한 창업은 '아주 작은 아이디어'에서 시작되기 때문이다. 기발하고 창의적인 아이디어를 보유한 청년들이 실패를 두려워하지 않으며, 끊임없이 도전하고, 정부와 지방자치단체에서 아이디어를 성장시킬 수 있도록 정책적으로 뒷받침하는 창업 환경이 조성될 때 비로소 '작은 아이디어가 세상을 바꾸는 힘'이 될 수 있을 것이다.

CHAPTER 6

성과와 확산 & 성공 요인

'관리의 삼성'이라고 불리던 삼성전자가 '창의·혁신의 삼성'으로 브랜드 이미지를 변화하는 데는 C랩의 역할이 컸다. C랩이라는 사내 벤처 창업 프로그램을 도입하자 MZ세대가 주축인 직원들이 회사에 대해 긍정적인 인식을 갖게 되었고 애사심도 고취되었다.

C랩 도입 효과는 여러 방면에서 확인되었다. 특히 삼성전자는 C랩 스핀오프 기업들을 비롯해 외부 스타트업들을 지원해주는 프로그램인 C랩 아웃사이드 출신 기업들과도 여러 분야에서 협력하고 있다. 예를 들어 웰트, 옐로시스와는 헬스케어 사업에서, 뉴빌리티와는 로봇 사업에

C랩 제도를 통해 삼성전자의 이미지가 혁신 기업 이미지로 전환되었음을 보도한 기사들

서 협력 중이다. 삼성전자는 스핀오프사의 지분을 일부 보유하고 있어, 지분 가치가 상승하면 이를 회수하여 재투자로 이어가는 선순환 투자 체계를 구축할 수 있다.

현재 정부 주도로 K유니콘 육성 전략이 전개되고 있는데, C랩 제도를 통해 배출된 기업 중에는 3개 기업이 '예비 유니콘'(1,000억 원대 기업 가치)에 선정되었고, '아기 유니콘'(100억 원대 기업 가치)에도 20여 개 이상이 선정되어, 성장 잠재력을 유감없이 발휘하고 있다.

2025년에는 주식공모(IPO)를 하는 첫 스핀오프 기업이 탄생할 것으로 기대되며, 1~2년 내 IPO를 준비 중인 기업도 제법 많은 편이다.

앞서 말했듯, 삼성전자는 이제 '창의·혁신'의 회사로 인식되고 있다.

창의·혁신을 주제로 한 대외 포럼에서 C랩 제도에 대한 사례 발표 모습

또한, 기업의 사회적 책임(CSR)을 다하면서 브랜드 가치와 글로벌 혁신 기업 순위도 급상승했다.

C랩 도입 이후, 해외 언론 매체들이 C랩 관련 기사를 보도하면서, C랩은 글로벌 혁신 프로그램으로 인식되었다. 특히 삼성전자는 '지속가능경영보고서'에서 C랩과 모자이크에 대한 홍보를 강화했다. 이러한 성과는 핵심 인재 확보와 퇴직율 감소 등에도 긍정적인 영향을 미쳤다.

🚀 임직원의 열망이 만든 혁신의 장 [내부적 관점의 성과]

삼성전자가 매년 실시하는 Samsung Culture Index(SCI) 조사에 따르면, C랩 도입 전에는 창의성과 관련된 4개 항목에서 임직원들의 평가가 평균 이하였으나, 도입 후 점수가 80점대로 대폭 상승했다. 이는 임직원들의 회사에 대한 평가가 크게 개선되었음을 나타낸다.

C랩에 도전하는 직원들은 시행 초기 100:1의 경쟁률을 뚫어야 했는데, 이는 직원들의 의지와 열망이 얼마나 뜨거운지를 잘 보여주는 수치다. 선정되지 못한 직원들도 C랩 최종 공모전에 청중 평가단으로 참여하여 다른 과제의 성공을 돕고 있다. C랩은 전사적으로 도전하는 분위기를 조성했으며, 창의적인 인재들이 삼성전자를 '들어가고 싶은 직장', '떠나고 싶지 않은 직장'으로 인식하게 만들었다. 이는 C랩에 도전하기 위해 입사하고, 사내 창업이 가능하기 때문에 회사를 떠나고 싶지 않은 사람들이 늘어나는 효과도 있었다.

삼성전자 · 서울대 공동 연구소 내 C랩 공간에서 C랩 설명회를 실시하고 있는 모습

기업이 혁신적인 기술과 서비스를 개발해 당장 수익화하는 것만이 성과일까? C랩은 임직원의 기업가 정신을 각성시켰고, 회사와 임직원 간의 상호 신뢰를 돈독히 하여, "우리 회사는 혁신을 지향한다."는 믿음을 심어주었다.

회사가 임직원을 어떻게 바라보느냐에 따라 조직의 분위기는 달라진다. 회사가 임직원을 믿고 인정하면 그들의 능력은 크게 달라진다. 단순히 보상을 많이 받으려는 샐러리맨으로 보는 시각에서는 혁신적인 성과를 기대하기 어렵다. 삼성전자가 C랩을 통해 전하고자 하는 메시지는

"혁신을 향한 열망이 있다는 것을 알고 있으니, 이제 그 아이디어를 밖으로 꺼내 원하는 만큼 도전해보라."는 것이다.

🚀 삼성전자의 '믿는 구석' [외부적 관점의 평가]

C랩은 다양한 외부 시각에서도 가치를 인정받게 되었다. 먼저, 삼성전자의 사외이사 중 서울대학교 공대 A 교수는 "삼성이 '위기경영'을 그렇게 외치면서도 여유가 있어 보였던 건 C랩과 모자이크 같은 믿는 구석이 있었던 것 같다."라고 말했다. 또한 C랩 과제를 수행하는 공간인 'C랩 스퀘어'는 삼성 이노베이션 뮤지엄(SIM)과 함께 VIP 투어 코스로 주목을 받았다.

도이치텔레콤(Deutsche Telekom) 회장은 C랩 스퀘어를 두 번이나 방문하며 "삼성전자에서 가장 유니크하고 영감을 주는 공간"이라고 칭찬하며, 도이치텔레콤 사내에 C랩 과제물을 전시하고 싶다고 요청하기도 했다.

삼성전자 디지털시티(수원)에 설치되어 있는 C랩 홍보관　　C랩 홍보관에 설치된 C랩 제도에 대한 설명

C랩은 정부 기관 및 관계사에게도 '혁신 교본'이 되었다. 미래창조과학부가 창업과 관련된 여러 가지 제도를 검토할 때, 관련 공무원들이 여러 차례 방문해 C랩의 제도와 개념에 대해서 장시간 설명을 들었다. 또한, 이전 정부의 대통령 직속 위원회였던 일자리창출위원회도 삼성전자의 C랩을 벤치마킹했다.

C랩과 모자이크 시스템의 혁신성과 우수성을 입증하는 두 가지 사례가 있다.

첫 번째는 빌게이츠재단(Bill Gates Foundation)의 협업 요청이다. 빌게이츠재단은 아프리카의 화장실 환경을 개선하기 위해 전 세계 연구 기관과 함께 건기식 화장실 시스템(Reinvented Toilet System) 개발에 노력했지만 큰 성과를 거두지 못했던 모양이었다. 그러던 중, 2018년에 C랩에 협력을 요청해왔다. C랩은 상근 조직이 아니어서 협력할 여건이나 권한이 없었지만, C랩이 글로벌 차원에서 긍정적인 평가를 받았기 때문에 이러한 제안이 이루어진 것으로 보인다. 비록 C랩과의 협업은 이루어지지 않았지만 이를 계기로 삼성전자 종합기술원과 빌게이츠재단이 협력하게 되었고, 2022년에는 과제를 성공적으로 수행했다는 언론 보도가 있었다. 이 사례는 C랩의 대외적 이미지가 얼마나 높아졌는지를 증명해준 것이다.

두 번째는 이란 정보통신부장관의 방문이다. 이란 정보통신부장관은 삼성전자를 방문해 모자이크 시스템을 전수해달라고 요청했다. 모자이크 시스템을 어떻게 알게 되었는지는 불분명하지만, 이란은 인구가 9천만 명에 달해 삼성전자의 스마트폰 사업에 있어 중요한 시장이었다. 그래서 삼성전자는 이 요청을 긍정적으로 검토했고, 이란 테헤란대학교에 모자이크 시스템을 전수할 준비를 하였다. 그러나 2018년 5월, 이란이 미국-이란 핵협정에서 탈퇴를 선언하면서 이란에 대한 경제 제재가 강화되어 해당 프로젝트는 무산되고 말았다.

🚀 C랩의 진화: 공간과 조직의 확산

해가 거듭될수록 C랩 과제 수가 늘어나면서 공간 부족 문제가 발생했다. 이를 해결하기 위해 수원사업장(삼성 디지털시티) 지하에 대규모 공간을 확보하고 'C랩 스퀘어'를 조성했다. 이곳은 삼성전자가 최첨단 기술 경쟁력을 갖추고, 세계 전자업계에서 우뚝 설 수 있는 기반이 되었던 공간이라는 점에서 큰 의미가 있다.

또한, 서울대학교 연구공원의 삼성전자·서울대 공동연구센터와 우면동 삼성리서치에도 C랩 전용 공간을 마련했다. 이로써 창의개발센터는 초기의 좁은 공간에서 벗어나 넓고 다양한 장소에서 과제를 수행할 수 있게 되었다. C랩 스퀘어는 사업부별로 나뉘어 있는 C랩을 전사 차원에서 통합하기 위한 전략적 공간이다. 이는 정보기술(IT), 모바일(IM), 소비자가전(CE) 등 사업부 구분 없이 협업을 통해 시너지를 창출할 수 있도록 했다.

또한 삼성전자는 글로벌 기업으로서 해외에도 20만 명에 이르는 직원이 있다. 이들에게도 C랩 과제를 수행할 기회를 주기 위해 해외 연구소에도 C랩을 확대했는데, 인도 벵갈루루(Bengaluru)연구소나 러시아 모스크바연구소에서도 C랩 과제를 수행했다. 해를 거듭하며, C랩의 성

삼성전자 C랩이 운영되고 있는 세 곳

과와 사례들이 삼성그룹 뉴스망을 통해 알려지며 관계사들의 관심도 높아졌다. 그 결과 삼성전자는 C랩 제도를 관계사에 전수하며 협력 관계로 발전했다. 삼성전자와 제일기획, 삼성증권, 삼성생명, 에버랜드와의 협력 과제들이 지속적으로 진행되기도 했다. C랩은 공간의 확산과 더불어 조직적으로도 확산해나갔다.

삼성전자 반도체 부문에 'A랩(Advanced Lab)'이라는 C랩과 동일한 제도가 신설되었다. A랩의 도입은 중요한 의미를 담고 있다. C랩을 처음 도입할 때 반도체 부문은 보안 및 사업의 특수성 때문에 참여를 제외했는데, 2022년에 A랩을 신설함으로써 삼성전자 전체가 C랩, A랩의 혁신 조직을 운영하게 되었다.

이로써 삼성전자 인력 100퍼센트가 참여할 수 있게 되어, 창의 정신이 비로소 회사 전체로 확산된 것이라고 볼 수 있다. 이제 엔비디아 (NVIDIA)를 추격하겠다고 당당하게 도전장을 내밀고 있는 리벨리온 (Rebellions)이나 사피온(SAPEON)과 같은 유망 스타트업의 탄생을 기대해도 되지 않을까?

인사이드에서 아웃사이드로의 확장

C랩의 여정은 혁신과 도전의 연속이었다. 내부 혁신을 촉진하며 시작된 C랩 제도(인사이드)는 많은 성공 사례를 만들어냈고, 스핀오프 제도를 통해 외부로 확장되고 있다. 한발 더 나아가 C랩 아웃사이드를 통해 창업

C랩 아웃사이드 공모전 포스터

생태계와 협력을 강화했다. 외부 스타트업에게도 성장 기회를 제공하기 위해 2018년 우면동 삼성리서치를 시작으로 2023년에 대구, 경북, 광주에 새로운 아웃사이드센터를 개소하며 그 범위를 더욱 넓혔다.

스타트업 창업에서 중요한 것은 기발한 아이디어뿐만 아니라 기업을 이끌어가는 추진력이다. 프로젝트를 위한 공간, 직원의 급여와 복지, 네트워킹 등 해결해야 할 문제가 많다.

삼성전자는 스타트업들이 제품과 고객에만 집중할 수 있도록 돕기 위해 'C랩 아웃사이드'를 출범시켰다. C랩 아웃사이드는 삼성전자가 7년간 운영해온 C랩 노하우를 바탕으로, 2018년에 외부로 확대한 스타트업 지원 프로그램이다. 이 프로그램은 삼성전자의 혁신적인 기술과 경험을 외부와 공유하며, 외부 인재나 창업자들에게 그들의 기술과 혁신적인 아이디어를 구현할 수 있도록 다양한 지원을 제공하고 있다.

① 삼성전자는 초기 자금을 지원하여 스타트업이 안정적으로 사업을 시작할 수 있도록 돕는다. 지분을 취득하지 않고도 최대 1억 원의 사업 지원금을 제공한다. 초기 자금 지원금은 자금이 부족해 어려움을 겪는 스타트업에게 중요한 마중물이 되어, 이들이 아이디어를 실현하고 또 시장에 진입하는 데 큰 역할을 한다. 1년간 전용 업무 공간을 무상으로 제공하여 초기 단계의 공간적·재정적 어려움도 덜어준다.

② 삼성전자의 기술 및 비즈니스 노하우를 전수받을 수 있는 기회를 제공한다. 단계별 맞춤 멘토링과 삼성전자와의 협력 기회를 제공하며, CES 참가 지원 및 삼성전자 특허 무상 사용 기회도 주어진다. 이를 통해 스타트업은 기술력을 강화하고 실질적인 비즈니스 모델을 구축할

수 있다.

③ 다양한 네트워크를 구축할 기회를 제공한다. 삼성전자와의 협업을 통해 국내외 비즈니스 네트워크를 구축하고, 새로운 시장 진출과 파트너십 형성 등 폭넓은 기회를 얻을 수 있다. 이는 스타트업이 시장에서 빠르게 자리 잡는 데 중요한 요소로 작용한다.

C랩 아웃사이드는 스타트업 지원을 위해 다양한 프로그램을 운영하고 있다. 특히 'C랩 인사이트 살롱(Insight Salon)'은 스타트업들이 한자리에 모이는 밋업(Meetup) 행사로, 매월 1회 열려 입주 기업들이 상황을 공유하고 협력을 다지는 자리이다. 이 행사에서는 전문가 초청 테마 특강, 음식 공유, 게임 등 다양한 활동이 이루어진다. 참석한 스타트업 대표들은 다른 업계 사람들을 만나고, 직군별로 커뮤니티를 형성해 정보를 공유하면서 많은 도움을 받고 있다고 말한다.

C랩 아웃사이드는 이러한 다각적인 지원 덕분에 지금까지 500개에 가까운 스타트업이 성공적으로 성장할 수 있는 기반을 마련했다. 삼성전자는 이 제도를 통해 창업 생태계를 활성화하고, 혁신적인 아이디어와 기술을 지속적으로 발굴·육성하고 있다. 이는 단순히 스타트업 지원을 넘어 삼성전자 자체의 혁신과 성장에도 많은 도움이 되고 있다.

C랩 아웃사이드의 지원을 받기 위해서는 국내에 법인을 등록한, '시리즈 B 이하' 스타트업이면 누구나 가능하다. 특히 2024년부터는 지원 자격을 '설립 5년 이하 기업'에서 '투자 단계 시리즈 B 이하'로 확대해 초기 단계뿐만 아니라 사업을 확장하는 과정의 기업에도 지원 기회를 늘리고 있다.

C랩 아웃사이드에 참여한 주요 스타트업들

2022년 C랩 아웃사이드에 선정된 뉴빌리티(Neubility)는 자율주행 로봇을 활용한 도심 배달 서비스업체로, 자율주행 로봇 '뉴비'를 활용해 수원 삼성전자 디지털시티에서 로봇 배달 서비스를 시범 운영하고 있다. 뉴빌리티 대표는 "스타트업에게 중요한 것은 의사결정 순간에 의견을 나눌 수 있는 담당 파트너가 있다는 점"이라며, "CFO가 없어 투자 유치 계획이 어려울 때도 삼성전자의 전문가들로부터 재무·투자 계획을 수립하는 지원을 받았고, 방송·언론 보도를 위한 홍보도 도움을 받았다."고 밝혔다. 뉴빌리티는 C랩 아웃사이드를 마치고 나서, 230억 원의 투자를 유치하는 성과를 거두었다.

2019년 C랩 아웃사이드팀 데모데이

'두브레인(DoBrain)'은 AI 기반의 유아 인지발달 솔루션을 개발하는 업체로, 2018년 11월 C랩 아웃사이드에 참여했다. 발달장애 아동을 위한 봉사활동을 하다가 더 많은 아이를 치료하기 위해 사업화하기로 결심한 스타트업이다. 두브레인 대표는 "C랩 아웃사이드에 소속돼 있다보니 거래처로부터 신뢰도가 높아지는 걸 느꼈다."고 말했다.

두브레인은 삼성전자로부터 1억 원의 지원금을 받아 AI 개발 인력과 발달장애 치료 전문가 등 추가 인력을 채용하고, 콘텐츠를 강화했다. 또한 삼성전자 사회공헌단의 지원으로 교육 애플리케이션도 개발했다. 두브레인은 캄보디아에서 삼성전자 임직원들과 함께 현지 아동 300여 명을 대상으로 태블릿을 활용한 인지능력 시범 교육을 진행했다.

'클라썸(CLASSUM)'은 2021년 C랩 아웃사이드에 참가해 세계 무대를 겨냥한 프로젝트를 기획하고, 국제 전시회 참가와 관련된 컨설팅을 받았다. 이를 통해 큰 무대에 진출하기 위한 준비 과정과 공략 포인트를 하나씩 배울 수 있었다. 특히 글로벌 시장을 타깃으로 하는 접근 방법에 대해 삼성전자의 노하우를 모두 공유받았다. 클라썸 대표는 처음에는 궁금한 것들을 계속 물어봐도 될지 주저했지만, 이는 기우에 불과했다고 전했다. 그는 아웃사이드 담당 파트너와의 끈끈한 유대감을 최우선으로 꼽았다.

"파트너가 팀의 성장에 대해 적극적으로 고민해주기 때문에 원하는 바를 정확히 전달하는 것이 좋습니다. 사업을 하면서는 누군가에게 감정적인 서포트를 받기 어려운데, 고민을 터놓고 많은 위로를 받았습니다. 파트너와 긴밀하게 소통할수록 자신감을 가지고 멀리 나아갈 수 있을 것 같습니다."

C랩처럼 도전하라

'토보스(Tobos)'는 2019년 C랩 아웃사이드를 통해 본격적으로 사업을 시작한 업체로, 잉여 건축 자재를 자유롭게 사고팔 수 있는 모바일 앱 '잉어마켓'을 운영하고 있다. C랩 아웃사이드를 알기 전에는 사업 진행이 더디고 어려웠다. 가장 큰 어려움은 건축 현장과는 전혀 다른 앱 플랫폼 개발에 대한 경험 부족이었다. IT 분야의 용어와 개념이 생소해 고군분투할 수밖에 없었다.

삼성전자는 토보스의 '수익 창출'에 대해 함께 고민하고, 신규 비즈니스 모델을 만들어 새로운 기회를 제공했다. 또한, 토보스의 사업을 적극적으로 소개하고 투자자와 연결해줌으로써 지속적인 성장 기회를 만들어주었다.

🚀 중요한 것이면 지금 당장하라!

삼성전자는 과거에도 '타임머신 프로젝트'와 'Idea Open Space'와 같이 C랩과 유사한 제도를 운영했었다. 이런 제도를 통해 '디지털 보이스 펜', MP3 플레이어인 'Yepp' 등이 탄생했다. 하지만 이들은 수명이 길지 못했다. 3~4년간 시행하다가 그 성과가 이어지지 못하면 자연스럽게 모습을 감췄다가, 수년 후에 이름만 바뀌어 같은 제도가 또다시 만들어지곤 했다. 그러나 2012년에 도입된 C랩은 12년이 지난 지금까지도 운영되고 있으며, C랩 아웃사이드로 확장도 되었다.

C랩이 이전 제도들과 다르게 지속적으로 확장하고 성장할 수 있었던 배경에는 여러 가지 요소가 있다. **① 제도를 운영하는 조직인 창의개발센**

터의 전문성, ② 열정과 도전을 아끼지 않았던 다양한 참여자, ③집단지성 시스템인 모자이크의 도입, ④ 최고 경영진의 전폭적인 관심과 지지와 같은 네 가지를 핵심 요소로 꼽을 수 있다.

먼저, 삼성전자는 창의개발센터를 설립하고 필요한 직무별로 우수한 인력을 배치해 운영했다. 부회장 직속으로 독립적인 체제를 갖추고 운영되었으며, 초기 10여 명의 스태프로 시작했으나 C랩 도전 과제가 증가하고 스핀오프 제도와 C랩 아웃사이드가 도입되면서, 인원이 40여 명 이상으로 확대되었다. 창의개발센터는 항상 사내 공모 방식을 통해 우수 인력을 보강해왔다.

또한, 참여자들의 열정과 도전 정신이 중요한 역할을 했다. 다양한 참여자들이 열정적으로 C랩에 도전하면서 혁신을 이끌어냈다.

특히, 모자이크 시스템의 도입은 C랩의 성공에 큰 기여를 했다. 집단지성 시스템을 도입하기 이전에는 우수한 아이디어를 제안해도 아이디어가 개방되지 않고 또 공유되지 않으니, 아이디어가 발전되거나 후속적인 발굴이 진행될 수 없었다. 결국 화석처럼 굳어진 아이디어가 제안자의 머릿속에서만 머물러 있던 셈이었다.

그러나 모자이크 시스템이 도입된 이후에는 아이디어를 제안하는 것은 물론 이를 공개할 수 있고, 실시간으로 해당 아이디어에 집단지성이 발현되어 혁신적인 아이디어로 발전하게 되었다. 그래서 대수롭지 않게 평가되던 아이디어도 다수가 참여함으로써 혁신적인 아이디어가 지속적으로 발굴될 수 있었다.

마지막으로, 최고 경영진의 전폭적인 관심과 지지가 C랩의 성공에 중요한 요소로 작용했다. 새로운 제도나 시스템이 도입될 때는 늘 저항이

C랩처럼 도전하라

따르기 마련이다. 그러므로 최고 경영진의 단순한 관심과 지지 표명만으로는 제도가 성공적으로 정착하기 힘들다. 다시 말해, 최고 경영진의 구체적이고 입체적인 지원과 관심이 절대적으로 중요하다는 것이다.

C랩의 성공을 보장할 수 있었던 것은 단순히 시스템을 갖춘 것만으로는 부족했다. C랩 도입 초기에는 벤치마킹할 대상이 마땅치 않아 생소한 개념을 주장할 수밖에 없었고, 이로 인해 현업 부서나 지원 조직과 갈등을 빚기도 했다. 이런 상황에서 인사팀장과 경영지원실장이 C랩을 전폭적으로 지지하며 든든한 조력자가 되어주었다. 이런 지원 덕분에 C랩은 초기의 어려움을 극복하고, 기존 조직과의 갈등을 해결하며 성공적으로 운영될 수 있었다.

다음의 네 가지 사례는 이러한 경영진의 의지를 잘 보여준다.

✪ [사례 1] 도전하고 싶어? 지금 당장 달려가!

C랩 아이디어로 채택되면 제안자는 창의개발센터로 파견되어 근무하게 된다. 이때 제안자가 있던 현업 부서장들은 대체 인력 없이 제안자가 떠나야 했기에 반발이 컸다. 제안자를 윽박지르거나 회유하는 상황도 종종 있었으나 인사팀은 단호하게 인사 발령을 내, C랩 과제가 차질 없이 수행될 수 있도록 했다.

✪ [사례 2] 5년 내 다시 돌아오도록 하라!

C랩 도입 3년째 되던 해, 처음으로 스핀오프 제도가 제안되었다. 당시 생소하고 대담한 제안이었기에 전사 차원에서 반대가 많았다. 세부 기준조차 수립하지 못한 채 한 해를 보내게 되었지만, 창의개발센터는 스

핀오프 제도를 포기하지 않았다. 이듬해인 2016년에 다시 시도했을 때도 반대에 부딪혔으나 경영지원실장의 '스핀오프 후 5년 내에 다시 돌아오고 싶으면 재입사할 수 있게 하라.'는 지시 덕분에 논란이 정리되었다.

✪ [사례 3] 이왕이면 팔자까지 고칠 수 있게 하라!

모자이크 시스템 도입 시 직원들의 흥미를 유도하기 위해 '코인 제도'를 제안했다. 활동에 따라 코인을 주고, 연말에 현금으로 보상하며, 채택된 아이디어에 투자하면 투자한 코인의 2~3배를 보상하는 방안이었다. 새로운 것을 시도할 때마다 늘 반대 의견이 있기 마련이지만, 사행심을 조장할 수 있다는 비판이 있었다. 이에 경영지원실장은 "연봉으로는 팔자 고치기 어렵지만, 코인으로 팔자를 고칠 수 있게 보상안을 만들어 봐!"라고 지시하며 논란을 잠재웠다.

✪ [사례 4] 꼭 필요한 거야? 그럼, 지금 시작해!

모자이크 시스템을 업그레이드하기 위해서는 수십억 원의 투자가 필요했지만 예산이 편성되지 않은 상황이었다. 경영지원실장은 "이 비용을 들여서 시스템을 꼭 개선해야 하겠어?"라고 정색을 하며 물었다. 그 순간 긴장해서 '어떻게 답변을 해야 하나?' 하고 고민하다가 겨우 용기를 내 "꼭 개선해야 합니다."라고 대답했다. 그랬더니 경영지원실장은 "그렇게 중요하고 필요한 개선이라면 왜 지금 당장 시작하지 않고 내년까지 미룰 이유가 뭔가?" 결국, '당장 실행하라'는 의외의 지시 덕분에 예산이 편성되지 않았던 상황에서도 시스템 업그레이드를 할 수 있었다. 다시 경험하기 어려운 매우 드문 일이었다.

C랩처럼 도전하라

경영지원실장은 창의개발센터가 어려운 상황에 부딪힐 때마다 든든한 버팀목이 되어주었다. 모자이크 시스템을 확산시키기 위해 IBM의 '이노베이션 잼(Innovation Jam)'과 유사한 개념의 '온라인 전 사원 대토론회'를 기획했을 때, 경영지원실장은 직접 토론 챔피언을 맡아 토론 배경과 실행 의지를 밝혔다.

이 대토론회는 27만 조회 수를 기록하며 성황리에 개최되었고, 10여 년이 지난 지금도 이어지고 있다. 대토론회에서 선정된 우수 아이디어 제안자에게는 '워런 버핏과의 점심' 프로젝트처럼 '사장님과의 점심 간담회'라는 포상이 주어졌다. 직원들은 사장님과 대면하여 여러 의견을 제안했고, 제안된 내용 중 주요 과제는 실제로 추진되었다.

C랩의 성공은 모든 임직원의 진심이 있었기에 가능했다. 사내 창업 제도가 성공하려면 앞서 설명한 네 가지 핵심 요소가 균형을 이루어야 한다.

어떤 이들은 네 가지 요소 중 두 개가 충족되면 50퍼센트의 성공을, 세 개가 충족되면 75퍼센트의 성공을 할 수 있다고 생각할지 모른다. 그러나 절대 그렇지 않다. 독일의 화학자 리비히(Liebig)가 '최소량의 법칙'에서 얘기했듯이, 가장 부족한 요소가 전체 성공을 제한하게 된다. 이를 나무 물통의 법칙으로 비유할 수 있는데, 물통의 널빤지 중 가장 짧은 것이 물통의 최대 수용량을 결정한다. 따라서 혁신적인 변화를 위해서는 네 가지 핵심 요소가 모두 필수적이며, 모든 요소가 균형을 이루어야만 진정한 혁신을 이룰 수 있다.

CHAPTER 7

MOSAIC,
'우리'는 '나'보다 낫다!

모자이크는 여러 가지 빛깔의 돌이나 유리, 타일 등을 조각조각 붙여 무늬나 그림을 표현하는 기법이다. 모자이크 작품은 가까이서 보면 각 조각의 특성이 잘 살아 있고, 거리를 두고 보면 조화롭게 어우러져 보인다. 단일 재료를 사용했을 때보다 훨씬 새롭고 다채로운 표현이 가능한 것이 장점이다.

모자이크의 이런 특징은 최근 유행하는 집단지성의 개념과 상당히 유사하다. 집단지성이란 개인과 개인이 모여 유기적으로 연결되면 전체의 합보다 더 많은 능력을 얻게 된다는 것이다. 그래서 요즘 기업 경영의 현장에서는 한 사람의 창의성보다는 다수의 창의성이 발현될 때 더 큰 성과를 창출할 수 있다는 인식이 빠르게 자리 잡아가고 있다. 수많은 글로벌 기업이 개인의 창의성을 넘어 집단의 창의성에 관심을 갖고, 이를 발현시키기 위한 노력을 기울이고 있는 것을 보면 집단지성의 가치를 쉽게 가늠할 수 있다.

그런데 집단지성이 제대로 발휘되려면 적절한 환경이 조성되어야 한다. 우선, 호기심이 많은 구성원들이 자발적으로 참여해야 한다. 또한 자율성과 개방성을 기반으로 한 수평적 관계를 유지하면서 협업이 이루어져야 한다.

집단지성은 특정 개인에게 집중하는 것이 아니라 여러 구성원이 집합적으로 가지고 있는 지적 능력과 활동, 성과물을 의미한다. 집단지성을 구축하는 과정에서 '참여자 간 물리적 만남'은 더 이상 필수 조건이 아니다. 구체적인 과제에 대해 논의하고 협력하면, 참여자들은 언제든지 의미 있는 결과물을 도출할 수 있다. 더욱이 물리적인 거리의 제약에서도 자유롭기 때문에 하나의 주제가 정해지면 전 세계 어느 곳에서든 아무런 어려움 없이 브레인스토밍 과정에 참여할 수 있다.

삼성전자는 창의성과 생산성을 극대화하기 위해 업무 환경을 최적화하는 데 집중하고 있다. 이를 위해 '모자이크'라는 집단지성 플랫폼을 신속히 구축했다. 이 시스템은 '여러 임직원이 모여 큰 의미를 만든다.'는 취지로, 회사 업무 전반에 집단지성을 반영하는 전략을 위한 것이다.

흔히 "사공이 많으면 배가 산으로 간다."는 속담이 있다. 하지만 삼성전자의 혁신적 가치가 담긴 집단지성 플랫폼인 모자이크의 성과를 통해 이 속담의 진위를 다시 생각해보는 것도 흥미로운 일이다.

🚀 집단지성의 광장, 모자이크

C랩이 12년 이상 활발히 활동할 수 있었던 가장 큰 요인은 바로 집단지성 플랫폼인 '모자이크' 시스템 덕분이다. 삼성전자는 전 세계적으로 30만 명에 달하는 임직원들이 있는데, 모자이크는 이들의 역량을 모아 창의적 성과를 도출하는 데 중요한 역할을 한다.

일부 개발 인력만으로는 다양한 소비자의 욕구를 충족시키기 어려우므로, 삼성전자는 새로운 제품과 서비스를 개발하는 과정에서 임직원들의 혁신적 아이디어를 활용하기 위해 모자이크 시스템을 구축했다.

C랩이 지속적인 성과를 올리기 위해서는 아이디어가 혁신적일 뿐만 아니라 연속적이어야 했다. 이를 위해 삼성전자는 끊임없이 제안되는 아이디어들이 사장되지 않고 진화·발전할 수 있는 시스템이 필요했다. 그러기 위해서는 아이디어를 쉽게 내놓고, 또 곧바로 담아낼 수 있어야 하는데, 모자이크가 바로 그 그릇인 셈이다.

"나보다 똑똑한 우리의 아이디어를 모아야 한다."는 계획하에 창의개발센터는 C랩을 정착시키기 위해 많은 고민을 했다. 새로운 제도를 도입하는 과정에서 내외부의 기대와 관심이 부담으로 작용하기도 했지만, 창의개발센터는 전 사원이 직접 참여할 수 있는 계획을 수립했다. 이를 통해 모든 계획과 혁신 방침에 전 사원의 의견을 반영하고자 했다.

"전 사원들의 참여를 어떻게 이끌어낼 수 있을까?" 고민 끝에 집단지성 시스템 모자이크를 고안했다. 오프라인으로 몇 번 모여 의견을 듣는 기존의 회의 방식만으로는 좋은 아이디어를 반영하는 데 한계가 있으므로, 체계적이고 종합적인 시스템을 구축하기로 결정했던 것이다. 직원

C랩처럼 도전하라

들의 참여를 이끌어내는 시스템답게 명칭도 전 사원 공모전을 진행해서 선정하였다.

'아이디어(Idea)에 사람(People)을 더한다.'라는 기본 콘셉트에서 출발한 모자이크는 2014년 3월, 베타 오픈 형태로 첫선을 보인 후, 10년간 운영해오면서 괄목할 만한 성장세를 보였다. 실제, 2023년 기준으로 모자이크의 일 평균 접속자 수는 13만여 명에 이르고, 연평균 누적 페이지 뷰(Page View)는 약 3,000만 건에 달했다.

모자이크 시스템은 '아이데이션'과 '컬래버레이션'의 두 축으로 운영된다. 아이데이션은 제안된 아이디어가 우수 아이디어로 발전되도록 하고, 컬래버레이션은 그 아이디어가 제대로 실현될 수 있도록 돕는 기능을 한다. 여기서 '개방'과 '협력'이 집단지성의 핵심 요소라는 점에 주목해야 하는데, 이 두 가지 요소가 충족되었을 때에야 집단지성의 힘을 제대로 발휘할 수 있다.

집단지성의 힘을 잘 설명해주는 두 가지 사례가 있다.

2012년 미국의 테드(Ted) 강연 무대에 황소 한 마리가 등장했다. 청중들은 황소의 무게를 추정하는 실험에 참여하게 되었다. 약 500명이 황소의 무게를 예측했고, 8,000파운드부터 300파운드까지 다양한 예측값이 나왔다. 이들의 예측값 평균은 1,792파운드였다. 그런데 실제 황소의 무게는 얼마였을까? 놀랍게도 평균값에 가까운 1,795파운드였다. 이는 단순한 우연이 아니라 집단의 지능이 모이면 정답에 가까워진다는 사실을 보여주는 사례였다.

다음 사례로 1986년 미국 NASA(미국항공우주국)의 챌린저호(STS-51-L) 폭발 사건이 있다. 당시 챌린저호는 발사된 지 73초 만에 폭발해,

7명의 탑승자 전원이 사망하는 비극적인 사고가 발생했다.

사고 후 주식시장에서는 오링(O-ring)을 만드는 회사의 주가가 12퍼센트나 폭락했다. 오링은 접합 부분에서 물이나 가스가 새는 것을 막기 위해 사용하는 원형 고리인데, 챌린저호가 실험을 거듭하며 발사를 연기하는 등 일련의 과정이 반복되면서, 오링의 결함 가능성에 대한 소문이라도 돌았던 것 때문일까? 물론 이해할 수는 있지만 우주왕복선처럼 거대한 시스템이 고무링 하나가 잘못되었다고 해서 폭발까지 할까?

사고 이후 3년 동안 수백 명의 전문가가 모여 폭발의 원인을 조사했다. 최종적으로 밝혀진 원인은 실제로 오링 불량이었다. 그런데 어떻게 주식 투자자들은 이를 미리 알아차리고 주식을 팔았을까? 이는 시장 참여자들이 개별적으로는 충분한 정보를 가지고 있지 않더라도 전체적으로는 정확한 결론을 도출할 수 있다는 것을 보여준다. 전문가가 아닌 일반 대중의 판단력이 이처럼 크게 영향을 미칠 수 있다는 사실은 많은 사람들을 놀라게 했다.

이 두 사례는 집단지성이 얼마나 강력하게 작동할 수 있는지를 명확히 보여준다. 다양한 사람들이 협력할 때, 개별적으로는 충분한 정보를 가지고 있지 않더라도, 전체적으로는 문제를 놀라운 정확도로 해결하고, 예리한 판단을 내릴 수 있음을 입증한다.

이는 집단지성이 때로는 전문가 집단보다도 더 강력한 결론을 도출할 수 있음을 잘 보여주는 것이다.

🚀 모자이크 활성화, 집단지성사무국 신설

삼성전자에는 아주 잘 설계된 업무 시스템인 인트라넷 '녹스(Knox)'가 있다. 그렇다보니 새로 도입을 앞둔 시스템인 모자이크의 필요성을 놓고 우려가 많았다. 물론 기우였다는 것을 이내 깨닫게 되었다. 창의개발센터는 모자이크 시스템을 구축하며, 직원들의 흥미를 유발할 수 있는 요소들을 새로이 발굴한 것은 물론 명예심을 고취할 수 있도록 합당한 인센티브 제도를 적극 활용했다.

모자이크 시스템이 구축되자 직원들은 기대 이상으로 자발적이고도 적극적으로 참여하며, 자신들의 역량을 가감 없이 드러냈다. 이런 모습을 지켜본 부서장들의 생각도 바뀌었다. 부서장들은 'MZ세대들은 개인적이고 이기적이며, 때로는 조직에 대한 로열티도 없는 철부지'라는 인식이 있었다. 그런데 모자이크 시스템을 적극적으로 활용하는 MZ세대들의 모습에서 도전과 혁신에 대한 열정을 보게 된 것이다. 결과적으로 부서장들의 MZ세대들을 바라보는 시선이 긍정적으로 바뀌며, 사내에서 세대 간 갈등을 자연스럽게 좁힐 수 있는 계기가 되었다.

창의개발센터는 모자이크 시스템을 전문적으로 운영할 조직이 필요했다. 그래서 '집단지성사무국'을 신설하게 되었는데, 시스템 구축은 물론 운영 전반을 총괄하게 되었다. 특히 C랩을 총괄하는 창의개발센터 산하에 집단지성사무국을 신설했기에 상호 간에 협력이 원활하게 진행되었다. 집단지성사무국은 초기에 10여 명의 인원으로 시작했는데, 2016년에 새로운 업무를 왕성하게 추진하며, 인원이 30여 명으로 늘어났다. 집단지성사무국은 모자이크 시스템을 운영하기 위해 다음의 네 가지 과제에 집중했다.

① 직원들의 흥미를 유발할 수 있게 재미있는 요소를 접목한다.
② 최신 업무 툴을 최대한 반영하며 첨단 시스템으로 운영한다.
③ 다양한 참여자의 왕성한 활동을 보장하기 위해 인센티브 제도를 도
입하고, 직원들의 명예심을 고취한다.
④ 직원들만 활용하는 시스템이 아닌 임원들도 적극 참여해 활용하는
시스템으로 구축한다.

이처럼 집단지성사무국은 쉽지 않은 목표를 세우고 시스템을 설계했
다. 그리고 불과 3개월여 만에 '모자이크 버전 1.0'이 탄생하게 되었는
데, 모자이크 시스템의 도입 목적은 새로운 소통 방식을 통해 업무 효율
성을 극대화하려는 것이었다.

이 시스템이 업무에 가장 큰 도움이 되는 부분은 부서 간의 경계를 넘
어 다양한 아이디어를 수렴할 수 있다는 점이다. 자연계에서는 대개 같
은 종끼리만 교배하면 종의 순수성은 유지되지만 결국 퇴화하게 된다.
조직도 마찬가지다. 정말 똑똑한 사람들만 모아 놓은 팀이 있다면 모든
문제를 잘 해결할 것 같지만, 작은 문제조차도 신속히 해결하지 못하는
경우가 있다. 반면, 다른 전공 분야의 사람들이 그 문제를 쉽게 해결할
때도 있다. 역사적으로 봐도, 어려운 문제가 종종 엉뚱한 곳에서 해결된
사례가 많이 존재한다.

🚀 모자이크 에피소드

모자이크는 창의적 아이디어를 실현하는 데 매우 효과적인 도구였다. 이 온라인 플랫폼에서 임직원들은 함께 모여 논의하며 문제를 해결하고 혁신을 일으킬 수 있는 역량을 키웠다. 그런데 모자이크 시스템이 오픈되고 얼마 지나지 않아 특이한 반응들이 나타났다. "모자이크 시스템의 화면을 좀 단순하게 톤 다운해주세요." 이는 모자이크에 접속하면 단순히 시간을 보내고 있다고 생각하는 부서장들의 편견 때문에 직원들이 요구했던 제안이었다.

실제로 모자이크 시스템의 화면은 현란하고 컬러풀했기 때문에 멀리서도 모자이크에 접속한 것을 쉽게 알 수 있었다. 모자이크는 직원들이 아이디어를 내고, 다른 직원들의 아이디어를 평가하고, 댓글을 달아야 했기 때문에 기능이 많을 수밖에 없었다. 그래서 화면만 봐도 일반적인 업무 시스템과는 확연히 달랐다.

그렇다보니 부서장들은 직원들의 PC 화면을 자세히 볼 필요도 없이 멀리서 보더라도 화면이 알록달록하면, "또 인터넷 보는 거 아니야?"라는 말을 충분히 할 수 있었다. "모자이크를 켜놓고 있으면 논다고 핀잔을 주는 부서장이 아직도 있다며?" 회의 시간에 최고 경영진이 한마디 하자 그동안 제기되었던 갈등 요소가 일순간에 사라졌다. 자신의 업무를 수행하면서 동시에 조직의 성장을 돕는 것은 무엇보다 중요한 일이다. 최고 경영진의 관심 덕분에 모자이크 시스템은 새로운 전환점을 맞이하게 되었다.

모자이크 시스템이 도입되면서 여러 긍정적인 변화가 일어났지만 또 다른 이슈가 발생했다. 집단지성사무국은 모자이크 시스템에 적극적으로 참여하는 임직원들에게 금전 보상을 해주기로 결정하고, 이를 위해 예산을 관리하는 지원팀에 요청했다. "임직원들에게 모자이크 내 활동에 따른 포인트를 주고, 연말에 이 포인트를 현금으로 보상할 계획입니다." 그러나 지원팀은 이 방침이 사행성을 조장할 우려가 있다며 반대했다. 이번에도 최고 경영진이 나서서 문제를 해결해줬다. "모자이크 시스템에서 획득한 포인트를 임직원들에게 보상할 때 팔자를 고칠 수 있을 정도로 파격적으로 해봐라."라는 말로 분란을 잠재웠다.

이 결정은 최고 경영진이 새롭게 시작된 C랩과 모자이크에 얼마나 큰 관심을 가지고 있는지를 잘 보여준 일이었다. 물론 포인트로 보상한다고 해서 직원들의 삶이 급격히 바뀌지는 않겠지만, 이는 모자이크를 열심히 활용하라고 하는 강력한 메시지를 전달한 것이었다. 이후 직원들은 모자이크 시스템에 더욱 적극적으로 참여하기 시작했다. 더 이상 "저 친구 일은 안 하고 컴퓨터만 보네."와 같은 말을 하는 부서장은 없었다. 집단지성 문화가 서서히 자리 잡기 시작한 것이다. 2015년, 삼성전자 신년사에서 권오현 부회장은 모자이크를 적극 활용할 것을 당부했다.

"지난해에 새로 시작한 집단지성 시스템인 모자이크와 같은 창의적인 조직문화를 삼성전자만의 DNA로 정착시켜, 새로운 도전의 밑거름이 되도록 합시다."

그 이후, 삼성전자는 모자이크 시스템을 통해 직원들의 아이디어를 모으고 혁신을 촉진하는 문화를 정착시키기 시작했다. 직원들은 자유롭

C랩처럼 도전하라

게 아이디어를 공유하고, 회사는 이를 통해 지속적인 성장을 추구했다. 모자이크는 단순한 툴을 넘어 삼성전자의 혁신과 성장의 핵심 요소로 자리 잡았다.

🚀 아이디어를 빛내라, 모멘토!

모자이크의 핵심은 '개인이 발의한 아이디어가 집단지성에 의해 다듬어 지며 혁신적으로 발전하는 현상'에 있다. 이 과정에서 중요한 역할을 하는 존재가 바로 '모멘토'다. '모자이크 멘토'의 준말인 모멘토는 아이디어의 '산파' 역할을 한다. 산파가 임신부의 출산을 돕듯, 모멘토는 채 영글지 못한 아이디어의 완성도를 높여 세상에 빛을 보게 해준다.

모멘토는 자신의 업무에서 수년간 쌓아온 경험과 노하우를 바탕으로 멘토 역할을 자처했다. 더 나아가 이들은 '집단지성의 힘으로 업무와 아이디어의 혁신성을 개선한다.'는 모자이크의 취지에 공감하며, 자발적으로 자신의 역량을 보탰다.

모멘토 활동은 바쁜 업무 중에도 시간을 쪼개서 참여해야 하는 일이었다. 첫 공식 행사인 '모자이크 멘토링데이'에 대해 집단지성사무국은 '본인의 업무도 아니고, 자신의 아이디어를 발전시키는 자리도 아닌데, 과연 반응이 있을까?' 하고 반신반의했지만, 실제로는 뜨거운 호응을 얻었다.

첫 행사 이후 1년 동안 여섯 차례나 멘토링데이가 열리며 성공적으로 정착하였고, 2018년에 약 300명으로 시작한 모멘토는 2019년에는 500명을 추가로 발굴하며, 최종적으로 총 1,000명까지 늘린다는 계획을 세우기도 했다.

　모멘토들의 반응도 예상을 뛰어넘었다. "열정 가득한 동료를 만나 힐링되는 기분이었다." "나와 다른 분야의 종사자를 만나 다양한 생각을 나눌 수 있어 좋았다." "모멘토가 된 것이야말로 올해 내가 시도한 가장 보람 있는 활동이었다."라는 참여 후기가 이어졌다. 이렇듯 모멘토는 모자이크 시스템의 성장을 이끄는 중요한 요소로 자리 잡았다.

　집단지성사무국은 모자이크 시스템을 조기에 안착시키고 이를 활성화하기 위해 의미 있는 도전을 했다. 그 도전 중 하나가 바로 '스파크'라는 온라인 토론 기능을 활용한 '전 사원 대토론회'였다. 첫 번째 대토론회의 주제는 "삼성전자의 중장기 전략은 어떻게 설정해야 할까?"였다.

　경영지원실장이 먼저 화두를 꺼냈다. "우리가 중장기적으로 성장하려면 무엇을 하고, 무엇을 하지 말아야 할지를 여러분과 진지하게 논의해보고 싶습니다." 그러자 3~4만 명의 직원들이 이 온라인 토론회에 참여했고, 수천 건의 의견이 올라왔다. 집단지성의 힘을 보여주는 폭발적인 반응이었다.

　대토론회에서 나온 직원들의 의견 중 일부는 실제로 주요 인사 제도에 반영되었다. 그중 대표적인 사례가 '직급 폐지'였다. 이로 인해 임직원들의 호칭도 '프로'로 통합되었다. 또한 평가 등급에도 크고 작은 변화가 생기며, 대토론회의 영향력을 실감하게 되었다. 물론 모든 변화가 대토론회 때문이라고는 할 수 없겠지만 직원들이 공감하고 생각을 공유한 것이 변화의 속도를 앞당긴 것이다.

　대토론회는 임직원들이 회사 경영에 참여하는 새로운 조직문화를 만들었다. 회사 내 현행 제도를 비판할 수도 있었고, 찬성 혹은 반대 의견을 보여주는 기능도 있었다.

대토론회의 성공을 지켜본 임직원들은 다양한 토론 주제를 앞다투어 제시했다. 집단지성사무국은 이러한 토론이 지속적으로 활발히 진행될 수 있도록 노력한 결과, 2023년에는 전 사원 대토론회가 네 차례나 개최되었다. 이러한 성과를 이루기 위해, 집단지성사무국은 각 부서마다 답변 전담자를 지정하여, 임직원들의 참여를 적극적으로 이끌어내고 있다.

부스터를 달다, 모자이크의 주요 기능

모자이크 시스템은 크게 세 영역으로 나눌 수 있다. 30만 명에 달하는 글로벌 임직원들의 집단지성을 발현시킬 수 있는 10여 가지 기능과 제안된 아이디어를 분석하고 활용할 수 있게 지원해주는 기능, 그리고 사용자 및 포인트 등을 관리하는 백업 시스템 기능으로 구성되어 있다.

먼저, 집단지성을 발현시킬 수 있는 아이디에이션 기능은 아래와 같다.

- **아이디어 마켓**(Idea Market): 개별적으로 제안된 아이디어가 다른 임직원의 참여를 거치며 점차 발전해가는 기능이다.
- **스파크**(Spark): 주관 조직의 소속이 아니더라도 임직원 누구나 참여해 자신의 의견을 개진할 수 있는 공개적인 토론 기능이다.
- **퀘스천즈**(Questions): 특정 문제와 관련해 전문가의 도움이 필요할 때 활용할 수 있는 기능이다.

- **M 스토어**(M Store): 자신이 개발 중인 애플리케이션을 공개해 다른 임직원들로부터 피드백을 받을 수 있는 기능이다.

컬래버레이션 기능은 아래와 같다.

- **모자이크 독스**(MOSAIC Docs): 클라우드 기반으로 문서를 실시간으로 공동 작성하고 편집할 수 있는 기능이다.
- **스퀘어**(Square): 특정 주제에 관심 있는 임직원을 온·오프라인으로 모을 수 있는 기능이다.
- **워크스페이스**(Workspace, 구 Community): 데이터를 공유하고 소통하며, 협업의 전 과정을 한 공간에서 처리할 수 있는 기능이다.
- **M 프로젝트**(M Project): 임직원들이 자체적으로 발의한 과제를 기획하고 팀원을 모집해 실행하도록 돕는 기능이다.

이러한 기능들은 새로운 사내 커뮤니케이션 문화로 빠르게 자리 잡았다. 모자이크 시스템이 C랩의 혁신적 성장을 이끄는 중심 역할을 했다면, 이 주요 기능들은 모자이크 시스템에 강력한 추진력을 제공했다. 여기서는 집단지성 발현 기능과 아이디어 지원 기능 중에서 중요한 몇 가지를 소개한다.

⭐ [기능 1] 아이디어 마켓, 새로운 생각을 연결하다

아이디어 마켓은 제품과 서비스 개선 그리고 사업화 아이디어를 제안하는 기능이다. 아이디어가 제안되면 다른 직원들이 댓글을 달고 평가

 IDEA MARKET "새로운 생각들을 연결하다"

제품 개선, 사업화 아이디어를 상시 제안하는 서비스

아이디어 제안　　임직원
공동참여　　Social Funding/
임직원평가　　아이디어 성장

삼성전자 모자이크 시스템의 아이디어 마켓 서비스 개요

하며, 코인 펀딩을 통해 아이디어를 지원할 수 있다. 직원들의 평가 점수는 아이디어 발전에 반영된다. 이 기능은, 좋은 아이디어가 공개되고 기록되어야만 발전할 수 있다는 인식에서 출발했다.

⚙ [기능 2] 스파크, 토론 과정에서 아이디어를 얻다

스파크는 온라인 토론 기능으로, 삼성전자의 모든 부서와 해외 법인 및 연구소의 직원들이 부서 내 문제를 논의하고 의견을 공유할 수 있는 기능이다. 이를 통해 문제를 공개하고 함께 해결 방안을 모색할 수 있다. 예를 들어, 인사팀이 직급 명칭을 '프로'로 변경하려는 계획을 추진할 때, 일부 임원들은 너무 파격적이라는 반응을 보였다. 그러나 스파크 대토론회에서 제안된 사안이었기 때문에 충분한 명분을 얻을 수 있었다.

대토론회는 직원들이 회사 경영에 참여하는 새로운 조직문화를 만들었고, 다양한 토론 주제가 활발히 논의되는 계기가 되었다.

삼성전자 모자이크 시스템의 스파크 서비스 활용 사례

✪ [기능 3] M 스토어, 피드백으로 아이디어가 여물다

M 스토어는 현재 개발 중인 애플리케이션을 직원들에게 공개하고, 즉각적인 피드백을 받을 수 있는 기능이다.

C랩 과제는 1년이라는 짧은 기간 내에 개발을 완료해야 하므로, 일반적인 개발 절차를 따르기 어렵다. 이 때문에 중간 산출물을 수시로 공개하고, 임직원들의 피드백을 즉시 반영하는 '린 앤 애자일(Lean&Agile)' 방식을 적용하여, 반복적으로 피드백을 받아 개발 내용을 지속적으로 개선할 수 있게 한다.

✪ [기능 4] 모자이크 독스, 문서를 효율적으로 작성하다

모자이크 독스는 구글 독스처럼 클라우드 기반으로 문서를 실시간으로 공동 편집할 수 있는 기능이다. 그동안 현업 부서에서는 문서 작업을 실시간으로 공유할 수 있는 시스템을 원했지만, 정보 유출 우려 때문에 정보관리부서에서 도입을 미뤄왔다.

"현업에서 그 시스템이 필요하다면 바로 시행하는 게 맞아." 경영지원실장이 나서준 덕분에 모자이크 시스템에 동시 편집 기능인 독스(Docs)를 도입할 수 있었다. 이로써 문서를 취합하면서 받았던 업무 스트레스가 크게 줄어들었다. 직원들이 "모자이크 독스는 업무의 혁명이다." "업무 속도가 10배 이상 향상됐다."라고 말할 정도로 문서를 효율적으로 작성할 수 있게 되었다.

✪ [기능 5] 스퀘어, 관심 있는 사람들을 모으다

스퀘어는 집단지성 활동을 오프라인으로 확장하는 기능으로, 특정 분야에 관심 있는 직원들을 모아 온라인을 넘어 오프라인 모임까지 지원한다. 자발적으로 참여하기 때문에 학습과 창의 활동을 연계할 수 있다.

삼성전자 모자이크 시스템의 스퀘어 서비스

예를 들어, "삼성전자의 서버에 대해 이야기합시다."라는 주제로 모임을 제시하면, 이 주제에 관심 있는 직원들이 오프라인 공간으로 모이게 된다. 스퀘어에서 진행하는 세미나에는 평균적으로 100~200명의 직원이 자발적으로 모였다. 이는 외부 세미나보다 수준이 훨씬 높다는 평가를 받았다.

스퀘어를 통해 논의하는 과정에서 새로운 관심 분야에 따라 연구회가 만들어지기도 했는데, 이는 모자이크의 또 다른 순기능으로 작용한다. 논의의 질적 차이를 보여준 것은 물론 외부 세미나에 할애하던 예산도 상당히 절약됐다. 더욱이 직원들의 참여 의식이 고취되고 사내 소통과 교류가 활발해졌다. 이로 인해 동료들의 실력과 전문성을 보고 자극을 받는 경우가 늘어나고, 회사에 대한 애사심이 높아지면서 사내 문화가 더욱 개방적이고 참여적인 방향으로 발전하게 되었다.

⭐ [기능 6] 워크스페이스, 공유와 협업이 수월해지다

워크스페이스는 직원들이 업무 현황을 공유하고 노하우를 축적할 수 있는 협업 인프라로서, 매일 9만 명 이상의 직원이 사용하며 연간 약 6,000개 이상의 워크스페이스가 활성화되고 있다. 특히 전자제품의 경우 국가나 지역별로 시차를 두고 발생하게 마련이지만, 해당 문제에 동일한 방법으로 즉각 대응하기가 쉽지 않다.

이때 워크스페이스를 활용해 특정 문제에 대한 논의 방을 개설하면 관련 데이터가 쌓인다. 예를 들어, '갤럭시 S24 발열 문제'와 같은 공간이 만들어지면, 전 세계의 직원들이 그 안에서 각 지역의 대응 방법과 상황을 공유할 수 있다. 이 데이터는 이후 입사한 직원들이 과거의 이슈와 해결 방법을 확인할 수 있는 자료로 활용된다. 워크스페이스는 많은 사용자가 참여하는 커뮤니티와 같아서 공유와 협업이 용이하며, B2B 사업 담당 부사장은 이를 "B2B인들의 심장"이라고 표현하며 높은 만족감을 나타냈다.

⭐ [기능 7] M 프로젝트, 관심있는 과제에 직접 참여한다

M 프로젝트는 임직원들이 스스로 과제를 제안하고 팀원을 모집하여 아이디어를 실행할 수 있도록 지원하는 시스템이다. 이 시스템은 크라우드소싱 방식을 활용하여, 제안된 아이디어를 프로토타입으로 구현하고 검증을 거쳐 정식 과제로 발전시킨다.

스마트 화장실의 탄생은 M 프로젝트의 대표적인 성공 사례 중 하나이다. 많은 직원들이 출근 후 화장실 이용에 불편함을 겪자, 이를 해결하기 위해 화장실의 빈칸을 실시간으로 알려주는 스마트 화장실이 기획되었다. 참여한 연구원들은 "모두가 불편해하는 문제를 보유한 기술로 해결하고자 했다."고 설명하며, 이 프로젝트는 새로운 기술을 개발한 것이 아니라 기존 기술인 삼성 스마트싱스(SmartThings)를 활용한 혁신적인 접근이었다고 말했다.

이 프로젝트에서는 화장실 문을 여닫을 때마다 도어 센서가 이를 인식하고 데이터를 메인 서버로 전달하여, 사용자가 앱을 통해 화장실의 빈칸을 실시간으로 확인할 수 있도록 했다. 이 앱은 '대변(Poo)'과 '과제(Project)'를 합성한 '푸로젝트(Pooroject)'로 명명되어, 개발자들의 재치까지 돋보였다.

스마트 화장실 프로젝트의 팀원들은 자발적으로 모였으며, 업무 외적으로 진행된 프로젝트임에도 불구하고 높은 몰입도와 보람을 느꼈다고 한다. 이 프로젝트는 회사의 조직문화에도 긍정적인 변화를 가져왔으며, 소속 부서에서도 M 프로젝트 참여를 장려하는 분위기가 형성되었다.

✪ [기능 8] 서베이, 빠르고 정확하게 듣는다

서베이(Survey) 기능은 매우 유용한 온라인 설문조사 기능으로, 글로벌 임직원들을 대상으로 수많은 설문조사를 진행할 수 있다. 회사 규모가 크고 부서가 많다보니, 전사 차원의 설문조사가 자주 필요하다. 기존에는 수백만 원에서 수천만 원을 들여 리서치 회사에 의뢰했지만 결과의 신뢰성이 완벽하지 않았다. 서베이 기능을 도입한 후 이 문제를 해결할 수 있었다. 특히, 모집단이 삼성전자 임직원들로 구성되어 있어 설문조사의 질이 훨씬 높아졌다. 설문을 의뢰하는 부서는 설문조사에 참여하는 임직원들에게 포인트를 지급하거나 특정 상품으로 감사의 뜻을 표하기도 한다. 서베이는 여러 부서에 큰 도움이 되고 있다. 연평균 수천 건의 설문조사를 소화하며, 상당한 예산을 절약할 수 있었다.

✪ [기능 9] M 챗, 모바일 메신저의 흐름을 바꾸다

M 챗(M Chat)은 슬랙을 떠올리게 하는 글로벌 사무용 모바일 메신저 기능이다. M 챗은 여러 시스템에서 본인에게 온 메일 내용을 한눈에 조회할 수 있게 하며, 이미지를 포함한 각종 파일을 한 공간에서 쉽게 공유할 수 있다. 필요 시 채팅 창을 열어 가벼운 대화를 나누며 새로운 아이디어를 발굴하고 발전시킬 수 있다. 모든 의사결정이 빠르고 간편하게 진행

되므로, 회의와 보고 일정을 따로 잡는 절차를 생략할 수 있다.

집단지성사무국은 "성능을 지속적으로 업그레이드해서 M 챗이 삼성전자 임직원들의 개인 비서 역할을 할 수 있도록 하는 것이 목표"라고 밝혔다.

또한 모자이크에는 콘텐츠를 분석해주는 획기적인 기능이 탑재되어 있다. 이 기능은 모자이크 시스템에서 텍스트 데이터를 효과적으로 검색하고 활용할 수 있도록 돕는다. 이를 통해 '똑똑하게 검색하고, 인사이트를 얻는 것'이 가능해졌다.

사실, 모자이크에 올라오는 수천 개의 아이디어를 사람이 모두 검토하는 것은 현실적으로 불가능하다. 하루에도 수천 개씩 올라오는 아이디어를 모두 살펴볼 수 없기 때문에 삼성전자는 콘텐츠 분석 기능을 도입했다. 이 기능을 통해 주요 키워드가 무엇인지, 아이디어의 동향이 어떤지 쉽게 파악할 수 있게 되었다. 예를 들어, 웨어러블 기기나 VR 관련 의견이 몇 건인지, 삼성페이와 관련된 의견이 얼마나 나왔는지 등을 한눈에 확인할 수 있다. 이를 통해 경향성을 짐작하고, 중요한 인사이트를 얻을 수 있다.

🚀 모자이크의 성과와 확산

모자이크의 성공은 어느 정도 예견된 일이었다. 삼성전자는 모자이크 시스템을 구축하는 데 두 가지 기본 요소에 중점을 두었다. 하나는 효율적인 온라인 네트워킹을 가능하게 하는 컴퓨터 환경과 시스템 구축이고,

또 하나는 이를 적극적이고 효과적으로 활용할 수 있는 다수 임직원들의 참여였다.

삼성전자는 이 두 요건을 충분히 갖추고 있었고, 회사 차원에서 전폭적으로 지원했기 때문에 모자이크 시스템이 성공할 수 있었다.

모자이크 시스템은 도입 후 큰 호응을 얻으며 삼성전자에 새로운 혁신을 불러일으켰다. 이 시스템은 전사적으로 집단지성을 활용하는 대표적인 성공 사례로 자리 잡았고, 그 적용 범위는 해외 임직원들까지 확장되었다. 이를 위해 '모자이크 글로벌 버전'이라는 영문판이 오픈되었으며, 번역 서비스와 글로벌 설문 서비스도 함께 제공되었다.

모자이크는 해외 연구소와 아이디어 공모전을 개최하면서 국내외 임직원들을 하나로 연결하는 중요한 역할도 했다. 이전에는 해외 법인의 직원들이 본사와의 소통이 어려워, 개발된 좋은 기술이 본사에 제대로

제4회 대한민국 지식경영 시상식에서 대상을 수상한 삼성전자 모자이크 시스템

삼성전자 집단지성 플랫폼인 모자이크 시스템의 활약에 대해 보도한 언론 기사들

전달되지 않거나 중복된 연구가 이루어지곤 했다.

　그러나 모자이크 시스템 도입 이후, 본사 사업부와 해외 연구소 간의 소통이 원활해졌고, 필요한 기술을 요청하면 해외 연구소에서 즉각적인 피드백을 제공할 수 있게 되었다. 이로 인해 업무 효율성이 크게 향상되었으며, 해외 연구소와 한국 본사 간의 협업도 더욱 강화되었다.

　모자이크 시스템을 도입한 지 2년째 되던 해, 삼성전자는 '대한민국 지식경영 대상'에서 모자이크로 대상을 수상했다. 이뿐만 아니라 삼성그룹 내에서 진행된 '삼성 IT 어워즈'에서도 금상을 받았다. 이후 대검찰청을 비롯한 여러 정부기관, 관계사 및 타 그룹에서 벤치마킹 요청이 쇄도하게 만들었다. 요청이 너무 많아 모두 수용할 수 없을 정도였다.

"누구나 할 수 있지만, 아무나 할 수 없다."라는 말이 있듯이, 시스템을 구축하는 것은 누구나 할 수 있지만, 집단지성의 힘이 발휘되도록 운영하는 역량은 쉽게 축적되지 않는다. 삼성전자는 이 역량을 갖추기 위해 많은 노력을 기울였고, 그 결과 모자이크 시스템은 큰 성공을 거두었다.

모자이크 시스템의 주요 성과는 '아이디얼(IDEAL)'로 요약할 수 있다.

Integrity: 개인과 전체의 조화

건설적인 피드백을 통해 직원들이 자신의 능력을 가장 잘 발휘할 수 있게 했다. 동시에, 협력해야 할 때는 자연스럽게 팀워크가 이루어져 차원이 다른 성과를 이루게 했다.

Dynamization: 역동적 업무 환경 조성

더욱 효율적으로 업무를 처리하기 위해 정보통신 기술을 활용한 도구와 모자이크를 연계했다. 이를 통해 근무 환경을 한층 역동적으로 만들었다.

Equality: 평등한 업무 진행 구조

의사결정권자와 실무자가 한 공간에 모여 평등한 관계에서 의견을 교환할 수 있게 했다. 이를 통해 수직적 업무 이관과 수평적 협동을 동시에 달성했다.

Assistance: 온·오프라인 활동의 상호 보완적 지원

창의적 아이디어가 막힘 없이 전개되도록 온라인 활동을 촉진했다. 동시에 모멘토와 같은 오프라인 지원 체계도 함께 가동했다. 이를 통해 직원들이 아이디어를 실현할 수 있도록 도왔다.

Liaison: 시공간 차를 초월한 연계성

부서와 부서, 국내 사업장과 해외 법인 간의 경계를 허물어 소통을 원활하게 했다. 시간 제약도 없앰으로써 비상시에도 업무 시간과 다름없이 소통할 수 있게 되었다.

NEXT 모자이크

삼성전자가 집단지성을 활성화하기 위한 노력들을 정리하면 다음과 같다.

① 협력과 개방의 조직문화를 구축했다.

② 많은 의견을 단순히 취합하는 것이 아니라, 다수의 상호작용을 이끌어냈다.

③ 성별, 나이, 인종, 직무 등의 구성원 다양성보다 관점의 다양성에 집중했다.

모자이크 시스템을 성공시키기 위한 핵심 요소는 다음과 같다.

① 최신 트렌드를 반영한 도구를 지속적으로 도입하여 정교한 시스템을 구축했다.

② 주관 부서의 전문성과 리더십이 중요하므로 전담 조직인 집단지성 사무국을 운영했다.

③ 최고 경영자의 신뢰와 지지가 큰 역할을 했다.

④ 직원들에게 적절한 보상을 제공하고, 흥미를 느낄 수 있도록 재미 요소를 반영했다.

삼성전자는 이제 'Next Mosaic' 시스템을 고민하고 있다. 집단지성 사무국장은 최근 AI 챗봇이 주목받고 있는 상황에서, 모자이크 시스템에 이미 2016년에 AI 챗봇을 도입했다고 언급했다. 이 챗봇은 인사 제도나 관리 업무에 대한 반복적인 질문에 자동으로 답변해줌으로써, 직원들이 중요한 정보를 쉽게 얻을 수 있게 하고, 반복적인 업무에서 벗어나도록 돕는다. 이러한 이유 덕분에 모자이크 시스템은 많은 임직원들에게 '업무 혁명'으로 불리며 높은 평가를 받고 있다. 더불어, 일하는 방식을 더욱 혁신하기 위해 새로운 워크스페이스를 구상 중이다.

모자이크 시스템은 다양한 소통 및 업무 도구가 통합된 플랫폼으로, 전 세계에서 실시간으로 협업이 가능하다. 예를 들어, 한 직원이 퇴근 전에 자료를 업로드하면 지구 반대편의 동료가 이를 검토하고, 다시 그 동료가 퇴근할 때쯤 다른 직원이 이어서 업무를 진행하는 방식이다. 이러한 기능 덕분에 모자이크는 업무의 효율성을 극대화할 수 있는 도구로 자리 잡았다.

CHAPTER 8

C랩에서 얻은
인사이트

C랩 제도가 도입된 지 12년이 지났다. 끊임없이 혁신하기 위해 창의적인 조직문화를 확산해야 한다는 문제의식에서 출발했던 C랩이 그동안 약 900개의 과제와 스타트업을 육성하는 성과를 거두었다. 이러한 노력은 삼성전자의 혁신성과 브랜드 가치를 크게 높이는 데 기여했다. 특히 C랩은 창업 생태계를 꾸준히 확장하며, 혁신적인 아이디어로 세상에 긍정적인 변화를 일으키고 있다.

"하찮은 아이디어는 없다!"라는 슬로건을 내걸고, 삼성전자 창의개발센터는 C랩을 활성화하기 위해 이그노벨상을 사례로 들며 홍보를 강화했다. 이그노벨상은 노벨상과는 달리, 다소 엉뚱하거나 비정통적인 발견이나 업적에 주어지는 상으로, 유머를 담고 있지만 동시에 창의성을 인정받는 상이다. 이처럼 창의적인 아이디어가 사소하거나 하찮아 보일지라도 중요한 가치를 지닐 수 있음을 강조하였다.

- 오줌을 오래 참을수록 잘못된 의사결정을 내린다는 것을 증명한 업적 _2011년 IGNOBEL PRIZE 의학상 수상
- 오랜 기간 여성 포니테일(Ponytail) 머리카락의 움직임을 수학적으로 계산해 정리한 업적 _2010년 IGNOBEL PRIZE 물리학상 수상
- 개구리 몸의 자성을 증명하기 위해 자기장 장비를 통해 개구리를 공중 부양시키는 데 성공한 업적 _2000년 IGNOBEL PRIZE 물리학상 수상

도대체 이런 연구를 왜 하는 걸까? 엉뚱한 아이디어 제안 사례는 C랩 공모전에서도 있었다. 2013년에 처음으로 실시한 C랩 과제 공모전에서 식자재 카트리지로 음식을 만들어내는 '쿠킹 프린터(Cooking Printer)' 아이디어가 제안됐다. 최종 심사에 오를 만큼 관심과 주목을 받은 아이디어였다. 과연, 결과는 어땠을까?

쿠킹 프린터는 생소하다는 이유로 아쉬움 속에 탈락했다. 그런데 C랩 최종 심사가 있은 지 몇 주 후였다. 미 NASA에서 우리를 부끄럽고 아쉬운 마음이 들게 하는 발표를 했다.

"그것은 15년 이상 소요되는 장거리 우주 탐사를 가능하게 해줄

것이다."

"3D 프린터로 음식을 출력하는 프로젝트에 투자하겠다."

인류의 위대한 발명과 발견은 '엉뚱한 아이디어'에서 시작된 적이 많다. 이그노벨상을 수상했던 골드스타인(Goldstein) 박사의 포니테일 연구는 현재 3D 모션 그래픽의 중요한 기술로 발전해 영화 아바타에도 활용되었고, 개구리를 공중 부양시킨 가임(Geim) 박사는 10년 후 휘어지는 액정과 태양전지를 생산하는 데 사용되는 탄소 화합물 그래핀을 발견함으로써 노벨 물리학상 수상자가 되었다.

다음은 모든 임직원들에게 C랩을 알리기 위해 제작했던 홍보 영상의 핵심 내용이다.

"이 세상에 하찮은 아이디어란 없다. 단지, 세상을 바꿀 혁신성을 알아보지 못하는 '하찮은 안목'이 있을 뿐이다. 우리의 안목은 단지 돈을 벌어줄 아이디어가 아니라 인간의 삶의 질을 한 단계 끌어올릴 수 아이디어에 집중해야 한다. 인류의 진보를 앞당길 수 있는 아이디어를 받아들일 준비가 되었는가? 세상을 움직일 수 있는 작은 혁명의 단초들이 바로 C랩에 있다."

많은 C랩 과제들을 수행하고, 또 스핀오프 기업들을 지원하다보니 자연스럽게 깨달은 통찰들이 있었다. 이를 대구창조경제혁신센터장으로 근무할 당시 「매일신문」에 칼럼을 통해 연재할 기회가 있었다. 그 내용을 창업을 염두에 두고 있는 예비 창업자들에게 공유하고자 한다.

매체에 실린 칼럼들

🚀 하찮은 아이디어는 없다

"크게 될 작은 아이디어를 알아보지 못하는 하찮은 안목만 있을 뿐이다." 2019년 '기업가 정신 실태 조사'가 있었는데, 조사 결과에는 대구·경북 청년들의 창업 의지가 전국 최저치를 기록했다는 내용이 있었다.

그 시기에 '대구창조경제혁신센터' 센터장에 취임했는데, 대구·경북의 청년 창업을 활성화하자는 취지에서 이러한 구호를 만들었다. 이는 삼성전자 재직 당시 사내 벤처 육성 프로그램인 C랩을 운영하며, 직원들이 아이디어를 자유롭게 제안하고, 또 발전시킬 수 있도록 격려할 때 강조했던 말이기도 하다. 처음에는 별것 아니라고 생각되는 작은 아이디어도 도전하는 과정에서 예상치 못한 혁신 아이디어로 진화해나가는 경우를 많이 봐왔다. 이와 관련된 두 가지 사례를 소개하고자 한다.

C랩처럼 도전하라

첫째, 첫 C랩 과제 공모전 때의 '쿠킹 프린터' 이야기다. 당시 3D 프린팅 산업을 육성하는 데 전 세계가 경쟁하고 있었다. '음식을 프린팅할 수 있다면 어떨까?'라는 아이디어로 도전한 팀이 있었다. 이들은 불과 2주 만에 프로토타입을 만들어냈는데, 이것을 통해 나오던 피자 반죽을 처음 봤을 때 매우 생경한 느낌이었다. 누구도 생각해본 적 없는 참신하지만 조금 생소한 아이디어였다. 그래서일까? 회의적인 평가가 많았다. 결국 그 아이디어는 최종 과제로 선정되지 못했다. 하지만 얼마 지나지 않아 미국의 항공우주국에서 우주식을 개발하기 위해 3D 쿠킹 프린터 분야에 12만 5천 달러를 투자한다는 뉴스가 있었다. NASA는 쿠킹 프린터로 만들어낸 음식은 폐기물이 없다는 점, 고체 형태의 음식을 만들 수 있어 우주인들의 저작 운동과 위장관 운동에 도움이 된다는 점, 필수 영양 성분을 쉽게 구성할 수 있다는 점에 주목했다. 이후 쿠킹 프린터 분야에 관심이 높아지며 투자가 증가했는데, 이를 시작으로 쿠킹 프린터는 미래의 생활상을 변화시키는 대표적인 기술 중 하나로 평가되기 시작했다. 그 후 미래 먹거리를 책임질 10대 유망 기술로 지정되는 등 촉망받는 산업으로 성장했다.

둘째, '스마트 캐리어'다. 2013년에 직접 끌지 않아도 주인을 인식해 따라오는 캐리어를 제작한다는 목표로 C랩에 선정되었던 아이디어가 있었다. 이 팀은 어린이들이 좋아하는 애니메이션인 「겨울 왕국」에 나오는 눈사람 모형에 소형 UWB 레이더를 장착했는데, 이와 연동된 휴대폰을 졸졸 따라오게 하는 모델을 구현하는 데 성공했다. 기발한 아이디어라고 생각했다. 이 아이디어는 초기에 기술을 구현하며 비즈니스 미팅까지 추진되었다. 하지만 "과연 그게 되겠어?" 하는 부정적인 평가들이 이어지며 결국 사업화하는 데는 실패했다. 그러나 이듬 해인 2014년, 레이더 센서와 카메라를 통해 사용자와의 거리를 감지해 이동하는 데 성공한 스마트 캐리어가 해외에서 처음 출시되었다. 이후 이 아이디어는 스마트 캐리어, 자율주행 캐리어, 로봇 캐리어 등의 이름으로 AI(인공지능) 센서, GPS(위성항법장치) 등의 다양한 기능을 탑재해 고도화되기 시작했다. 한때 오프라 윈프리, 제시카 알바, 토리 버치 등 유명 셀럽들이 앞다투어 구매하며, 대기 명단에 1만 명 이상이 이름을 올릴 만큼 주목받는 아이템이 되었다.

위 사례들에서 알 수 있듯 처음부터 혁신적인 아이디어는 없다. 아무리 작은 아이디어라도 비난하거나 무시하지 않고, 격려하며 기다려주는 아량이 필요하다. 위대한 창업은 '아주 작은 아이디어'에서 시작되기 때문이다. 기발하고 창의적인 아이디어를 보유한 청년들이 실패를 두려워하지 않으며, 끊임없이 도전하고, 정부와 지방자치단체에서 아이디어를 성장시킬 수 있도록 정책적으로 뒷받침하는 창업 환경이 조성될 때 비로소 '작은 아이디어가 세상을 바꾸는 큰 힘'이 될 수 있을 것이다.

🚀 실패율 90퍼센트에 도전하라

"우리는 실패율 90퍼센트에 도전한다." 이 말은 사내 벤처 육성 프로그램인 C랩의 성과를 공유하기 위한 기자 간담회에서 강조했던 말이다. 실패율 90퍼센트에 도전하라니, 대부분의 기자들이 '성공률'에 대한 오타가 아니냐며 의아해했다. 하지만 '실패에 도전하자'는 것이 맞다. 이는 C랩은 10퍼센트의 낮은 확률로, 성공할지라도 불가능에 가까운 목표를 달성하기 위해 실패에 도전하는 것을 두려워하지 않겠다는 의지를 강조한 것이었다.

이처럼 실패가 예측되는 높은 목표를 세우고, 또 이를 달성하기 위해 부딪히고 깨지며 실패하는 것을 두려워하지 않는 태도는, 비록 실패할지라도 이는 성공보다 가치 있는 경험이 된다. 예를 들어, 높이뛰기를 할 때 1미터라는 비교적 쉬운 목표를 100번 달성하는 것보다 2미터라는 불가능해 보이는 목표를 설정한 뒤, 100번 실패하더라도 결국 1미터 50센티미터를 넘으며 성공하는 것이 훨씬 가치 있는 일인 것이다. 다시 말해, 실패로부터 교훈을 얻어 또다시 도전하는 일은 창조를 위한 건설적인 실패일 수 있다.

빌 게이츠는 실패한 기업에 몸담았던 간부를 의도적으로 채용하고 있으며, NASA는 우주 비행사를 뽑을 때 실패한 경험이 없는 사람은 채용하지 않는다고 한다. 일반적으로 생각하면 실패를 겪지 않은 사람을 선발하는 것이 합리적이라고 생각할 수 있지만, NASA는 실패한 경험이 있는 사람들을 선발했다. 여기서 분명한 전제는 실패를 한 번도 경험하지 못한 사람보다 실패를 경험한 뒤 다시 일어선 사람이 더 강하고 위기 대응 능력이 뛰어난 사람이라는 것이다. 즉, 우주여행 중에 발생할 수 있는 돌발 상황들을 극복할 충분한 능력이 있는 사람을 채용하기 위해서는 실패한 경험이 필수라고 판단했던 것이다.

또한 학생들에게 실패 이력서를 쓰도록 권한 스탠퍼드대학교의 티나 실리그(Tina Seelig) 교수는 "실패는 미래의 같은 실수를 피하게 한다. 이

따금 실패하지 않는다면 그것은 당신의 도전이 충분하지 않다는 것을 의미한다."라고 말했다.

실패하지 않는 유일한 방법은 도전하지 않는 것이다. 성공으로 가는 길목에는 실패가 반드시 있다는 것을 받아들이고 도전하는 것이 중요하다. 그러나 우리 사회는 실패를 권장하면서도 정작 실패하게 되면 그 책임을 개인에게 오롯이 전가한다. 젊은이들이 실패를 두려워하지 않게 하려면 사회의 여러 부분에서 실패에 대한 인식이 바뀌어야 한다. 미국, 일본 등의 국가에서는 일찍이 실패를 통한 배움을 연구하고자 '실패학'을 창설하고, 실패에 담긴 성공 법칙을 발굴해 활용하고 있다.

'실패는 도전의 역사'라는 인식이 자리 잡기 위해서는 충분히 노력했는데도 불구하고 마주하게 된 실패의 결과를 용인하고, 이를 개선할 수 있는 방향을 찾아가는 문화가 조성되어야 한다.

성공으로 가는 길에서는 무수히 많은 장애물을 만나 실패를 경험하기 마련이다. 여기서 중요한 것은 그 실패를 받아들이고, 실패의 무대를 떠나지 않는 것이다.

이미 수많은 성공 창업자를 배출하고 있는 미국은 실패자들의 풀(Pool)을 관리함으로써 실패한 이들이 계속 도전할 수 있도록 지원한다. 결국 그 안에서 연쇄 창업이 일어나며 성공 창업자들을 배출하는 것이다. 그러므로 우리 사회도 실패자들에 대한 비난이나 낙인이 아닌, 실패를 격려하는 분위기를 조성해 그들이 도전의 풀(Pool)을 떠나지 않게끔할 사회적 책임이 있다.

우리 청년들에게 이렇게 말하고 싶다. "적당한 성공을 꿈꾸지 말고 장엄한 실패에 도전하라. 성공률을 지나치게 높게 잡아 단순한 목표만을 추구하는 안일한 태도보다 무조건 부딪히고 깨지며 실패를 두려워하지 않는 태도를 지향해야 한다." 그러기 위해서는 청년들의 실패를 경험과 자산으로 인정하는 인식 변화가 창업 생태계 구성원들 사이에서 먼저 일어나야 하며, 이를 위한 법적·제도적 뒷받침도 필요하다.

🚀 동선이 겹칠 때 일어나는 혁신

혁신적 기업 문화로 잘 알려진 온라인 쇼핑몰 '자포스(Zappos)'를 창업한 토니 셰이(Tony Hsieh)는 "동선이 겹치면 혁신은 절로 일어난다."라고 했다. 창의와 혁신의 열쇠로 '우연한 만남'이라는 개념을 제기했던 그는, "사람들이 더 자주 마주치고, 또 한 마디라도 더 나누며, 서로 배우고 연결된다면 그들은 새로운 발견을 하게 된다. 이렇게 되면 혁신이라는 기적은 저절로 일어난다."라고 하며, 혁신을 위한 다양한 만남의 중요성을 강조했다.

우연한 만남의 효과는 실제로도 입증되었다. 미시간주립대학교 연구진이 과학자 172명을 대상으로 연구를 진행했는데, 연구실이나 화장실, 엘리베이터 등으로 가는 동선이 겹칠 때 협업을 할 가능성이 높아지는 것으로 나타났다. 동선이 3미터 겹칠 때마다 협업이 최대 20퍼센트까지 늘어났다. 혁신은 협업에서 나오고, 협업은 동선이 겹쳐야 나온다는 사실이 증명된 셈이다. 이는 곧 경험과 역량 그리고 분야가 다른 사람들이 다양한 생각과 고민을 자연스럽게 토론하면서 혁신적인 아이디어가 탄생할 수 있다는 것을 의미한다.

미국이 세계의 산업을 이끌어가는 초강대국이 된 배경에는 다양성이 그 중심에 있다. 미국 뉴욕 주 다섯 개 자치구 중 가장 변방에 위치하며 면적이 넓은 동부의 퀸즈(Queens)구는 미국의 다양성을 대표적으로 보여주는 상징적인 곳이다. 저렴한 물가와 낮은 진입 장벽으로 세계 각지에서 사람들이 모여들어, 약 160개의 인종과 138여 개의 언어가 존재하는 그야말로 인종과 언어의 멜팅팟(Melting Pot)을 이루고 있다.

이곳은 이민자와 빈곤층이 많아 과거에는 저소득층 구역이라는 인식이 높았는데, 최근에는 다양한 산업이 활성화되며 놀라운 경제 발전을 이루어, 인식이 변화되고 있다. 비즈니스와 일자리 수가 크게 증가했고, 아마존을 비롯한 세계 유수의 기업들이 본사를 이전하며, 퓨전 문화의 근원지이자 미국 산업의 새로운 중심지로 각광받고 있다.

우리는 지금 4차 산업혁명이라는 거대한 변화의 소용돌이 속에 있다. 제조업을 포함한 전통 산업들이 변화에 맞서 도태되지 않기 위해서는 다양성이 필요하다. 기존 산업의 개념에 인공지능, 가상현실, 사물인터넷 등의 IT를 융합해 새로운 산업을 만들어내는 디지털 트랜스포메이션 (Digital Transformation)은 이제 피할 수 없는 시대의 흐름이다. 단순히 패션 소품으로 사용되던 허리띠에 디지털 센서를 삽입해 허리 치수, 활동량, 과식 여부까지 체크할 수 있도록 만든 스마트 벨트 '웰트'는 패션에 IT를 접목한 좋은 사례다. 전혀 다른 분야의 아이디어가 만나 창의적인 결과를 도출한 것이다.

이러한 변화의 흐름을 대구시 상황에 비춰보면, 대구는 전통 제조업을 중심으로 발전해온 도시다. 이를 고려할 때, 기존 산업이 쇠퇴하고 있는 지금, 혁신을 통한 새로운 도약이 필요하다. 그러기 위해서는 섬유나

대구창조경제혁신센터에서
운영 중인 다양한 스타트업
육성 사업들

안경 등 대구의 강점 산업을 중심으로 다른 업종과의 만남과 교류를 활성화하려는 노력이 한층 더 필요하다.

미국이 퓨전 문화를 바탕으로 눈부신 발전의 역사를 쓴 것처럼 산업의 퓨전, 즉 다른 업종 간의 만남이 융복합적 시너지를 창출할 때 새로운 혁신이나 신산업의 탄생을 기대할 수 있을 것이다.

우연히 동선이 겹친 상대와의 대화에서 자신이 모르는 분야의 지식이나 아이디어를 접하게 될 때 혁신은 시작될 수 있다. 특히 청년들이 보유한 아이디어는 다양한 경험을 하며 무궁무진한 가능성이 잠재된 아이디어로 발전할 수 있다. 그러므로 청년들이 경험할 수 있는 기회를 적극적으로 찾아나설 때 여러 기관이 우연한 만남의 환경을 만들어줘야 한다.

대구창조경제혁신센터에서는 청년들을 위한 만남의 장을 마련하기 위해 '클러치(Clutch)'와 '대시(Dash)'라는 온·오프라인 모임을 개최하고 있다. 청년들이 자연스럽게 만나 이야기하고 놀며, 서로 다른 의견들을 공유하는 과정에서 창의적이고 혁신적인 아이디어가 탄생하리라 기대한다.

🚀 천 개의 아이디어보다 한 번의 실행

'관주위보(貫珠爲寶), 구슬이 서 말이라도 꿰어야 보배'라는 말이다. 즉, 좋은 재료가 아무리 많아도 그것을 엮지 않으면 쓸모가 없다는 의미다.

이른바 '대박'을 터뜨려 돈과 명예를 거머쥔 서비스나 제품을 보며, '아, 나도 생각해본 적 있는 아이디어였는데…'라고 아쉬워했던 경험이 누구나 있을 것이다. 이처럼, 좋은 아이디어가 아무리 많을지라도 그것을 머릿속에만 두었느냐, 실행에 옮겼느냐가 결국 혁신이라는 큰 차이를 만들었음을 알 수 있다.

많은 사람이 대기업이나 유니콘 기업(기업 가치 10억 달러 이상인 기업)은 세상에 없는 가치를 추구하는 혁신가들에 의해 탄생한다고 생각한다. 하지만 혁신은 작고 사소한 아이디어를 실행하는 평범한 사람들에 의해 탄생하기도 한다. 물론 실행이 바로 성공을 의미하는 것은 아니다. 하지만 실행하지 않으면 성공할 확률은 0퍼센트이다. 처음부터 실행이 거창한 행위일 필요는 없다. 매일 아침 컴퓨터를 켜고 무언가를 끄적여보는 작은 실행에서도 미래를 바꿀 힘이 나올 수 있다. 즉, 아이디어를 행동으로 옮길 수 있는 자만이 혁신을 쟁취할 수 있다.

퍼스트(First) 펭귄 이야기가 있다. 남극 대륙에 서식하는 펭귄들은 생존을 위해 바다로 뛰어내려야 한다. 수많은 천적이 도사리고 있는 바닷

속에 뛰어드는 일은 그들에게 두려움 그 자체일 수밖에 없다. 머뭇거리는 펭귄들 사이에서 한 마리 펭귄이 바다로 과감하게 뛰어들면, 이윽고 다른 펭귄들도 연이어 입수한다. 이때 두려움을 극복하고 위험 속으로 용감하게 뛰어든 펭귄을 '퍼스트 펭귄'이라고 하는데, 불확실한 환경을 무릅쓰고 도전을 실행한 이 퍼스트 펭귄은 무리에서 확실한 우위를 점하게 된다.

1949년, 37살의 젊은 무명 화가 잭슨 폴록(Jackson Pollock)은 현대미술에 새로운 장르를 개척하며, 미술사에 대변혁을 일으켰다. 잭슨 폴록 이전에도 그의 '행위'와 비슷한 아이디어들이 있었지만, 그들을 제치고 잭슨 폴록을 특별하게 만든 것은 바로 그의 실행이었다. 그는 이젤에서 캔버스를 끌어내렸다. 물감을 붓고, 뿌리고, 튀기며, 캔버스라는 대상을 그리는 도구가 아닌 행위의 흔적을 담는 공간으로 바꾸었다. 그는 "나는 생각나는 것을 주저하지 않는다. 그냥 해보는 것, 그것이 내 그림의 시작이다."라고 말했다. 이러한 과감한 시도는 그의 작품 'No5'가 2006년에 1,800억 원이라는 역대 경매가 1위에 낙찰되게끔 했다. 한 번의 실행이 시대를 대표하는 창조의 꽃을 피운 것이다.

'나'다움을 중시하는 MZ세대는 자신의 아이디어를 펼쳐보이고 싶은 의욕과 열정이 강하다. 이제까지는 자신에게 아이디어가 있어도 아이디어를 펼칠 기회나 제도가 제대로 마련되어 있지 않았다. 하지만 최근에는 3D 프린터, 레이저 기기 등을 활용해 개인이 제품을 만들 수 있는, '메이커 스페이스(Maker Space)'와 같이 아이디어를 실현시키기 위한 지원책이 점점 늘고 있다.

젊은 세대들의 창의적인 아이디어에서 혁신이 탄생하기를 기대한다면, 그들에게 아이디어를 펼칠 수 있는 무대를 마련해주고, 또 그들의 과감한 실행을 뒷받침해줄 기관들의 노력이 필요하다.

처음부터 저절로 일어나는 혁신은 없다. 아무리 기발하고 창의적인 아이디어라고 하더라도 실행하지 않으면 단순 아이디어에 그칠 뿐이다. 실행을 추진하는 과정에서 때로는 실패에 대한 위험을 감수해야 하고, 도전을 위한 용기도 필요하다. 하지만 꾸준한 실행과 성찰의 과정을 통해 아이디어는 조금씩 성장한다.

누구나 머릿속에 한두 개씩 가지고 있는 작은 아이디어를 현실화하기 위해 노력할 때, 그 아이디어의 실행은 혁신의 씨앗이 될 수 있다. 세상을 움직이는 것은 개인의 용감한 실행이다. 천 개의 아이디어보다 더 가치 있는 한 번의 실행, 지금 바로 시작해야 한다.

🚀 끊임없는 피봇팅

최근에 기업들이 위기에 대처하는 방법으로, '피봇팅(Pivoting)'이라는 경영 전략이 주목받고 있다. '피봇팅'이란 본래 스포츠 용어로, 농구를 할 때 공을 잡은 선수가 상대 선수를 피하고자 한쪽 발은 고정한 채 다른 발만 움직여 방향을 전환하는 것을 말한다.

기업에서도 피봇팅은 회사의 기본적인 기술은 그대로 둔 채 사업 목표나 전략을 바꾼다는 의미로 사용하고 있다. 특히 민첩성이 필수적으로 요구되는 스타트업에게 피봇팅은 사업의 성공과 실패를 가르는 중요한 열쇠로 작용할 수 있다. 기업의 철학은 지키면서, 시장의 상황이나 주

C랩처럼 도전하라

요 고객층 등 주변을 정교하게 탐색하며 비즈니스의 방향을 끊임없이 변화시켜가는 것이다.

C랩을 통해 창업한 링크플로우는 기존 레저용 카메라 시장에서의 문제점을 보완해, 세계 최초의 넥밴드형 웨어러블 360도 카메라를 개발했다. 레저 영역에서 시작한 링크플로우의 성장에 날개를 단 것은 의도하지 않았던 새 방향으로의 전환이었다. 우연한 기회에 산업보안용 분야에 뛰어든 링크플로우는 경찰이나 공공기관 근로자가 서비스의 정당성을 확보하고, 상대와 자신을 보호할 수 있는 보디캠 영역에서 두각을 나타내기 시작했다.

급기야 코로나19라는 사회적 상황과 맞물려 중국 우한의 원격진료 영역에 활용되면서, 이른바 '대박'을 터뜨리게 되었다. 새로운 시장과 변화하는 상황에 빠르게 대응하며, 독보적인 시장 점유율을 차지하게 되었던 것이다.

피봇팅을 통해 영역을 확장하는 데 성공한 또 하나의 C랩 기업이 있다. 기저귀로 인한 발진을 예방하기 위해 기저귀의 습도를 알려주는 스마트 기저귀 센서를 개발한 스타트업 모닛이다. 가장 보편적인 영유아 기저귀 시장에서 센싱 기술을 먼저 선보인 모닛은 출산율은 점차 줄어들고 노인 인구는 오히려 증가하는 사회적 상황을 놓치지 않았다.

기존 영유아 시장을 넘어 실버 시장을 적극 공략한 모닛은 배변 활동의 어려움을 겪는 노인 환자들의 욕창 방지와 삶의 질을 개선하는 데 도움을 주며, 현재 종합병원과 요양병원에서 서비스를 진행하고 있다. 모닛은 향후 반려동물 영역에도 사업을 확장하기 위해 준비하는 등, 한 번의 피봇팅에 그치지 않고 끊임없이 변화를 탐색하고 있다.

세상에는 시장을 견인하는 '기업'과 시장이 견인하는 '제품이나 서비스'가 있다. 전자는 기존에 없던 기술을 기반으로 새로운 삶의 방식을 제시하며 시장을 개척한다. 애플이나 유튜브, 넷플릭스가 대표적이다. 후자는 시장과 소비자의 욕구가 제품이나 서비스를 창출하는데, 앞서 소개한 두 사례가 이에 해당한다.

이들은 급속도로 변하는 외부 환경에 따라 기존 사업 아이템을 바탕으로 사업의 방향을 더욱 유리한 쪽으로 전환하며, 성공의 기회를 잡았다. 시장의 변화에 민첩하게 반응하며 미처 알지 못했던 더 큰 시장을 발견한 것이다.

이제 피봇팅은 위기 상황에서 방향만 수정하는 게 아니라 조직 운영의 전반과 기업의 성패를 이끄는 중요한 전략으로 자리 잡고 있다.

오늘날 우리는 어떻게 변화할지, 미래를 예측하기 어려운 '뷰카(VUCA, 변동성Volatility, 불확실성Uncertainty, 복잡성Complexity, 모호성Ambiguity의 첫 글자를 딴 신조어)' 시대를 살고 있다. 정답을 찾기보다 문제를 찾는 사람이 필요하고, 기존의 지식과 경험에서 탈피해 새로운 돌파구를 찾는 노력이 필요하다. 이제는 예전 방식을 고집하는 대신 달라진 상황을 인지하고 그에 맞게 대처할 수 있어야 한다. 도전하고, 시각을 바꾸고, 나아갈 방향을 끊임없이 조정해야 한다. 뷰카 시대를 살아갈 우리에게 피봇팅은 더 이상 선택이 아닌 생존을 위한 필수 전략이 될 것이다.

C랩처럼 도전하라

🚀 세상을 바꾸는 무모한 도전, 룬샷

제2차 세계대전의 판도를 바꾼 레이더의 도입, 인류의 라이프 스타일을 통째로 바꿔놓은 스마트폰의 등장, 접점이 없어 보이는 이 두 사건에는 한 가지 공통점이 있다. 바로 처음 공개됐을 때 주목받지 못했던 아이디어라는 점이다.

달에 우주선을 보내는 것과 같이, 모든 사람의 관심을 받는 중요한 프로젝트를 '문샷(Moonshot)'이라고 한다. 반대로, 비현실적이고 또 어찌 보면 바보 같기에 다수가 홀대하는 프로젝트를 일컬어 물리학자 사피 바칼(Safi Bahcall)은 '룬샷(Loonshot)'이라고 명명했다. 그런데 놀랍게도, 역사에 영향을 미치는 큰 혁신은 바로 '룬샷'에서 비롯되는 경우가 많다.

미국에 '쿼키(Quirky)'라는 기업이 있다. 오직 회원들의 아이디어만을 가지고, 자체적으로 개발·제조 과정을 거쳐 유통까지 하는 기업이다. 물론 아이디어는 특정 영역에 국한되지 않고, 쿼키 또한 전문가 집단은 아니다. 그럼에도 불구하고 쿼키는 아이디어 하나만으로 상품화를 가능하게 해 '꿈을 실현해주는 공장'으로 유명세를 타고 있다.

많은 사람이 창업을 어렵게 생각한다. 훌륭한 아이디어와 이를 구현할 기술이 완벽하게 갖춰져야만 창업이 가능하다고 여기기 때문이다. 하지만 쿼키의 경우처럼 아이디어를 고도화하는 방법은 무수히 많고, 전문가가 아닐지라도 기술을 구현할 방법은 얼마든지 있다. 어떤 도전은 무모해보이고 때로는 불가능해보일 수도 있다. 그러나 무모한 도전을 성공으로 이끌며, 이러한 생각을 훌륭하게 반박한 사례가 있다.

C랩 과제를 선정하는 과정에서 한 팀이 뇌파를 감지해 뇌졸중을 예

고하는 모자, '뇌예모'를 만들겠다고 나섰다. 그 팀은 의학적 지식은 물론 그것을 구현할 수 있는 능력도 없었지만 초기 뇌졸중을 예견할 수 있는 혁신이 되리라는 확신을 가지고 도전장을 내밀었다. 과제 심사가 진행된 5월 8일 어버이날, 뇌예모팀은 "내년 어버이날에는 내 손으로 만든 뇌예모 모자를 어머니께 선물하고 싶다."라는 포부를 밝혀 청중 평가단으로부터 최고 점수를 받았다. 1위 과제로 당당히 선정된 이 아이디어는 이후 본격적인 프로젝트로 진행되었다.

하지만 현실은 녹록지 않았다. 뇌예모팀은 냉장고 품질관리 업무를 담당하고 있는 직원 세 명과 신입 SW 엔지니어 두 명으로 구성되었다. 그런데 이들 모두 해당 프로젝트와 관련된 전문성도 없었고, 더욱이 논문 한 편 써본 적이 없었다. 의학 영역 중에서도 가장 어렵다는 뇌 관련 디바이스를 만드는 일은 뇌예모팀에게는 말 그대로 '맨땅에 헤딩'이었다.

초기 6개월은 아무 진전이 없었다. 논문과 전공 서적을 아무리 읽어도 모니터 속 데이터가 뇌파인지 노이즈인지를 구분하기가 쉽지 않았다. 그래도 그들은 포기하지 않았다. 대학 교수, 종합병원 의사 등 관련 분야 전문가들을 찾아 자문을 구한 끝에 뇌파의 정상 여부를 판별하는 알고리즘을 만들어냈다. 이후 5개월간 수백 번의 실패를 거듭한 결과, 뇌파 추출 성공률 1퍼센트에서 시작한 연구는 성공률 99퍼센트에 이르게 됐다.

당시 뇌예모팀의 멘토였던 임원은 "전공자들보다 진행 속도가 훨씬 빨랐다. 외부 프로토타입 모델 제작 과정이 보통 6주가 걸리는데, 이들은 3D 프린터를 직접 만들며, 그 과정을 단 이틀로 줄일 정도였다. 뇌예모팀은 무서울 정도로 도전적이었다."라고 평했다.

전문가 한 명 없이 아이디어 하나만으로 시작했던 프로젝트가 삼성전자 '애뉴얼 어워드'에서 창조 부문 대상을 수상했고, 팀 리더는 발탁 특진을 했다. 그만큼 뚜렷한 성과를 냈다는 점에서 이들은 능력 있고 준비된 자만이 도전에 성공할 수 있다는 통념을 깨는 좋은 사례가 되었다.

이렇듯 원대한 목표에 도달하기 위해서는 비현실적으로 보일 정도로 과감한 도전, 즉 룬샷이 필요하다. 도전이 마치 맨땅에 헤딩하는 것처럼 느껴질지라도 괜찮다. 주저하지 않는 도전 정신, 끈질기게 붙들고 늘어지는 강단, 무모한 아이디어를 수용하는 주변의 환경이 만나면 아이디어를 구현하는 방법은 저절로 생겨나기 마련이다. 다행스럽게도, 무모하고 과감한 도전을 바라보는 우리 사회의 시각도 점차 긍정적으로 변화하고 있다. 기억하자. 세상을 바꾼 위대한 혁신은 바보 같은 아이디어와 주저하지 않는 도전에서 시작되었음을….

🚀 쓸모없음의 쓸모 있음

옛말에 '하로동선(夏爐冬扇)'이라는 말이 있다. '여름에 화로와 겨울에 부채'라는 의미로, 제철을 만나지 못한 쓸모없는 존재를 뜻한다. 하지만 무더운 여름일지라도 화로는 장마철 젖은 옷을 말릴 수 있고, 부채는 겨울에 화로의 불씨를 살리는 데 사용될 수도 있다. '무용지용(無用之用)'이라는 장자의 말처럼, 언뜻 보아 쓸모없는 것으로 생각되는 것이 도리어 크게 사용될 수도 있는 법이다.

강력 접착제를 개발하던 중 실수로 만들어낸 약하고 끈적임 없는 접착제가 포스트잇(Post-it)으로 거듭난 것처럼, 쓸모없는 것에서 쓸모 있음을 찾는 것, 의외의 혁신들은 그렇게 시작된다.

브랜드 제국으로 일컬어지는 다국적 기업 P&G는 과거 전통적인 비누 제조사였다. 그중에서 가장 대표적인 제품인 아이보리비누의 탄생은 세간에 알려져 있듯 우연한 소산물이었다. 제조 과정에서 실수로 열을 지나치게 가하는 바람에 밀도 높은 공기층이 생겨 물에 뜨는 비누가 탄생했던 것이다. 기존의 무거운 비누는 잃어버리는 일이 잦았기에 물에 뜨는 비누는 많은 사람에게 환호를 받았다. 이후 아이보리비누는 물에 뜨는 비누와의 동의어로 여겨질 정도로 소비자의 뇌리에 각인되었다. 오늘날 생활 소비재 부문에서 타의 추종을 불허하며 수많은 브랜드를 거느리고 있는 P&G의 초석은 그때 그 실패가 마련한 것이었다.

이처럼 모든 실패는 도전 그 자체로 의미가 있다. 정해 놓은 목표에 도달하지 못한다고 하더라도 목표에 도전하는 과정에서 더 나은 해답을 찾을 수도 있다. 또한 실패한 도전에서 의도하지 않았던 새로운 가치를 발견할 수도 있다. 중요한 것은 실패 속에 잠재된 숨은 성공 요인을 찾고, 그것에 새로운 가치를 부여하려는 노력이다.

C랩에서도 '쓸모없음의 쓸모 있음'이 검증되었다. 스마트 헬멧 '어헤드(Ahead)'를 개발한 기업인 '아날로그플러스'의 사례가 대표적이다. '어헤드'는 스키장에서 우연히 만난 김동성 전 스케이트 선수와의 대화에서, 본인들의 아이디어에 대한 확신을 얻었다. 스키를 탈 때 헬멧을 쓰게 되는데, 헬멧을 쓰고 두 손이 자유롭지 않은 상태에서는 전화 통화하기가 어렵다는 것이다. 이 문제를 해결하고자 헬멧을 쓴 채 전화 통화를 할 수 있는 스마트 헬멧인 '어헤드'를 개발했다. 하지만 단가 측면에서 문제에 부딪혔다. 그러나 '아날로그플러스'는 이를 실패로 간주하지 않

C랩처럼 도전하라

고 그 쓸모를 찾기 위해 끊임없이 노력했다. 기존에 개발한 스마트 헬멧에서 '두 손을 쓰지 않고', '헬멧을 쓴 채 통화'하는 가장 간단하고 기본적인 개념에만 다시 집중했다. 그들은 간단한 기능이 탑재된 소형 기기로 기술을 다시 구현하고자 했다.

마침내 어떤 종류의 헬멧이든 외부에 간단히 부착만 하면 되는 저가의 소형 기기를 개발했다. 첫 실패를 딛고, 주목받는 분야의 아이템으로 자리 잡고 있는 '어헤드'는 현재 스키 헬멧뿐 아니라 라이더들에게 안전을 선사하는 딜리버리 분야로 확장하며, 성장 가능성을 확대해나가고 있다.

'굽은 나무가 선산을 지킨다.'고 했다. 겉으로 볼 때 쓸모없어 보이는 탓에 미처 베어나가지 않은 못생긴 나무들이 남아, 결국 선산을 지키는 중요한 역할을 한다는 것이다.

앞서 소개한 포스트잇과 아이보리비누와 같이 마치 쓸모없어 보이는 것도 누군가에게는 혹은 어느 상황에서는 유용한 가치를 제공하는 것처럼, 아무도 관심이 없거나 쓸모없다고 여기는 것으로부터도 유용하고 혁신적인 가치가 탄생할 수 있다.

이처럼 '쓸모없음'이라는 것은 사람들의 잘못된 인식에서 비롯된 성급한 개념일 수 있다. 같은 가치를 누가, 어떻게 생각하느냐에 따라 그 쓸모와 유용함은 얼마든지 달라질 수 있다. 본래의 목적을 달성하지 못했다고 해서 쓸모없는 것이라고 여겼다면, 우리의 일상에 포스트잇과 아이보리비누, 어헤드는 있을 수 없었을 것이다. 확연한 실패로 보일지라도 자세히 보면 성공의 요인도 존재하기 마련이다. 실패를 실패로 묻지 않고, 숨은 가치를 찾아낼 의지와 열정 그리고 도전만이 끈기의 산물이 되어 세상을 변화시키고, 또 앞으로의 미래를 이끌어갈 것이다.

🚀 조직의 혁신을 이끄는 창의적 인재

20대 80의 법칙을 많이 들어봤을 것이다. 우리는 모든 개미가 부지런하다고 생각한다. 하지만 집단에서 약 20퍼센트의 개미만이 열심히 일을 하고, 80퍼센트의 다른 개미들은 빈둥대며 끌려가는 역할을 한다. 더 흥미로운 것은 열심히 일하는 20퍼센트의 개미를 따로 모아두고 관찰하면, 그중에서도 20퍼센트의 개미는 더 열심히 일한다는 것이다. 이는 우리 사회에도 적용되는데, 어떤 조직이든 창의적인 관점과 자신만의 독특한 방식으로 예상치 못한 성과를 창출하는 5퍼센트의 창의적인 인재가 있다.

조직 구성원의 약 5퍼센트는 어떤 환경에 있어도 특유의 이질적인 특성을 발현하는 '특이 인재'다. 규정된 틀이 아닌, 자신만의 새로운 질서와 가치를 만들어내는 인재 유형인 '창의 인재'는 보통 특이 인재 사이에 존재한다. 창의 인재는 사물이나 현상을 전혀 다른 시각으로 보기 때문에 당면한 문제를 기존에 존재하지 않았던 새로운 방식으로 해결하거나 이를 통해 기업을 혁신으로 이끌기도 한다. 애플 창업가 스티브 잡스나 위대한 음악가 모차르트가 대표적인 창의 인재라고 할 수 있다.

일반적으로 조직에는 남들보다 많은 성과를 내며, 기업의 지속적인 성장을 이끄는 고성과자가 있다. 이른바 '핵심 인재'라고 불리는 이들은 회사의 성과 창출과 직결되어 있기에, 기존 조직에서는 핵심 인재의 발굴과 육성의 중요성을 오랫동안 강조해왔다. 하지만 4차 산업혁명을 맞아 빠르게 변화하는 경영 환경에 대응하기 위해서는 위기 상황에서 조직을 구하고 또 예상치 못한 혁신을 주도하는 또 다른 인재 유형인 창의 인재의 중요성에 주목해야 한다.

카이스트(KAIST)의 뇌과학 전문가 김대식 교수는 "가장 창조적인 5퍼센트의 인재는 교육 여부와 상관없이 창조적으로 행동한다. 이들은 그냥 내버려두는 것이 가장 좋다."라고 말한다. 이들 특유의 창의적이고 이질적인 특성은 교육이나 훈련으로 만들어지는 것이 아니라, 말 그대로 '타고난' 특성이라는 것이다. 그렇다면 우리는 창의 인재를 어떻게 찾아낼 수 있을까? 창의 인재는 어떠한 기준으로 선별하거나 육성할 방법도 없다. 그들의 창의성은 생활 속에서 자연스럽게 드러나기 마련인데, 주로 조직에서는 새로운 일에 많이 도전하는 사람일수록 창의 인재일 가능성이 높다고 볼 수 있다.

미국 실리콘밸리에는 창의 인재들이 수많은 시도를 하고, 그들의 창의성을 수용하는 문화와 생태계가 잘 조성되어 있다. 조직 내 개인의 이질적 특성은 개성으로 발현되고, 그들의 창의성을 수용하는 것은 조직의 당연한 도리라고 여긴다. 그에 비해 한국은 정해진 틀을 깨고 새로운 도전을 하는 창의 인재가 스스로 빛을 발하기에 어려운 환경이라는 게 안타깝기만 하다.

누구나 자신의 비범함을 실현할 가능성이 있다. 그들에게 내재된 재능을 끌어주고, 마음껏 펼칠 수 있는 환경을 조성하는 것은 조직이 필수적으로 추구해야 할 방향이다. 창의력을 북돋아주고 또 영감을 불어넣으려는 시도조차 없이 탁월한 성과만을 바라는 조직이라면 더 나은 성장은 있을 수 없다.

혁신을 바라는 조직이라면 자신도 알지 못하는 개인의 숨은 재능을 찾을 수 있는 기회를 제공하고, 그 재능을 발휘할 수 있는 무대를 마련해주는 탤런트 액셀러레이터로 거듭날 준비를 해야 한다. 이제까지와는 다른 과감한 시각을 허용하는 조직만이 위기를 극복하고 혁신으로 나아갈 수 있다.

🚀 아이디어도 유통 기한이 있다

사람들의 머릿속은 온통 아이디어로 가득 차 있다. 사람은 하루 종일 생각하며 시간을 보내게 되는데, 매 순간 아이디어를 떠올렸다가 금세 잊어버리곤 한다. 모든 먹거리에는 유통 기한이 있는데, 아무리 귀하고 좋은 먹거리라 할지라도 유통 기한이 지나면 그 가치는 사라지기 마련이다. 아이디어 역시 마찬가지다. 아무리 번뜩이는 아이디어라고 할지라도 그 아이디어가 제 가치를 발휘할 수 있는 기한이 지나면 그저 쓸모없는 한때의 생각일 뿐이다.

스마트폰 배터리를 급속 충전해주고 교환해주는 사업 아이템이 잘나가던 때가 있었다. 하지만 시대의 흐름에 따라 일체형 스마트폰이 시장의 주류를 선점하며, 이 아이템은 시장에서 점점 소멸해갔다. 시대와 때를 잘 만난 아이디어가 한 시대를 이끌고 난 뒤 자연스럽게 소멸한 사례라고 볼 수 있다. 이 아이디어가 스마트폰이 없었던 시대에 나타났거나 일체형 스마트폰이 주류를 이룬 이후에 나타났더라면 무용지물이 되었을 것이다.

이처럼 아이디어에는 필요한 '때'가 있다. 그래서 떠오르는 아이디어는 즉시 공개하고, 그 아이디어를 발전시켜야 한다. 적당한 타이밍에 나타난 하나의 번뜩이는 아이디어는 다양한 사람의 생각이 더해지고 발전하면서 더 큰 아이디어, 더 큰 성공으로 나아갈 수 있다.

좋은 아이디어는 출시가 빠르면 빠를수록 좋다고 생각할 수 있다. 하지만 이와 반대로, 실제로 빨리 출시되었다면 실패작으로 돌아갔을 법한 경우도 무수히 많다. 어떤 아티스트는 살아 있을 때 그 가치를 평가받지 못하다가 세상을 떠난 후에야 비로소 그의 작품이 크게 인정받는 경우도 있다. 아이디어 역시 마찬가지다. 유튜브가 몇 년 일찍 서비스를 시작했더라면 크게 흥행하지 못했을 것이다.

유튜브가 서비스를 시작할 무렵에는 실제로 비즈니스 모델이 뚜렷하지 않았기 때문에 서비스가 실행될 수 있을지 회의적인 분위기였다. 하지만 타이밍이 모든 것을 해결했다. 출시된 지 얼마 지나지 않아 미국 광대역 인터넷 보급률이 50퍼센트를 넘어서고 어도비 플래시가 출시되며, 유튜브의 아이디어를 구현할 만한 웹 서버 장치와 속도 역시 쉽게 구현되었다. 이처럼 미디어 플랫폼의 최강자로 불리는 유튜브 역시 타이밍이 성공과 실패를 결정했다.

미국에 초기 벤처기업을 육성하는 인큐베이터로 활동하는 '아이디어랩(Idealab)'이라는 회사가 있다. 아이디어랩의 대표 빌 그로스(Bill Gross)는 100여 개의 벤처 창업에 도전하면서 수많은 성공과 실패의 과정에서 스타트업이 성공할 수 있는 중요한 요소를 깨달았다. 그는 벤처의 성패를 좌우하는 요인에 관심을 두고, 수백 개의 벤처기업 사례를 모아 성공 요인을 분석했다.

그가 분석한 벤처기업의 성공 요인 다섯 가지 가운데 기업의 성패를 좌우하는 가장 중요한 요인은 '타이밍'이었다. 즉 팀의 능력, 아이디어,

비즈니스 모델, 펀딩 요인을 제치고 가장 중요한 성공 요인이 바로 '적정한 때'로 나타난 것이다. 아이디어가 너무 늦어서 너무 많은 경쟁자가 있는 것은 아닌지, 아이디어가 너무 시대를 앞지른 것은 아닌지를 고민하는 것이 기업의 성패를 좌우할 수 있다.

"인생은 타이밍"이라는 말도 있다. 혁신과 아이디어도 마찬가지다. 스타트업에게 실행력과 아이디어의 우수함은 중요하다. 하지만 어떤 아이디어가 현 시장을 장악하기 위해서는 아이디어를 내는 것 못지않게 현재의 흐름, 즉 타이밍을 놓치지 않는 것도 그만큼 중요하다. 기발한 아이디어를 '나'만 생각하고 있다는 것을 보장할 수 없기 때문이다.

지금 이 순간에도 타이밍을 놓쳐 망연자실하는 창업자들이 전 세계에 수두룩하다. 아이디어가 유통 기한을 지나기 전에 즉시 공개하여 협력의 힘을 발휘해야 시장을 선도하는 기술로 발전할 수 있다.

🚀 보이지 않는 무형의 힘

아프리카에는 "한 아이를 키우려면 온 마을이 필요하다."라는 속담이 있다. 어린아이를 키우는 데 온 마을 사람들이 도와야 한다는 말이다. 이는 스타트업의 성장에서도 마찬가지다. 사람의 성장에 빗대자면 아직 미성숙한 단계에 있는 초기 기업들은 향후 굴지의 기업으로 성장하기 위해 다양한 분야의 많은 조력자가 필요하다.

시대가 변하면서 기업 경영에 있어 중요한 요소들이 계속해서 변화하고 있는데, 특히 스타트업에서는 혁신적인 아이디어와 도전적인 사업

C랩처럼 도전하라

모델만큼이나 네트워킹의 중요성이 강조되고 있다. 보이지 않는 무형의 조력이 스타트업의 '스케일업(Scale-up)'을 이끄는 열쇠가 될 수 있다.

제2벤처붐이라고 불릴 만큼 벤처 창업에 대한 정부의 관심과 지원이 여느 때보다 증가한 지금, 누구나 쉽게 창업할 수 있다. 정부는 일자리 창출과 경제를 활성화하기 위해 국가 차원에서 창업을 적극 권장하고, 창업자들은 제2의 네이버 혹은 카카오를 꿈꾸며 창업에 도전한다. 그러나 번뜩이는 아이디어와 전략으로 첫 도전에는 성공하지만, 이른바 죽음의 계곡을 만나 소리 소문 없이 사라지는 기업들을 많이 보게 된다.

그렇기에 스타트업에 있어 진정한 과제는 외형 확대와 성장을 뜻하는 '스케일업'이라고 할 수 있다. 스타트업의 진정한 가치는 스케일업에서 나오기 때문이다. 창업가가 스케일업으로 가는 길에 겪는 무수한 어려움에는 자금 압박, 조직 관리, 리더십 등 다양한 것들이 있다. 그런데 이러한 어려움과 위험 부담을 창업자 개인에게만 오롯이 전가한다면, 우리 사회에 제2 혹은 제3의 성공 창업 기업의 탄생은 불가능한 미래일 수 있다.

아무리 뛰어난 사람이라고 할지라도 세상은 거대한 반면, 개인은 점 하나에 불과하다. 세상을 바꾸는 흐름을 만들려면 수많은 점이 모여 네트워크를 구축해야 한다. 세상을 바꾸는 혁신적인 기업 역시 수많은 조력자의 보이지 않는 도움이 필요하다. 미래의 혁신적인 기업을 만들어 가기 위해 특별한 누군가의 도움이 아닌, 모든 사회 구성원이 한 기업의 성장을 위해 '하나의 마을'이 되어야 한다.

전 세계 여행자들에게 개인의 생활 공간을 공유하는 숙박 플랫폼인 에어비앤비(Airbnb)는 시장에 처음 진출했을 때, 기존의 호텔 산업이라는 거대한 상대와 경쟁해야 했다. 하지만 에어비앤비의 창업자는 네트워크를 통해 성장의 기회를 찾을 수 있었다. 창업 초기에 유명한 투자자들과 연결되어 초기 성장에 필요한 자금을 조달받았고, 이로써 스케일업의 기반을 마련했다. 이뿐만 아니라 생소한 개념에 대한 시장의 인식을 높이기 위해 여행업계에서 다양한 경험을 갖춘 사람들의 도움을 받아 시장 동향을 파악하며, 적절한 파트너십을 형성했다. 더욱이 초기에 소셜 네트워크를 활용해 홍보를 강화한 덕분에 기존 사용자들이 새로운 고객들에게 서비스를 소개하고 확산시킬 수 있었다. 이렇듯 네트워크라는 무형의 힘을 활용해 무수히 연결한 덕분에 에어비앤비가 초기 성장 단계에서 경쟁사를 앞지르고 글로벌 플랫폼으로 성장할 수 있는 기반을 마련할 수 있었다.

이처럼 창업은 일단 시작하고 나면 그 후의 성공은 네트워크에 의해 크게 좌우될 수 있다. 좋은 팀원을 모으는 팀빌딩 단계부터, 초기 자금 및 거래처를 확보하는 것을 비롯해 사업의 수많은 부분에 선배의 조언이 필요할 때, 주변 네트워크의 도움은 많은 힘이 된다.

최근 정부와 지방자치단체에서도 기업의 성장을 돕기 위해 각종 창업 지원 정책과 사업을 펼치고 있고, 성공한 선배 기업인들은 후배 기업인들을 위해 기꺼이 노하우를 전수하려고 하고 있다. 그러므로 창업자들 역시 스케일업을 위한 네트워크의 중요성을 명확히 인식하고, 적극적인 네트워킹에 착수해야 한다. 물론 이 과정에서 직면하는 어려움도 적지 않겠지만 무형의 힘을 활용해 얻게 될 가치는 그 어떤 것보다 클 것이다.

C랩처럼 도전하라

CHAPTER 9

스케일업을 대비하라!

스타트업 생태계에서 '스케일업'이란 단어가 자주 등장한다. 스케일업은 신생 벤처기업의 규모와 성장이 빠르게 확대되는 현상을 말한다. 2022년 한국의 기술창업 기업 수는 22만 개로 역대 최대치를 기록했다. 이는 '제2 벤처붐'이라고 불릴 만한 현상이다. 그러나 스타트업의 생존율은 여전히 낮다. 네 개 스타트업 중 한 개만이 5년 이상 생존하는 것으로 나타났다.

스케일업 비율은 그보다 더 낮아 과학기술정책연구원의 2019년 자료를 보면, 한국의 스케일업 비율은 6.5퍼센트에 불과하다. 이는 영국(12.9퍼센트)과 이스라엘(11.4퍼센트)의 절반 수준이다. 벤처기업협회의 조사

결과도 비슷한 실정을 보여준다. 2023년 기준으로 전체 벤처기업 중 매출 1,000억 원 이상인 '천 억 벤처'의 비중은 2.2퍼센트에 그쳤고, 매출 성장률이 20퍼센트 이상인 고성장 기업도 4.8퍼센트에 불과했다.

위 통계들은 보면, 한국 벤처기업의 성장 과정이 여전히 험난하다는 것을 알 수 있다. 스타트업이 양적으로는 증가하고 있지만 질적 성장과 지속 가능한 발전은 여전히 큰 과제로 남아 있다.

창업 초기부터 스케일업 준비하기

"우리는 스타트업이니까 괜찮아."
"우리는 규모가 작으니까 괜찮아."
"우리는 지금 잘하고 있으니까 괜찮아."

이런 생각은 스타트업을 위험한 함정으로 이끈다. 스타트업이 명심해야 할 점은 미리 대비하고 준비하지 않으면 괜찮지 않고, 나중도 없다는 것이다. 그래서 창업 단계부터 성장을 위한 '스케일업'을 준비해야 한다.

일반적으로 기업이 성장기에 접어들면 조직의 규모가 급격히 커지며 업무량이 폭증한다. 이때 스타트업 경영자들이 여러 경영상의 어려움에 직면한다. 예컨대, 갑작스럽게 늘어난 인력 수요를 어떻게 충족할 것인가, 신규 직원들과 초기 멤버들 간의 조직문화 차이를 어떻게 조화시킬 것인가, 조직의 규모가 확대됨에 따라 구성원들의 역할은 어떻게 재조정할 것인가, 구성원들의 역량과 성과의 차이를 어떻게 평가하고 보상에 반영할 것인가 등등을 고민하게 된다.

이러한 문제들에 직면할 때 해결 방향을 리드하는 것이 바로 창업자의 준비된 구상이다. 초기에 창업자가 구상한 경영의 청사진은 회사의 성장 경로, 체계화 방향, 문화 형성 등에 지대한 영향을 미친다. 이는 스탠포드 대학의 배론(Baron)과 해난(Hanan) 교수가 실리콘밸리에 세워진 벤처기업들을 대상으로 수년 동안 추적 조사한 연구 결과[1]에서도 잘 나타난다. 연구 결과는 창업자가 창업 초기에 구상한 경영 청사진이 그 기업들의 향후 발전과 성과에, 강하면서도 지속적인 영향을 미친다는 점을 보여주었다. 경영에 대한 구상은 단기적으로는 불필요해 보일 수 있다. 창업자에게는 당장 해결해야 할 과제들이 산적해 있기 때문이다. 하지만 장기적 성공과 지속 가능한 성장을 위해서는 반드시 필요한 과정이다.

창업 초기부터 스케일업을 준비한 창업자는 조직 성장에 따른 변화에 적절히 대응할 수 있다. 반면, 사전 준비 없이 시장 변화에 임기응변식으로 대처하면 성장 기회를 놓치고, 또 시장에서 퇴출될 위험이 높아진다.

경영의 세계로 진입하는 여정의 스케일업

스타트업의 스케일업은 단순히 규모와 성장이 빠르게 확대되는 것을 가리키기보다는 아이디어와 기술의 세계에서 경영의 세계로 진입하는 여

---

1 Baron & Hannan, 2020. Organizational blueprints for success in high-tech start-ups: Lessons from the Stanford Project on Emerging Companies, California Management Review, 44(3), 8-36.

정이라고 할 수 있다.

이 여정의 한 예로, 세계적인 애니메이션 제작사인 픽사(Pixar)를 들여다보자. 에드 캣멀(Ed Catmull)은 컴퓨터 그래픽 기술을 애니메이션에 접목하겠다는 꿈을 안고 픽사를 이끌었다. 1995년 「토이 스토리」의 성공으로 그의 꿈은 현실이 되었고, 픽사는 주식 상장을 통해 큰 성장을 이뤘다. 그러나 꿈을 이룬 후 캣멀은 예상치 못한 공허함과 새로운 경영 과제들에 직면했다. 기업 규모가 커지면서 인력 관리, 주주 관계 그리고 다양한 업무 문제들이 쏟아졌다. 이러한 도전에 직면했던 캣멀은 실리콘밸리의 스타트업체들을 관찰하기 시작했다. 그는 많은 기업이 초기 성공 후 급격히 몰락하는 패턴을 발견했다. 이를 통해 그는 중요한 깨달음을 얻었다. 기업을 성공으로 이끄는 것도 어렵지만 그 성공을 유지하는 것은 더욱 어렵다는 것이다.

캣멀은 많은 경영자들이 자신의 기업이 직면한 문제를 제대로 인식하지 못한다고 판단했다. 그들은 외부 경쟁에만 집중한 나머지 내부의 잠재적 위험을 간과하는 경향이 있었다. 이에 캣멀은 자신의 경영철학을 새롭게 정립했다. 그는 구성원들이 최고의 능력을 발휘할 수 있는 환경을 조성하고, 창의적 기업 문화를 위협하는 내부 요인들을 지속적으로 찾아 제거하는 데 집중했다.

이러한 접근법은 "가이마상득천하 불가이마상치천하(可以馬上得天下 不可以馬上治天下)"라는 고사성어와 맥을 같이한다. 이는 "말 위에서 천하를 얻을 수는 있지만 말 위에서 천하를 다스릴 수는 없다."라는 뜻으로, 창업의 길과 수성의 길이 다르다는 것을 시사한다. 특히 기술 전문가로 시작해 경영자가 된 이들에게 이는 중요한 교훈이 된다.

C랩처럼 도전하라

이러한 깨달음을 바탕으로 캣멀은 경영자로서 새로운 목표를 세웠다. 그는 우선 구성원들이 서로 협력하며 자신들의 능력을 최대한 발휘함으로써 최고의 결과물을 만들어낼 수 있는 환경을 조성하고자 했다. 또한 그러한 환경을 위협하는 요인들이 내부에 도사리고 있지는 않은지 항상 경계함으로써, 픽사에 생명력을 불어넣는 창의적 기업 문화가 뿌리내리게 하겠다는 의지를 다졌다.

캣멀의 이러한 경영철학은 구성원들이 회사에 기여할 능력과 기여하려는 욕구가 충분히 있다는 가정에서 출발했다. 그리고 의도한 것은 아니지만 기업 내에 구성원들의 재능을 억누르는 요인들이 항상 있다는 사실을 인정하고, 이를 파악해 제거하기 시작했다.

벤처기업의 성장 과정은 여러 단계를 거친다. 원천기술 개발, 시제품 제작, 시장 테스트, 제품 개발 및 양산 그리고 본격적인 시장 진출 등이다. 각 단계마다 자금을 확보하는 게 중요한 과제가 되며, 이는 특히 초기 단계에서는 기업의 생존을 좌우하는 핵심 요소가 된다.

많은 스타트업이 이 과정에서 '데스 밸리'로 불리는 위기를 겪는다. 수익이 발생하지 않는 상태에서 자금과 인력을 지속적으로 투입해야 하는 시기다. 이 단계를 무사히 넘어 초기 시장에 진입해도 또 다른 도전이 기다린다. 대중화 단계에서 수요가 정체되거나 후퇴하면서 주류 시장으로 진입하는 데 어려움을 겪을 수 있기 때문이다.

기업의 규모가 커짐에 따라 조직 경영의 중요성이 더욱 부각된다. 라쿠텐(Rakuten)의 CEO 미키타니 히로시(三木谷浩史)가 언급한 '3과 10의 규칙'에 따르면, 창업자 1인에서부터 3배수와 10배수(3, 10, 30, 100, 300, 1,000, 3,000 등)로 인력의 규모가 확대될 때마다 조직 경영의 측면에서 변화가 요구되는 위기가 찾아온다고 한다. 즉, 직원 수가 세 배 늘어날 때마다 조직의 복잡성은 세 배가 아니라 거의 27배로 늘어난다는 것이다. 쉽게 말해, 직원들 간의 소통이 어려워지고, 그로 인해 숨겨져 있던 갈등이 터지면서 조직문화가 바뀌기도 한다는 의미다.

이러한 위기는 급성장의 기회와 함께 종종 찾아온다. "꼬리가 몸통을 흔든다."라는 표현처럼, 원칙을 세우지 않은 상태에서 급성장만을 좇다 보면 이런 위기를 만나게 되는 것이다. 여기에서 꼬리는 단기적 성과, 당장 현금을 확보하기 위한 부수 사업, 인력의 수요를 당장 충원해야 하는 것 등을 가리킨다. 그에 반해 중장기적 지속 성장, 기업이 추구하는 업(業)의 본질과 주력 사업, 건강한 조직문화 등이 몸통에 해당한다.

이러한 현상은 사우스웨스트(South West) 항공사와 피플익스프레스(People Express) 항공사의 대비에서 잘 드러난다. 둘 다 미국의 중저가 항공사로, 1980년대 중반까지 건강한 조직문화에 기반해 꾸준히 성장했다. 그러나 1980년 후반기부터 이 두 항공사의 운명은 갈렸다.

사우스웨스트 항공사는 창업 초기부터 재미와 팀워크라는 조직문화를 유지하면서, 그 조직문화가 수용할 수 있는 범위에서 사업을 확장해 나갔다. 창업 이래 미국에서 항공 산업에 여러 차례 불어닥친 외부적 충격들이 있었지만 그때마다 효과적으로 대응하면서 지금까지 꾸준히 성장하고 있다. 반면, 피플익스프레스 항공사는 1980년대 말까지 틈새시장에서 잘나가던 기세를 몰아 주류 항공사들과의 노선 경쟁에 직접 뛰어들며 시장을 급속하게 확장해나갔다. '해볼 만한 게임'이라는 생각이 들었던 것일까? 그동안 탄탄한 조직문화와 구성원들의 헌신을 바탕으로 그럴 만한 실력을 충분히 갖췄다고 판단했던 것이다. 그러나 이처럼 과도한 스케일업을 추구하다보니, 업무량이 급격히 증가함에 따라 '급한 불을 끄다는 심정'으로 인력을 충원하는 것이 불가피해졌다. 이로 인해 기존 구성원들의 헌신과 조직문화를 허물어뜨리기 시작하며, 결국 1991년에 파산에 이르게 되었다.

이러한 사례에서 알 수 있듯이, 경영 면에서 준비되지 않은 스케일업은 성장의 기회를 잃게 만드는 결과를 초래할 수 있다.

🚀 건강한 조직문화 구축하기

스타트업의 성공에는 다양한 요소가 작용하지만, 그중에서도 건강하고 역동적인 조직문화를 구축하는 것은 매우 중요하다. 잘 형성된 조직문화는 직원들의 만족도를 높이고, 일하는 방식과 관계 형성에 긍정적인 영향을 미치며, 회사에 대한 신뢰와 자긍심을 고취시킨다. 특히, 스타트업이 성장하면서 인력의 규모가 커질 때, 체계적인 관리와 원활한 커뮤니케이션을 위해 조직문화의 중요성이 더욱 부각된다.

건강한 조직문화는 구성원들 간의 상호작용을 원활하게 하고, 의견 조율과 협력을 촉진하며, 갈등 비용을 줄이는 등 기업의 비전을 달성하기 위해 구성원들의 힘을 모으는 데 많은 도움이 된다.

스타트업 환경의 높은 변동성과 불확실성 그리고 MZ세대가 주도적 세력으로 부상하고 있는 세대 교체의 현실을 고려할 때, 건강하고 역동적인 조직문화를 구축하기 위해 스타트업이 주목해야 할 세 가지 핵심 요소가 있다.

① 수평적 조직문화의 구축

권위적이고 위계적인 조직문화에서는 자유로운 의견 교환과 정보 공유가 어려운데, 이런 경우에는 급변하는 환경에 유연하게 대응하지 못해 경쟁력을 잃을 수 있다. 많은 기업이 직급과 호칭을 없애고 이름을 부르게 하는 등 변화를 시도하고 있지만 이는 시작에 불과하다.

수평적 조직문화의 본질은 직급이나 나이에 상관없이 각자의 전문성과 실력으로 일할 수 있는 환경을 만드는 것이다. 이를 위해서는 리더의 역할이 중요하다. 리더는 직급과 직위에서 오는 특권을 내려놓고 모든 구성원을 동등하게 존중해야 한다. 또한 낮은 직급의 구성원들도 의견을 자유롭게 개진할 수 있도록 발언권을 보장해야 한다. 리더의 이러한 태도와 행동이 조직문화의 수준을 결정짓는다.

② 자율적 조직문화의 조성

스타트업은 규모나 대우 면에서 대기업에 비해 열세이다. 그러므로 직원들의 자긍심을 높이고 우수한 인재를 유치하기 위해서는 미래 비전과 함께 자율적 조직문화가 필수적이다. 전통적인 중앙 집중식 관료주의 조직문화에서는 구성원들이 역량을 발휘하거나 동기 부여를 하는 데 제한적이다. 그러나 자율적 조직문화는 이러한 문제를 해결할 수 있다.

구성원들이 업무를 수행할 때 자율권을 갖게 하고, 경영자는 지나친 마이크로 매니지먼트(Micromanagement), 즉 리더나 관리자가 사소한 세부 사항에 대해 과도한 통제와 세심한 주의를 기울이는 것을 자제해야 한다. 넷플릭스의 "직원에게 맥락을 전달하되 통제하지 말라."는 원칙은 좋은 예다. 이는 우수한 직원들이 업무의 배경과 맥락만 잘 알면 더

C랩처럼 도전하라

높은 성과를 창출할 것이라는 믿음에 기반한다.

자율성이 부여되면 구성원들은 주인의식을 갖고 업무에 몰입하며, 내적 동기가 높아지고, 또 성장에 대한 자신감과 갈망이 커진다. 이는 곧 스타트업의 경쟁력 향상으로 이어진다.

③ 포용적 조직문화의 형성

창의성과 혁신은 익숙한 것과 생소한 것이 만나는 지점에서 발현된다. 익숙한 것을 낯설게 바라보는 발상의 전환이 이루어질 때 비로소 창의성과 혁신이 일어난다. 따라서 새롭고 낯선 것, 이질적이고 다양한 것에 대해 개방적이고 포용적인 문화를 만드는 것이 중요하다.

포용적 조직문화가 조직의 DNA로 자리 잡으면 스케일업 과정에서 불가피하게 발생하는 가치와 목표 간의 갈등과 긴장을 잘 견뎌낼 수 있다. 더 나아가 이러한 갈등과 긴장을 창조적 혁신으로 전환시킬 수 있는 저력을 갖게 된다. "창의적 인재가 있는 것이 아니라 창의적 조직문화가 있을 뿐이다."라는 말은 이러한 맥락에서 중요한 의미가 있다. 아무리 뛰어난 인재라도 배타적 조직문화에서는 제 능력을 발휘하기 어렵지만 생각을 자유롭게 표현하고 연결할 수 있는 환경에서는 평범한 구성원들도 뛰어난 결과물을 만들어낼 수 있다.

이러한 세 가지 특성을 바탕으로 한 건강한 조직문화를 구축하는 것은 스타트업의 성공을 위한 핵심 전략이 될 수 있다. 이는 단순히 직원들의 만족도를 높이는 것을 넘어, 기업의 혁신과 성장을 위한 근본적인 토대를 마련하는 것이다.

건강한 조직문화를 구축하는 것은 단순히 기업 내부의 문제로 그치지 않는다. 이는 고객, 파트너, 투자자 등 외부 이해관계자들에게도 긍정적인 영향을 미친다. 건강한 조직문화가 형성된 기업은 더 나은 제품과 서비스를 제공할 가능성이 높은데, 이는 기업의 평판과 브랜드 가치 향상으로 이어진다. 그러나 이러한 조직문화의 변화는 하루아침에 만들어지지 않는다. 리더와 구성원이 모두 지속적으로 노력하고 또 실천하는 것이 중요하다. 리더는 솔선수범함으로써 변화를 주도해야 하며, 구성원들은 새로운 문화에 적응하며 이를 내재화하려는 자세가 필요하다.

한편, 조직문화는 고정된 것이 아니라 계속해서 진화하는 유기체와 같다. 따라서 지속적인 모니터링과 개선이 필요하다. 정기적으로 구성원들의 피드백을 수렴하고, 외부 환경의 변화를 반영하며, 조직문화를 유연하게 조정해나가야 한다.

🚀 양손잡이 조직 만들기

기업이 시장에서 경쟁력을 확보하고 유지하는 과정은 효율과 혁신이 짝을 이뤄 춤을 추는 커플 댄스와 같다. 조직 이론의 대가 짐 마치(James G. March) 교수는 "기업은 기본적으로 두 가지를 추구한다. 하나는 이미 가진 것을 잘 활용하는 것이고, 다른 하나는 새로운 것을 찾아 탐색하는 것이다."라고 말했다. 전자는 효율을 높이는 활동이며, 후자는 혁신을 이루려는 활동이다.

기업이 보유한 자원 활용을 최적화해 기존 제품이나 서비스에서 경쟁

C랩처럼 도전하라

사들보다 효율성을 높이지 못하면 경쟁력과 수익성을 확보할 수 없다. 동시에 적극적인 탐색 활동과 혁신을 통해 급변하는 경영 환경에 선제적으로 대응하지 못하면 변화의 흐름에 휩쓸려 떠내려갈 수밖에 없다.

효율과 혁신이 조화롭게 유지되는 조직을 만드는 것은 쉽지 않다. 효율과 혁신은 서로 상충되는 원리와 특성이 있기 때문이다. 효율은 불확실성을 최대한 제거해 기업이 원활하게 돌아가게 해야 하므로 보수적인 특성을 가지고 있고, 혁신은 불확실성을 최대한 활용해 변화하는 시장에서 새로운 기회를 찾아내야 하므로 진취적인 특성을 갖는다.

효율성을 극대화하기 위해서는 업무를 적절히 나눠 분업화, 표준화, 전문화해야 한다. 업무 담당자들의 역량에 따라 업무의 질이 들쑥날쑥하거나 업무의 경계가 모호해서는 안 된다. 잦은 시행착오나 자원의 낭비도 최소화해야 한다. 구성원들이 분업 체계 내에서 각자의 역할을 실수 없이 수행해야 하며, 인력 낭비가 발생하지 않도록 업무량에 맞는 필요 인력의 규모를 산출해 정교하게 관리해야 한다.

반면, 탐색과 혁신은 새로운 길을 개척하는 것이다. 따라서 사전에 예측하기 어렵고 시행착오와 실패를 겪을 가능성이 높다. 효율성을 위해 부과된 정교한 업무로 인해 구성원들이 여유를 갖지 못할 수 있고, 실패를 감수한 새로운 시도의 결과가 개인에게 불이익으로 돌아올 수도 있다. 이러한 상황에서는 창조적 탐색과 혁신이 나오기 어렵다.

오라일리와 투시먼 교수는 이처럼 상반되는 두 임무를 효과적으로 수행하는 조직을 '양손잡이 조직'[2]이라고 불렀다. 리더는 점진적 개선과

2 찰스 오라일리 · 마이클 투시먼(조미라 역), 『리드 앤 디스럽트』, 처음북스, 2020.

고객에 대한 관심, 엄격한 시행을 통해 성숙한 비즈니스에서 성공하는 동시에 속도와 유연성, 실수에 대한 관용이 필요한 새로운 비즈니스에서 경쟁할 수 있는 조직을 만들어야 한다. 이 두 가지를 모두 할 수 있는 능력이 '양손잡이 능력'이며, 이는 지속 가능한 성장을 이어가기 위해 리더가 갖춰야 할 핵심 역량이다.

한편, 기업의 생존과 성장은 환경과의 적합성에 크게 좌우된다. 오늘날 기업들은 빠르게 변화하고 불확실성이 높은 뷰카 환경에 직면해 있다. 이러한 환경은 기업에게 위기이자 기회다. 환경 변화에 빠르고 유연하게 대응할 수 있는 조직은 새로운 기회를 포착해 도약할 수 있지만, 그렇지 못한 조직은 도태될 위험이 크다. 과거 20세기에 효율성을 바탕으로 성장했던 많은 기업이 혁신적인 신생 기업들의 도전을 받아 경쟁에서 밀려난 수많은 사례를 볼 수 있다.

빠르고 유연한 조직의 핵심은 단순한 구조에 있다. 조직 구조가 복잡해질수록 운영의 유연성이 떨어지고 관리 비용이 증가한다. 또한 복잡한 조직에서는 소통이 원활하지 않고, 환경 변화에 적응하려고 해도 복잡한 이해관계 때문에 의견을 조율하는 게 어렵다. 게다가 투명성이 낮아져 정보의 비대칭이 커지면서 구성원들의 도덕적 해이 가능성도 높아진다.

이러한 맥락에서 주목받는 조직 형태 중 하나가 '홀라크라시'다. 홀라크라시는 관리자 직급을 없애고, 모든 구성원이 동등한 지위에서 업무를 수행하는 파격적이고 실험적인 조직 형태다.

홀라크라시 조직의 주요 특징은 세 가지로 요약된다. **첫째, 보스가 없는 수평적 구조다.** 문제나 기회가 감지되면 해당 역할 담당자나 서클이 주도적으로 해결책을 모색한다. **둘째, 자체적으로 진화하는 조직이다.**

구성원들이 현실과 새로운 가능성 사이의 간극에서 긴장을 포착하면, 그에 따라 새로운 역할이나 서클이 생성되거나 기존의 것들이 해체되는 등 유기적으로 변화한다. **셋째, 유연하고 역동적인 조직이다.** 조직 구조와 역할이 환경 변화에 맞춰 지속적으로 조정되며 진화한다.

이러한 홀라크라시 체계를 성공적으로 도입한 기업들이 있다. 미국의 토마토 가공업체인 모닝스타(Morning Star)는 창업 초기부터 홀라크라시를 채택해 50여 년간 업계 평균보다 10배 빠르게 성장했다. 국내에서는 핀테크 기업 토스(Toss)와 AI 기업 보이저엑스(VoyagerX)가 홀라크라시를 적용하여, 권한을 분산하고 직원들이 의사결정 과정에 더 직접적으로 참여할 수 있도록 함으로써 더 역동적이고 유연한 업무 환경을 조성하고 있다.

홀라크라시 조직은 매우 파격적이기 때문에 즉각적인 도입은 쉽지 않을 수 있다. 그러나 그것이 지향하는 원리를 깊이 이해하고 조직 구조를 설계하는 데 참고한다면, 많은 도움이 될 수 있다. 홀라크라시가 추구하는 수평적 구조, 자율성, 유연성 그리고 환경 변화에 대한 민첩한 대응 능력은 현대 기업이 갖춰야 할 중요한 요소들이다.

또한 이러한 원리를 적용할 때는 조직의 특성과 문화를 고려해야 한다. 완전한 홀라크라시를 도입하는 것이 어렵다면 일부 팀이나 프로젝트에 제한적으로 적용해보는 것도 좋은 방법이다. 또한 의사결정 과정에서 투명성을 높이고, 구성원들의 자율성과 책임감을 키우는 방향으로 조직문화를 변화시켜나가는 것도 중요하다.

홀라크라시의 핵심은 환경 변화에 빠르게 적응하고 구성원들의 잠재력을 최대한 이끌어내는 것이다. 이는 조직 구조를 단순히 변화시키는 것만으로 이루어지는 것이 아니라 리더십과 조직문화의 전반적인 변화를 수반해야 한다. 따라서 기업은 홀라크라시의 원리를 참고하되, 자사의 상황과 문화에 맞는 방식으로 조직의 유연성과 적응력을 높이는 방안을 모색할 필요가 있다.

🚀 인사 체계와 고용 브랜드 구축하기

스타트업의 성장 과정에서 인사 체계를 수립하는 것은 조직 관리의 핵심이다. 초기 단계에서는 소수의 핵심 인력이 모든 업무를 담당하며, '내 회사'라는 마인드로 헌신적으로 일하기 때문에 체계적인 인사 방침이 크게 중요하지 않을 수 있다. 그러나 기업이 성장하고 직원 수가 증가하면서 인사관리에 대한 고민이 본격화된다. 이 시점에서 우수한 인재를 확보하고, 또 적재적소에 배치함으로써 최적의 성과를 낼 수 있도록 지원하는 것이 스타트업 인사관리의 핵심이 된다.

투명하고 공정한 인사 체계를 구축하는 것은 스타트업이 성장하는 데 필수 요소가 된다. 특히 보상 방침의 투명성과 공정성이 중요하다. MZ 세대를 중심으로 한 젊은 세대는 공정성에 대한 요구가 매우 높으며, 자신이 투명하고 공정하게 평가받고 있다고 느낄 때 더 높은 생산성을 보인다.

보상의 효과를 극대화하기 위해서는 연말에 보상을 일괄적으로 지급하는 방식보다 인정할 만한 성과가 있을 때 즉각적으로 보상을 제공하는 것이 효과적이다. 또한 금전적 보상을 넘어 경험을 통한 보상도 중요하다. MZ세대에게 경험은 미래를 위한 투자로 인식되므로, 구성원들에게 특별히 기억되고, 또 업무 몰입도를 높일 수 있는 경험을 제공하는 것이 중요하다.

인사 체계 수립 시 구성원들의 역할과 책임(R&R)을 명확하게 정의하되, 서로 연결되도록 하는 것이 필요하다. 스타트업의 특성상 한 사람이 여러 업무를 맡는 경우가 많지만 이러한 상태가 지속되면 문제가 발생할 수 있다. 책임이 불분명하면 구성원의 기여도가 모호해지고 업무 효율이 떨어진다. 그러나 책임의 경계를 너무 경직되게 나누면 예기치 못한 책임의 사각 지대가 생기거나 자기 부서의 이익만을 추구하는 '사일로 현상(Silo Effect)', 즉 조직 내 부서 간 장벽이나 부서 이기주의 현상이 발생할 수 있다. 따라서 책임을 명확히 하면서도 느슨하게 연결해 협업이 가능하도록 해야 한다. 구성원들이 일의 전체 흐름과 그 속에서 자신이 맡은 일의 의미를 이해할 수 있도록 하는 것이 중요하다.

스타트업의 성과는 결국 사람과 팀워크에서 나온다. 따라서 조직에 필요한 일을 믿음직스럽게 해내면서 팀 전체에 긍정적인 영향을 미치는 임팩트 플레이어(Impact Player)를 찾아 육성하는 것이 중요하다.

임팩트 플레이어는 위기를 기회로 바라보고, '윈-윈(win-win)' 전략을 찾아 적용하며, 주도권을 가지고 업무에 임하는 특징이 있다. 이러한 잠재력과 특성이 있는 사람들을 선별해 채용하고, 그들이 역량을 마음껏 발휘할 수 있는 환경을 조성해야 한다. 기업이 지향하는 성공과 목표, 비전을 공유하고, 또 수시로 상기시키며, 임팩트 플레이어의 특성이 나타나는 구성원의 행동을 확실히 칭찬하고 인정해주어야 한다.

현대 사회는 잡호핑(Job Hopping)의 시대로, 특히 MZ세대에게는 '한

번 직장은 영원한 직장'이라는 인식이 사라졌다. 또한 기술의 발전 속도가 빨라지면서 혁신적이고 창의적인 아이디어를 제때 구현할 수 있는 인재를 확보하고 유지하는 것이 더욱 중요해졌다. 인원의 규모가 크지 않은 조직에서는 소수의 인재가 빠져나가더라도 기업을 운영하는 데 큰 차질이 발생할 수 있다. 따라서 우수한 인재를 확보하고 유지하기 위해 차별화된 '고용 브랜드'를 구축해야 한다.

고용 브랜드란 구성원의 관점에서 본 조직의 매력도를 브랜드화한 개념이다. 고용 브랜드의 핵심은 기업의 비전이다. 창업 초기에는 리더 자신의 생각에 머물렀다면, 구성원들이 모여들게 되면 리더는 그들과 공유할 비전을 제시할 수 있어야 한다. 비전은 함께하는 구성원들에게 심어줄 꿈과 같다. 그래서 비전은 미래 지향적이어야 하며, 구성원들이 직관적으로 이해할 수 있어야 한다. 특히 스타트업에서 비전은 인재 유치와 동기 부여의 핵심 요소다. 업무가 과중하고 문제가 빈발할수록 미래를 내다볼 수 있게 하는 비전이 더욱 중요하다.

기업의 조직문화 역시 고용 브랜드를 형성하는 데 많은 영향을 미친다. 이미 앞에서 얘기한 수평적·자율적·포용적인 조직문화는 주도적이고 창의적이며, 자기 효능감이 높은 인재들을 확보하고 유지하는 데 매우 중요하다. 특히 MZ세대는 이러한 조직문화를 선호하며, 이러한 문화 속에서 업무에 몰입하고 성장할 수 있다고 여긴다.

고용 브랜드를 구축하기 위해 직원 가치 제안(EVP, Employee Value Proposition)도 구상해야 한다. 이는 회사가 직원에게 실질적으로 무엇을 제공할 수 있는지를 명시적으로 제안하는 것이다. "우리는 직원들에게 과감하게 도전하며 성장할 수 있는 기회를 제공한다." "우리는 우수한 직원들이 협업하며 일할 수 있는 일터를 조성할 것이다." "우리는 회사 성장을 함께 일군 직원들과 성공의 과실을 공유할 것이다." 등이 그 예이다. 중요한 것은 조직이 지향하는 문화와 일관성 있는 내용으로 EVP를 구성할 때 더 큰 신뢰를 줄 수 있다는 점이다.

스타트업의 인사 체계는 기업의 성장 단계에 맞춰 유연하게 진화해야 한다. 초기에는 간단한 체계로 시작하되, 규모가 커짐에 따라 더욱 체계적이고 전문적인 시스템으로 발전시켜나가야 한다. 스타트업이 성장하면서 겪게 되는 다양한 도전과 변화 속에서도 인재 중심의 철학을 바탕으로 한 체계적인 인사경영은 기업의 지속 가능한 성장을 위한 핵심 동력이 될 것이다.

🚀 WE 리더십 구축하기

리더십은 조직을 이끌어가는 지도자의 능력을 의미하며, 조직의 잠재력과 시스템이 제대로 작동하도록 하는 결정적 요인이다.

리더십의 주요 기능은 크게 세 가지로 요약된다. **첫째, 조직의 목표에 대한 방향(Direction)을 설정한다. 둘째, 목표를 달성하기 위해 활동을 조정하고 정렬(Alignment)한다. 셋째, 목표에 대한 구성원들의 몰입(Commitment)을 확보한다.**

전통적으로 카리스마 있는 리더들은 경영 환경이 비교적 안정적이고 예측 가능한 조건에서 조직 구성원들보다 앞장서서 조직이나 팀을 이끌어왔다. 그러나 현대의 불확실하고 복잡한 뷰카 경영 환경에서는 이러한 전통적 리더십이 한계를 보이고 있다. 뷰카 경영 환경에서는 미래를 예측하기 어렵고, 수시로 발생하는 상황 변화에 민첩하게 대응해야 한다. 이러한 상황에서 리더 한 사람의 경험과 통찰력에 의존하는 의사결정은 질적 측면과 변화에 대한 반응성 측면에서 문제가 발생할 위험이 높다.

이러한 전통적 리더십의 한계를 극복하고, 뷰카 경영 환경에 적합한 대안으로 대두된 것이 'WE 리더십'[3]이다.

WE 리더십은 다수의 구성원이 리더십을 공유하는 방식으로, 개인이 아닌 팀 전체가 지식을 효과적으로 공유함으로써 리더의 역할과 책임을 분담한다. 이는 '공유 리더십', '팀 리더십' 또는 '분산 리더십'으로도 불리며, 리더십의 주요 기능이 구성원들에게 조화롭게 분산되어 있다는 의미를 담고 있다.

'우리는 나보다 낫다.'라는 말처럼, WE 리더십은 위기 상황에서 신속한 결정은 물론 집단지성을 통해 더 나은 의사결정을 할 수 있게 한다.

2010년 칠레 구리 광산에서 발생한 사고에서 33명의 광부들이 69일 동안 매몰된 채 생존할 수 있었던 것도 WE 리더십의 힘이었다. 광부들은 자신의 역량에 따라 자기 주도적으로 리더십을 발휘했다. 간호 교육을 받은 광부는 건강 관리를, 끼가 있는 광부는 오락을, 기록을 담당하는 광부는 건강 상태를 기록하는 등, 각자의 임무를 수행했다. 이처럼 자신의 역량을 각각 활용한 WE 리더십으로 광부들은 극한의 상황에서 생존할 수 있었다.

이와 같이 스타트업에서 WE 리더십은 특히 중요하다. 스타트업은 한

---

3 WE 리더십 내용은 정명호, 『경영 고전과 열린 미래』, 한울, 2024.에 의존했다.

C랩처럼 도전하라

개인의 역량으로만 완벽해질 수 없으며, 각 구성원의 역할이 조직의 성과에 중대한 영향을 미친다. 스타트업에서는 팀 구성 방식에 따라 자금 조달, 초기 시장 진입, 기업의 존속 여부까지 영향을 받게 된다. 따라서 리더는 스케일업을 대비하는 차원에서 처음부터 WE 리더십 구축에 신경을 써야 한다.

WE 리더십을 구축하는 데 있어서는 구성원의 다양성이 매우 중요한데, 특히 관점의 다양성이 핵심이다. 다양한 전문성과 독립적 사고력을 가진 사람들이 적절히 섞여 있어야 하며, 이들이 직급이나 직위에 연연하지 않고 과업 목표에 몰입할 수 있는 환경을 조성해야 한다. 또한 팀원들 간의 역학 관계를 형성하는 데도 주의를 기울여야 한다.

이러한 WE 리더십을 구축하기 위해서는 몇 가지 핵심 요소가 필요하다. **첫째, 서로 존중하고 받아들일 수 있는 상호 신뢰가 형성되어야 한다. 둘째, 관계의 불편함이나 갈등을 회피하지 않고, 이를 드러내 진솔하게 토론할 수 있는 분위기가 조성되어야 한다. 셋째, 개인의 업적과 평판보다는 팀 전체의 성과에 관심을 두는 문화가 필요하다.** 이러한 요소들이 조직과 팀의 규범이 될 수 있도록 창업 초기부터 WE 리더십의 기초를 다져나가야 한다.

농구 황제로 불리는 마이클 조던(Michael Jeffrey Jordan)은 "재능은 게임에서 이기게 하지만 팀워크는 우승을 하게 만든다!"라고 말하며, 팀워크의 중요성을 강조했다. 이는 WE 리더십의 핵심을 잘 보여주는 말로, 스타트업이 성공하기 위해서는 개인의 능력뿐만 아니라 팀 전체의 협력과 리더십을 공유하는 게 필수라는 점을 강조한 것이다.

관료주의와 성공의 덫 경계하기

스케일업 과정에서 기업은 조직의 체계화와 효율화를 추구하게 된다. 이는 업무 처리 방식을 체계화하고, 규칙과 절차를 정립하는 것을 의미한다. 이러한 과정은 조직의 안정성과 효율성을 높이는 데 도움이 되지만 관료주의의 위험성을 내포하고 있다.

관료주의가 조직에 자리 잡으면 구성원들은 정해진 규칙과 절차에만 충실하게 되고, 재량권을 발휘하는 데 제한된다. 또한 시행착오와 의사 결정 오류는 줄어들지만, 조직의 경직성이 높아지는 것은 물론 창의성이 저하될 수 있다. 특히 급변하는 환경에서 유연한 대처가 필요할 때 관료주의 조직은 효과적으로 대응하지 못하는 문제점을 드러낸다.

구성원들이 규칙을 위반하는 위험을 감수하지 않으려는 경향은 조직의 혁신 능력을 저해한다. 기존의 틀을 벗어나 혁신적으로 시도하기가 어려워지므로 관료주의와 혁신은 상충되는 개념이라고 볼 수 있다. 따라서 경영자는 조직의 체계화를 추진하면서도 관료주의의 함정에 빠지지 않도록 주의해야 한다.

한편, 성공한 경영자들이 빠지기 쉬운 또 다른 함정으로 '성공의 덫'이 있다. 이는 과거의 성공 경험에 지나치게 의존함으로써 새로운 도전을 회피하거나 변화하는 환경에 적응하지 못하는 현상을 말한다.

벤처 창업과 같은 불확실한 도전에서 성공을 거둔 후에는 안정을 추구하게 되고, 기존의 성과를 지키는 데 집중하게 된다.

성공의 덫에 빠진 경영자들은 자신의 성공이 순전히 개인의 능력과 노력의 결과라고 믿는 경향이 있다. '운칠기삼(運七技三)'이라는 말처럼 성공에는 운도 큰 역할을 하지만 많은 이들이 이를 간과하고 자신의 능력만을 과대평가하게 된다. 이로써 과거의 성공 방식에 집착한 나머지 변화하는 환경에 적절히 대응하지 못하는 문제가 발생한다.

짐 콜린스(James Collins)는 『좋은 기업에서 위대한 기업으로』에서 위대한 기업의 리더들은 성공의 원인은 외부에서, 실패의 원인은 내부에서 찾는다고 지적했다. 그러나 일반적으로는 리더들이 그 반대의 경향을 보이는데, 이는 성공의 덫에 빠지는 원인이 된다. 과거의 성공 방정식에 지나치게 의존하면 미래 발전의 걸림돌이 될 수 있다.

따라서 경영자는 조직의 체계화와 효율성 향상을 추구하면서도 관료주의와 성공의 덫을 경계해야 한다. 규칙과 절차가 업무 수행과 의사결정의 질을 높이고, 조직 전체의 소통을 원활하게 하는 도구라는 점을 구성원들과 지속적으로 공유해야 한다. 그리고 구성원들의 역할과 책임은 명확히 하되, 업무를 수행하는 과정에서 지속적인 개선과 혁신이 가능하도록 해야 한다.

또한 조직 내 다양한 부서가 사일로 현상에 빠지지 않고 유기적으로 협력할 수 있도록 해야 한다. 필요에 따라 하위 조직의 특성에 맞는 고유한 규칙을 인정하는 유연성도 필요하다. 이를 통해, 조직의 전체적인 목표와 방향성을 유지하면서도 각 부서의 특수성을 고려한, 유연하고 효율적인 운영이 가능해진다.

CHAPTER 10

NEXT C랩을
제안하다

기업에서 지속적인 성장은 생존을 위한 필수 과제다. 과거에는 기업들이 자신이 잘하는 것에 집중해 성장해왔지만, 이제는 해야 할 것에 집중해야 성장할 수 있는 시대가 되었다. 특히 삼성전자를 포함한 한국 기업들은 내부 역량을 강화하는 것뿐만 아니라 외부와 협력해 역량을 결집해야 할 필요성이 커지고 있다.

한국 기업들은 그동안 선두 기업을 모방하는 패스트 팔로우(Fast Follower) 전략을 주로 추구해왔다. 그러나 이제는 이 전략에서 벗어나 시장을 선도하는 퍼스트 무버(First Mover)로 전환해야 하며, 나아가 빠르게 몸집을 키워 시장을 지배하는 퍼스트 스케일러(First Scaler)가 되어야 한다. 링크드인(LinkedIn)의 창업자이자 『브릿츠스케일링(Blitzscaling)』의 저자인 리드 호프먼은 '누가 먼저 시작했느냐'는 더 이상 중요하지 않다고 한다. 누가 '더 빨리 몸집을 키우는 스케일러가 되느냐'가 성패를 좌우한다는 것이다.

스케일업을 통해 시장을 장악한 기업은 우수 인력과 자본을 끌어들여 업계의 리더십을 확보할 수 있다. 이는 현대 기업이 성장하는 방법론으로, 이와 같은 추세에 따라 전 세계적으로 스케일업을 지원하는 다양한 정책들이 확대되고 있다.

🚀 스케일업 중심의 혁신 전략

실리콘밸리가 스타트업에 이어 스케일업에서도 앞서가는 이유는 빠르게 규모를 확장하는 전략 때문이다. 이는 무모하다고 생각할 정도로 규모를 빠르게 키워서 시장을 독점하는 전략이다. 실리콘밸리의 경쟁력은 많은 시도와 실패를 통해 축적된 자산에서 비롯되며, 이러한 자산 축적이 지속적인 혁신과 경쟁력 확보를 가능하게 한다.

스케일업 기업들은 일자리 창출에서도 중요한 역할을 한다. 미국과 영국에서는 신규 일자리의 50퍼센트 이상을 창출하고 있으며, 한국에서도 약 30퍼센트를 차지하고 있다. 이는 세 국가 모두 신규 일자리 창출에 있어 스케일업 기업에 대한 의존도가 높다는 것을 보여준다. 그러나 한국의 스케일업 기업 비율은 6퍼센트에 불과해 상위 5위권 국가인 영국과 이스라엘의 절반 수준에 그치고 있다. 이는 한국의 스케일업이 다른 주요 창업 경쟁 국가들에 비해 뒤처져 있으며, 경제 성장과 일자리 창출에서 잠재력을 충분히 발휘하지 못하고 있음을 시사한다.

또 다른 지표인 스케일업 성공 비율이 높은 국가는 미국, 중국, 영국을 선두로 독일, 이스라엘, 인도, 캐나다, 프랑스, 한국, 싱가포르 순인데, 이 비율은 각국의 창업 생태계, 자본 접근성, 정부 지원 정책 등에 따라 달라진다.

따라서 한국이 스케일업에서 성공하기 위해서는 적극적인 정책 지원과 창업 환경 개선이 필요하다. 이러한 노력은 스케일업 기업의 비율과 성공 가능성을 높이는 데 필수적이며, 결과적으로 한국 경제의 지속적인 성장과 일자리 창출을 촉진할 수 있다.

삼성전자가 C랩을 시작한 지 12년이 되었다. C랩의 도입은 삼성전자에 매우 큰 의미가 있다. 많은 전통 강자가 몰락하는 상황에서도 삼성전

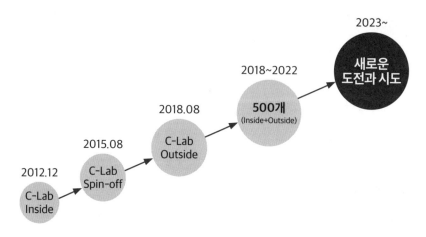

2012년 도입된 C랩 제도의 변천 과정

C랩처럼 도전하라

자가 생존하고, 강력한 글로벌 IT 기업으로 성장하며 혁신 기업으로 인정받는 데 중요한 역할을 했다.

C랩의 의미는 삼성전자 내에서만 유효한 것이 아니다. 한국 전체 창업 생태계에서도 큰 의미를 가진다. '사내 창업'이라는 다소 생소한 개념을 국가적으로 확산시키고, 정부 주도하에 추진하고 있는 제2의 창업붐을 일으키는 데 선봉장 역할을 했기 때문이다.

현재 글로벌 시장 경쟁은 더욱 치열해지고 있으며 기술 환경도 빠르게 변화하고 있다. 이러한 상황에서 C랩은 더욱 혁신적이고 개방적인 방향으로 발전해야 한다. 글로벌 선도 기업들 간의 경쟁이 개별 기업 간 경쟁에서 기업 생태계 간 경쟁으로 변화하고 있는 점을 고려할 때, C랩은 한국 전체 창업 생태계의 경쟁력을 높이는 원동력이 되어야 한다.

우리는 창업을 통해 국가 경제를 이끄는 창업 대국으로 성장하기를 희망하고 있다. 이를 실현하기 위해서는 현재 국가적으로나, 또 민간 생태계적으로나 초기 창업은 자리를 잘 잡고 있으므로, 상대적으로 빈약한 스케일업 생태계를 강화할 필요가 있다.

이러한 맥락에서 삼성전자가 선도적인 역할을 할 것을 기대하며, 스타트업 중심인 현재 C랩을 스케일업 중심으로 발전시킬 'NEXT C랩'을 제안한다.

① C랩을 조직 단위로 확대

기존의 과제 단위로 운영해온 C랩을 R&D 조직의 팀 혹은 센터 단위로 확대해서 시행하는 것이 필요하다. 특히 AI와 빅데이터 같은 최신 기술을 연구하는 조직을 대상으로 하는 것이 적합하다.

기존 C랩이 개인의 창의적 아이디어에 중점을 두었다면, 조직 단위 C 랩은 역량이 뛰어난 R&D 인력들을 도전의 장으로 이끌어내는 것을 목표로 한다. 이러한 접근은 개별 아이디어가 아닌, 팀이 함께 도전하고 성장할 수 있는 환경을 조성할 수 있기 때문이다.

삼성전자는 뛰어난 아이디어를 제안하고 이를 실현할 수 있는 인재들을 보유하고 있다. 이들 인재들이 팀으로 조직되어 스스로 혁신 과제를 발굴하고 추진하도록 하는 것이 중요하다. 이를 통해 주어진 과제 수행을 넘어, 자발적인 혁신이 이루어지도록 유도할 수 있다.

신사업을 발굴하기 위해 항상 고민하고 있는 삼성전자에게 트렌드를 빠르게 인식하고 민첩하게 대응해야 하는 R&D 조직의 혁신은 필수적이다. 지난 12년간 C랩 제도를 운영해온 경험이 있으므로 조직 단위 C 랩 운영에 따른 우려는 적다고 판단된다. 따라서 초기 C랩 제도 도입 경험을 살려, 조직 단위 시행에 적합하게 확대·적용할 수 있다.

조직 단위의 C랩을 시행할 때 전사적으로 참여를 유도하고, 모든 조직이 C랩 정신을 공유할 수 있도록 홍보와 교육이 필요하다.

또한 경영진의 강력한 지지와 조직 리더들의 지원이 필요하며, 창의적 아이디어가 실제로 구현될 수 있도록 예산, 인력, 기술 지원이 되는 개발 환경을 조성해야 한다. 여기에 C랩 과제를 수행하며 성과를 낸 조직과 개인에 대해서는 파격적인 보상과 인정을 제공해야 한다. 또한, 완전한 독립성이 보장되어야 한다.

이러한 방안들이 뒷받침되어야만 C랩의 창의성과 도전 정신이 R&D 조직에 확산되고, 회사 전체에 혁신 문화가 뿌리내릴 수 있다.

② C랩 아웃사이드의 고도화

삼성전자는 2018년 서울 우면동의 삼성리서치(SR)를 시작으로, 2023년 대구, 광주, 경북 지역으로 C랩 아웃사이드를 확대했다.

이 프로그램은 기존 창업 5년 미만의 스타트업에 한정했던 지원 자격을, 투자 시리즈 B 단계 이하로 확대하며, 스케일업을 위한 육성 프로그램으로 발전시켰다. 지역별로 특화된 사업 분야를 선발해 삼성전자와의 협력 가능성이 높은 회사를 발굴하고 육성하는 방침은 시의적절한 판단이었다.

C랩 아웃사이드는 지역 창업 생태계를 강화하고 지속 가능한 혁신을 창출하여, 지역 경제에 긍정적인 영향을 미칠 것으로 기대하고 있다. 이

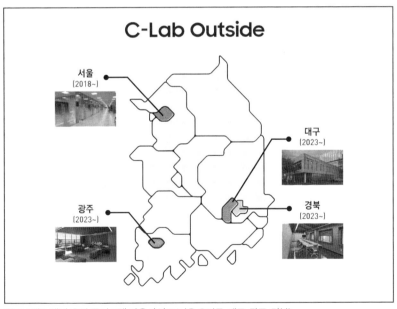

전국 4개소에서 운영 중인 C랩 아웃사이드(서울 우면동, 대구, 광주, 경북)

제도가 지역 내 우수 스타트업을 발굴하고 육성하는 한편, 삼성전자와의 협력을 통해 서로 윈윈하는 성과를 이루기 위해서는 C랩 아웃사이드 육성 프로그램의 고도화가 필요하다. C랩 아웃사이드 또한 스케일업을 추구하기 위해서는 초기 스타트업 단계와는 다르게 특화된 접근이 필요하다. 우선 지역을 통합한 육성 프로그램을 도입하고, 정기적인 상호 협력의 장을 통해 활발한 교류가 이루어지도록 하는 것이 중요하다. 각 지역별로 강점 기술과 육성 분야가 다르기 때문에 이러한 교류는 큰 시너지를 일으킬 수 있다.

이를 위해 초기 C랩에서 도입했던 '피트인(PIT IN)' 캠프의 개념을 C랩 아웃사이드에 적용해보는 것도 좋은 방법이 될 수 있다. 피트인은 카 레이싱에서 차량 정비와 운전자 교체 등을 위한 전략적 정차를 의미하는데, 적절한 타이밍에 시행하면 경쟁자를 추월할 기회를 만들 수 있다.

이를 스타트업 생태계에 적용하면 각종 문제 해결, 투자 유치, 전략 변화 등의 상황에서 지속적이고 전문적인 지원을 받을 수 있다. 특히, 스케일업 단계에서 이러한 문제는 한두 번의 멘토링으로는 해결되지 않기 때문에 스케일업을 위한 전용 피트가 반드시 필요하다.

③ 스핀오프 패스트 트랙 도입

삼성전자의 C랩 스핀오프 제도가 도입된 지 10년이 되었고, 현재까지 62개사가 창업을 했다. 이들 기업은 창업 후 5년 생존율이 국내 스타트업 평균보다 2~3배 높은 80~90퍼센트 수준에 이르는 뛰어난 성과를 보이고 있다.

이러한 성과는 고무적이지만, 더욱 가시적인 혁신 성과를 위해 이제 스핀오프 제도 자체의 혁신이 요구된다. 즉, 1년간의 C랩 과정을 마치고 스핀오프를 추진하는 일반 트랙 외에, C랩에 선발된 직후 바로 스핀오프하는 패스트 트랙 도입이 필요하다.

삼성전자의 C랩을 벤치마킹한 다른 대기업들 중에서는 이미 아이디어 초기 단계에서 스핀오프를 실시하는 방식을 도입한 곳도 있다.

조기 스핀오프의 필요성을 알기 위해서는 혁신 아이디어의 성격에 대한 이해가 필요한데, 혁신적인 아이디어는 크게 두 가지로 나눌 수 있다. 하나는 안정적인 환경에서 차근히 개발해야 하는 아이디어고, 나머지 하나는 속전속결로 승부를 봐야 하는 아이디어다.

이런 판단은 시대 상황과 회사 여건에 따라 다를 수 있지만, 속도전이 필요한 아이디어는 회사 안에 있으면 성장 가능성이 낮아진다. 회사 내에서는 아무래도 불필요한 간섭을 받을 수 있기 때문이다. 따라서 아이디어 발굴 직후 회사라는 울타리를 벗어나 스핀오프를 통해 혁신성을 높이는 전략이 필요하다.

조기 스핀오프한 팀은 초기부터 독립적으로 운영하여 최대한의 역량을 발휘하고 성장할 수 있게 하는 것이 중요하다. 이렇게 하면 아이디어가 더 빨리 실현되고 독립적으로 성장할 수 있다. 즉, 조기 스핀오프 제도는 팀이 자율적으로 일하며, 빠르게 혁신할 수 있게 하는 중요한 전략이다.

한편, 회사는 스핀오프가 인재 유출이 아니라 오히려 인재를 키우는 과정임을 인식해야 한다. 스핀오프 회사를 지원하는 것은 벤처투자 성공과 아울러 모회사의 든든한 협력자를 만든다는 장기적인 관점으로 그 가치가 평가되어야 한다.

한국 스케일업 생태계의 엔진 되기

삼성전자는 C랩을 한국 전체 창업 생태계의 핵심 엔진으로 발전시킬 필요가 있다. 이를 위해 C랩을 개방형 혁신 플랫폼으로 확장하고, 외부 창업 생태계와의 적극적인 협력을 통해 국가 차원의 혁신을 주도하는 역할을 맡아야 한다. 이렇게 함으로써 C랩은 단순히 삼성전자 내의 혁신을 넘어, 국가 경제 성장과 창업 생태계의 활성화에도 기여할 수 있을 것이다.

개방형 혁신이란 외부의 아이디어, 기술, 자원, 지식 등을 받아들이고, 내부의 혁신 결과물을 외부와 공유함으로써 상호 이익을 창출하는 것을 의미한다. 이를 실현하기 위한 방안으로 다음을 제안한다.

① 개방형 혁신 플랫폼 구축

창업 기업들이 필요한 자원을 쉽게 공유하고 이용할 수 있는 자원 공유 플랫폼이 구축되어야 한다. 이 플랫폼은 기술, 인력, 시장 정보 등을 효율적으로 교환할 수 있게 하며, 혁신적인 아이디어가 보다 쉽게 실현될 수 있도록 돕는다. 더 나아가 활발한 창업 커뮤니티와 네트워크를 형성하여 창업자들 간의 협력과 정보 교환을 촉진하게 한다.

또한, 새로운 아이디어와 기술을 받아들여 대학, 연구소, 민간 기업 간의 긴밀한 협력을 강화할 수 있다. 이를 통해 참여 기업들은 혁신 역량을 높이고 새로운 성장 동력을 발굴할 수 있다. 특히, 4차 산업혁명 시대에 필수적인 소프트웨어, 인공지능, 로보틱스 등의 분야에서 필요한 역량을 신속히 확보할 수 있다.

그 구체적인 방안으로, C랩 인사이드와 C랩 아웃사이드를 포함하여 다양한 스케일업 기업들이 참여하는 '스케일업협의회' 구성을 제안한다. 이는 삼성전자의 협력 회사를 대상으로 운영하는 협의체인 '협성회'와 유사한 개념이다. 협성회는 40년 넘게 지속되어왔으며, 상생협력아카데미와 전담 조직이 운영되고 있다. 협성회가 삼성전자의 현재 사업을 지원하는 것이라면, '스케일업협의회'는 삼성전자의 미래를 위한 중요한 역할을 할 것으로 기대한다.

② 페이 잇 포워드, 협업 모델 구축

C랩 인사이드와 아웃사이드 제도를 통해 현재까지 약 900개의 팀이 이 과정을 수료했다. 매년 50~100개의 신규 팀이 C랩 과정을 수료하게 되면, 앞으로 5~6년 후에는 약 1,500개의 C랩 출신 기업이 배출될 것으로 예상된다.

이 기업들은 다양한 분야에서 경쟁력을 키우며 성장하게 되는데, 이 기업들이 서로를 지원하고 도울 수 있는 환경을 조성하는 것이 필요하다.

'페이 잇 포워드(Pay It Forward)' 문화처럼, 성공한 창업자가 신생 기업에 투자하거나 멘토링을 제공해 그들의 성공을 돕게 하는 것이다. 그렇게 되면, 한 기업의 성공이 다른 기업들의 성공으로 이어지며 전체 창업 생태계가 성장하게 된다.

실리콘밸리에서는 이런 문화가 활발하게 작용하고 있으며, 초기 단계에서 도움을 받은 창업자들이 나중에 다른 스타트업을 돕는 사례가 많이 있다. 실제로 실리콘밸리의 스케일업 기업 중 1/3은 연쇄 창업자에 의해 설립되었으며, 이들의 경험과 지식은 초기 스타트업에 매우 유용한 정보가 되었다.

이제는 한국의 창업 생태계에도 '페이 잇 포워드' 문화를 정착시킬 때다. 이를 위해 C랩 출신 기업들이 주축이 되어 이 문화를 확산시키는 것은 창업 생태계를 더욱 건강하게 만드는 데 기여할 수 있으며, 한국의 창업 생태계 전체로 확산시킬 수 있다.

③ 글로벌 스케일업 전략

글로벌 시장에서 경쟁력을 확보하기 위해서는 스타트업들이 해외 시장에 진출할 수 있도록 글로벌 네트워크를 구축하여, 다양한 해외 파트너들과 협력할 기회를 제공해야 한다.

10년에 걸쳐 연구된 결과에 따르면, 글로벌 네트워크 구축은 스케일업 성공률에 크게 기여한다. 높은 수준의 글로벌 네트워크를 가진 스타트업은 낮은 수준의 스타트업보다 스케일업 가능성이 세 배 이상 높고, 또한 글로벌 진출(해외 고객 비율 50퍼센트 이상) 스타트업은 그렇지 않은 스타트업보다 두 배 더 빠른 매출 성장 곡선을 보인다고 한다.

한국 스타트업이 창업 초기 단계에서 글로벌 시장에 성공적으로 진출하기 위해서는 이스라엘의 스케일업 전략을 벤치마킹할 필요가 있다. 이스라엘 스타트업들은 초기부터 글로벌 시장을 목표로 제품과 서비스를 개발하고, 해외 엑셀러레이터와 인큐베이터 프로그램에 적극 참여하여 글로벌 네트워크를 구축하고 있다. 이는 이스라엘의 내수 시장이 작기 때문이기도 한데, 한국도 이스라엘과 마찬가지로 내수 시장이 작다는 한계를 가지고 있다.

한국의 스케일업 비율이 창업 경쟁 국가들보다 낮고 시간이 많이 소요되는 이유는 창업 초기부터 글로벌 진출을 염두에 두지 않기 때문이다. 대부분의 한국 스타트업들은 먼저 국내에서 안착한 후 해외 시장 진출을 준비하기 때문에 시간이 더 많이 걸리고 뒤처지게 된다.

따라서, 한국 스타트업들이 초기 단계부터 해외 시장을 목표로 할 수 있도록 글로벌 네트워크 구축 지원이 필요하다. 이를 위한 세부 방안으로, 글로벌 엑셀러레이터 및 인큐베이터 프로그램 연계, 국제 네트워킹 이벤트 및 컨퍼런스 지원, 해외 파트너와의 협력 강화, 글로벌 시장조사 및 전략 수립 지원 등을 고려해봐야 한다. 이를 통해 해외 시장에서 성공 가능성을 높이고, 한국 스타트업의 스케일업 성공 비율을 크게 증가시킬 수 있다.

C랩의 성공적인 진화는 삼성전자의 미래 경쟁력을 확보할 뿐만 아니라 한국 경제의 새로운 도약을 위해 반드시 필요한 과제이다. 글로벌 시장의 경쟁이 치열해지고, 또 기술 환경이 빠르게 변하는 상황에서 C랩은 더욱 혁신적이고 개방적인 방향으로 발전해야 한다. 이렇게 함으로써 삼성전자와 한국 경제에 새로운 성장 동력이 되어야 한다. 삼성전자와 한국의 창업 생태계를 살펴볼 때, 지금은 매우 중요한 시기에 놓여 있다. 모처럼 맞이한 창업 우호적 환경을 더욱 발전시킬 수 있는 좋은 기회를 놓치지 않기를 기대한다.

PART·3

C랩 도전기

첫째, 기회는 우연히 찾아오지만, 이를 잡기 위해서는 노력이 필수적이다. 좋은 기회가 왔을 때 현실적으로 어려움이 존재한다면, 논문을 읽거나 구글링을 통해 집중적으로 공부하고, 지인이나 전문가에게 도움을 요청하는 것을 두려워하지 말아야 한다. 둘째, 어려움은 피드백으로 해결될 수 있다. 조언을 기꺼이 받아들이고, 문제를 해결하는 데 열린 자세로 임하는 것이 중요하다.셋째, 기술 개발에서는 벤치마킹이 필수적이며, 기술 목표를 과감하게 설정해야 한다. 벤치마킹을 통해 기술적 우위를 확보할 수 있는 방향을 잡고, 초기 목표를 크게 세우는 것이 중요하다. 개발 과정에서 현실적인 문제에 직면할 수 있지만, 과감한 목표가 필요하다.

CHAPTER 11

창업의 꿈을 이루다

삼성전자 직원이라면 입사해서 꼭 해보고 싶은 것이 세 가지 있다.

첫째, 영어권 선진국의 주재원으로 나가는 것이다. 선진국 주재원이 되면 자녀들의 영어 실력이 자연스럽게 향상되고, 국내에서는 누리기 어려운 복지 혜택을 온전히 받을 수 있다. 자녀 교육비는 대부분 회사에서 부담하며, 국내 근무 때보다 높은 연봉을 받는다. 그래서 많은 직원들이 미국이나 영국 법인으로 나가기를 희망한다.

둘째, 지역전문가로 파견되는 것이다. 해당 국가에 1년간 단신으로 파견되어 그 지역의 전문가로 활동하며, 그 지역에 관한 연구만 수행한다. 이후에 주재원으로 정식 파견될 가능성이 높다.

셋째, C랩에 도전해 창업을 마음껏 해보는 것이다. C랩은 창의적이고 혁신적인 인재들이 도전하는 프로그램으로, 직원들이 자신의 아이디어를 실제로 구현해보고 창업을 경험할 수 있는 기회를 제공한다.

여기서 C랩 도전은 단순한 프로그램 참여가 아닌, 창의적이고 혁신적인 아이디어를 현실로 만들어가는 도전의 여정이다. 이번 장에서는 이러한 여정에 과감히 뛰어든 세 명의 C랩 CL의 열정과 창의성이 빛난 도전기를 소개하고자 한다. 그들의 이야기는 개인들의 성공 사례 이상의 의미를 지니며, 삼성전자의 혁신 문화를 이해하고, 미래를 만들어가는 중요한 통찰을 제공할 것이다.

●

"기술력보다 더 중요한 것이 설득력"

정현기 CL

●

2010년, 삼성전자 DMC연구소(현 삼성리서치)에 입사한 나는 센서연구 팀에서 갤럭시 S와 갤럭시 노트 제품에 탑재되는 센서 기술을 개발하는 업무를 담당했다. 팀 내부에서 기술력을 인정받으며 회사 생활을 순탄하게 이어가고 있었지만, 새로운 아이디어를 고안하거나 혁신 기술을 개발하는 데 늘 목말라 있었다. 신기술을 개발하고 싶다는 생각이 앞서, 팀에 여러 차례 보고도 했지만 번번이 거절을 당했다.

그러던 중 C랩을 알게 되어 두 번이나 지원했지만 안타깝게도 1차 서류에서 모두 떨어지고 말았다. 서류조차 통과하지 못했다는 데 좌절감을 느꼈지만 동료 연구원들과 커피를 마실 때면 "이런 기술 생각해봤는데, 어떻게 생각해?"라며, 늘 내가 갖고 있는 아이디어를 설명하며 호응을 얻고자 했다.

그런 노력 덕분이었을까? 드디어 C랩 과제에 지원할 기회를 얻었다. 창의개발센터에서 VR 기기를 착용했을 때 발생하는 멀미를 해결할 수 있는 연구원을 찾고 있다는 소문이 들렸다. VR 멀미를 해결할 수 있는 기술적 해결책이 있다면 C랩 서류 통과는 물론 바로 본선에 오를 수 있다는 것이었다. 하지만 내게 주어진 시간은 단 3일뿐이었다. 3일 안에 해당 기술을 찾아야 하는 상황이었는데 현실적으로 가능하지 않은 일이었다. 더욱이 나는 관련 기술 전문가도 아니었다. 그러나 절대 놓치고 싶지 않은 기회였다. 관련 논문을 찾아가며 밤낮을 가리지 않고 몰두하기 시작했다.

먼저 VR 멀미가 왜 일어나는지 그 원인을 파악한 뒤 해결책을 찾아야겠다는 생각으로 VR 개발팀 동료를 찾아갔다. 그는 '눈으로 보는 영상과 몸이 느끼는 체감이 다르다.'는 것을 설명해줬지만, 원인을 이해하거나 해결책을 도출하기에는 무리였다. 우리 뇌가 느끼는 '시각적 멀미 (Visionary Sickness)'와 '멀미(Motion Sickness)'에 대한 의학 논문을 밤새 읽었다. 1박 2일 동안 관련 논문을 120편 정도 읽었던 것으로 기억한다. 일단 원인에 대해서 어느 정도 파악한 뒤 해결책을 마련하기 위한 가설을 세웠다.

'우리가 움직임을 느끼는 전정기관(Vestibular Sensor System)에 어떠한 에너지를 전달해 VR에서 시각적으로 보여주는 움직임의 느낌과 어느 정도 맞춘다면 어지럼증이 감소하지 않을까?' 다행스럽게도 의사인 지인으로부터 이 가설의 가능성을 확인했다. 물론 실현 가능성이나 의학적 안전성에서는 확신하지 못했지만 신기술을 개발하고 싶다는 내 집념만큼은 꺾지 못했다.

공부한 내용을 기반으로 가설을 세우고 자료를 만든 뒤 창의개발센터장 앞에서 'MR.VR' 아이디어에 대해 3분 동안 발표를 했다. 그런데 센터장은 다음과 같이 내 발표를 혹평했다.

"조직 내부적으로도 설득하지 못하는데 세상의 고객을 어떻게 설득할 수 있겠나? 기술력보다 더 중요한 것이 설득하는 능력이야. 누군가를 설득하려면 현재의 문제점을 명확히 해야 해. 그러면서 이것을 왜 해결해야만 하며, 이 기술이 개발되면 무엇이 좋은지를 간략하고 또 객관적으로 정의할 수 있어야 해."

당시 나는 이 기술의 개념만 장황하게 설명했기에 좋은 평가를 받지 못한 것도 당연했다. 결국, 아무리 좋은 기술이라도 설득력이 부족한 리더가 이끌면 성공하기 어렵다는 것을 깨달았다. 특히, 그간 C랩에 도전할 때 서류가 왜 통과되지 못했는지, 연구소 팀 내부에서도 아이디어를 제안할 때 왜 거절되었는지를 단번에 알게 되는 중요한 계기가 되었다.

이 경험을 바탕으로 철저하게 준비한 끝에, 2015년 5월에 진행된 C랩 공모전 본선에서 'MR.VR'이 1위를 차지하는 쾌거를 이루었다. 이 경험은 나에게 중요한 교훈을 안겨주었다.

하지만 이 과제는 실제로 개발하기에는 다소 도전적인 연구 과제라는 것을 실감했다. 그래서 C랩 팀원 모집 공고인 탤런트 오디션을 통해 관련 박사 연구원 두 명과 예전부터 알던 동료 및 후배들을 포함해 여섯 명으로 과제팀을 구성했다. 그렇게 합류한 팀원들과 함께 약 두 달간 심층 연구를 했다. 그러던 중 미국의 사립 병원인 메이요클리닉(Mayo Clinic)과 미 국방과학연구소가 10년간 연구한 끝에 미세 전류를 통해 전정기관을 자극하고 가상 움직임의 느낌을 만들어내는 기술인 'vMocion'이 있다는 것을 알게 되었다. 그래서 우리는 그것보다 더 혁신적인 아이디어로 R&D 목표 수준을 더 과감하게 세우기로 마음먹었다. 실패해도 리스크가 없었고, 팀원들 역시 공격적으로 더 높은 목표를 세우자는 데 의견을 같이했다.

약 8개월간 R&D 과정을 거치며 안전에 대한 이슈에 몰입했다. 머리에 전류를 흘려보내야 하므로 의학적인 면에서 안전성에 관한 점검은 모두 마친 상황이었다. 하지만 오류로 인한 위험성을 원천적으로 차단하기 위해 회로 로직을 3단계로 설계했다. 그랬더니 단 한 건의 오동작도 일어나지 않았다. VR이 엔터테인먼트 기기라는 본질을 만족하기 위해서는 실제 움직임의 느낌을 잘 살릴 수 있는 플랫폼을 설계하는 것이 핵심이었다.

단순히 움직임을 느끼는 것이 중요한 게 아니라 뇌의 신경 경로를 자극하는 방식에 따라 눈으로 직접 보는 느낌과 최대한 유사하게 느낄 수 있는 기술이 핵심이라는 것을 알게 되었다. 그래서 인체에 항상 안전한 전류 신호를 발생시키는 것은 물론 다양한 패턴 신호를 자동 생성하며 사람들이 어떻게 느끼는지를 정량화할 수 있는 플랫폼을 먼저 설계했다. 마침내 자동 생성 플랫폼을 바탕으로 약 5개월간 1,500명으로부터 30가지에 이르는 최적의 패턴을 개발해, 이를 세 차례에 걸쳐 소형화한 뒤 삼성 헤드셋에 실제로 탑재하는 데 성공했다.

2016년 3월, 세계 최대 창조 산업 축제인 'SXSW(South by Southwest)'에 참가했다. 이때 움직임의 느낌을 가상으로 생성하는 기능을 웨어러블 디바이스 형태로 구현한 '엔트림(Entrim) 4D'를 세계 최초로 공개했다. 그러자 vMocion에서는 자기들의 기술이 우위라는 것을 주장하며 기사를 냈다. 엔트림 4D가 잘 만들어졌지만 2D 움직임을 생성하는 데 그쳤다는 것을 꼬집었다. 그러면서 vMocion은 3D 움직임의 느낌을 생성하는데, 이는 마치 기어(Gear) VR과 오큘러스 리프트(Oculus Rift)의

2016년 SXSW에서 시연 중인 엔트림 4D

차이점과 같다고 표현했다. 하지만 우리는 움직임의 느낌을 생성하는 기술에 자신감이 넘쳤으므로 vMocion의 기사가 보도된 지 1개월 만에 3D 움직임의 느낌을 구현하는 기술을 개발해 '엔트림 4D+'라는 이름으로 공개했다. 이로써 해외 언론은 물론 여러 기업으로부터 예상 밖의 좋은 반응을 이끌어냈다. SXSW를 통해 CNet, 엔가젯, 블룸버그, 더 버지 등 거의 모든 글로벌 IT 매체에서 이 기사를 보도했다.

SXSW 전시회 둘째 날, 전시회 종료를 10여 분 남겨둔 상황에서 뜻하지 않은 기회가 찾아왔다. 한 관람객이 다가와 'MR.VR'을 체험한 후 이것저것 물어보기 시작했다. 아주 상세한 기술과 원리까지 물어봤는데, 우리 제품에 관심을 보여 기쁜 마음에 열심히 설명해줬다. 그랬더니 명함을 주며 악수를 청했다. 이어 "당신과 함께 일을 하고 싶다."고 말하는 게 아닌가. 당시 명함을 준 사람은 미래 초고속 열차를 개발 중인 하이퍼루프TT(Hyperloop Transportation Technologies)의 최고 경영자였던 더크 알본(Dirk Ahlborn)이었다. 2016년 당시, 하이퍼루프는 일론 머스크가 해당 기술 콘셉트를 오픈 프로젝트로 공개하며 세상의 주목을 받은 굉장히 유명한 프로젝트였는데, 당시 하이퍼루프 최고 수준의 기업이 하이퍼루프1(One)과 하이퍼루프 TT였다.

이후 하이퍼루프TT, 도이치텔레콤, 디즈니 등과 후속 미팅도 진행했다. 당시 더크 알본은 "하이퍼루프와 함께 해당 기술로 협력 프로젝트를 해보고 싶다."고 하며, "만약 삼성전자 내부에서 설득이 어려워 협력 프로젝트가 안 되면, 당신이 그냥 우리 회사에 취직해."라며 다소 파격적이고 직설적인 제안도 했다. 실제로, 하이퍼루프에 탑승했을 때 고객이 롤러코스터처럼 느끼지 않고 안정적인 승차감을 느낄 수 있도록 '엔트림 4D'를 활용한 PoC(Proof of Concept)를 진행했다. 우리는 원래 VR 엔터테인먼트 솔루션으로 레이싱카나 롤러코스터처럼 다이내믹한 체험을 만드는 데 집중했었지만, 이 기술이 안정적인 체감을 만들어내는 데도 활용될 수 있다는 것을 깨달았다.

또한 도이치텔레콤에서도 전시회에서 C-Level 임원이 체험하고, 유럽 내 도이치텔레콤 플래그십형 매장에 삼성 VR과 엔트림 4D를 배치해 고객 체험존을 PoC하자고 제안했다. 그런데 하이퍼루프TT나 도이치텔레콤과 협력하려면 스핀오프를 해서 스타트업으로 독립해야만 가능한 일이었다. 삼성전자의 직원으로서 이를 진행하는 것은 현실적으로 어려운 일이었다.

당시 여러 언론에서 우리 기술을 많이 다루다보니, 삼성전자 내에서도 우리 팀이 조금 유명해졌다. 그 덕분에 임원진들과의 미팅에도 참여하게 되었는데, 결국 엔트림 4D 기술은 삼성전자 AR/VR연구팀으로 기술 이전을 하는 것으로 결론이 났다. 하지만 기술 이전 후 그 팀에서 추가 연구는 이루어지지 않았다. 아무래도 삼성전자에서 엔트림 4D 기술로 상용화하는 것은 무리가 있다고 판단했던 모양이었다. VR 시장 자체도 좁은데, VR 액세서리 시장은 더 제한적이었기 때문이라는 짐작이 갔다.

반면, 나는 엔트림 4D를 통해 연구소 내부적으로 임원들로부터 기술력을 인정받았고, 그 이후부터는 내가 원하는 신기술을 마음껏 개발할 수 있게 되었다. 특히 삼성전자 내에서 최고 영예상인 '삼성전자 애뉴얼 어워즈(Annual Award, 10만 임직원 중 10개 분야 최고 임직원이 선정하는 상으로 발탁 승진의 혜택 부여)'에서 '2017년도 혁신기술 부문 대상'을 수상했다. 더욱이 삼성리서치에서 최연소 프로젝트 리더로서 신기술을 연구(Pioneer Research)하는 기회도 얻었다.

C랩은 내게 우연히 다가온 기회였다. 현실적인 어려움이 있었지만 나는 그 기회를 끝까지 놓치지 않으며 엄청난 변화를 만들어냈다. 이러한 경험은 현재 '비욘드허니컴(Beyond Honeycomb)'이라는 스타트업을 운영하는 데 자양분이 되었다.

2020년 7월, 삼성전자를 나와 비욘드허니컴을 설립했을 당시, 우리는 퇴직금으로 모은 5,000만 원의 자본금과 두 명의 연구원만 있는 작은 회사였다. 비욘드허니컴은 셰프 수준으로 뛰어난 조리 스킬을 가진 AI 조리 로봇을 만들겠다고 설립한 스타트업이었는데, 어떤 시스템도, 또 소스 코드나 데이터도 없었다. 단지, 계획서만 있었다. 실제로 기술을 개발하려면 초기 투자금이 우선 필요했기 때문에 일단 투자를 유치하기 위해 계획서만 들고 다녔다.

계획서에는 조리 중인 음식의 맛을 수치화하는 고정밀 센서를 개발하고, 조리 로봇 하드웨어를 만든 다음, 센서 데이터로부터 셰프 수준으로 스스로 조리하는 AI 모델을 만들겠다는 내용이 담겨 있었다. 대부분의 투자자는 현실성이 없다며 투자를 거절했다. 하지만 세 가지 센서, 로봇, AI 중 어느 것 하나라도 생략한다면 우리가 목표로 한, 셰프 수준으로 뛰어난 조리 스킬의 AI 로봇 솔루션을 만들 수 없다. 기술 목표를 줄이는 것은 우리의 전략이 아니었다. 그리고 2024년 현재, 우리는 센서, AI, 로봇을 모두 만들어냈다. 그리고 5성급 호텔에서 우리의 로봇으로 스테이크를 굽고 있다.

내가 C랩 과제를 수행하며 얻은 교훈은 세 가지로 요약할 수 있다.

첫째, 기회는 우연히 찾아오지만, 이를 잡기 위해서는 노력이 필수적이다. 좋은 기회가 왔을 때 현실적으로 어려움이 존재한다면, 논문을 읽거나 구글링을 통해 집중적으로 공부하고, 지인이나 전문가에게 도움을 요청하는 것을 두려워하지 말아야 한다.

둘째, 어려움은 피드백으로 해결될 수 있다. 조언을 기꺼이 받아들이고, 문제를 해결하는 데 열린 자세로 임하는 것이 중요하다.

셋째, 기술 개발에서는 벤치마킹이 필수적이며, 기술 목표를 과감하게 설정해야 한다. 벤치마킹을 통해 기술적 우위를 확보할 수 있는 방향을 잡고, 초기 목표를 크게 세우는 것이 중요하다. 개발 과정에서 현실적인 문제에 직면할 수 있지만, 과감한 목표가 필요하다.

나는 C랩에서의 경험으로 이러한 교훈을 얻었음은 물론이고, 이 교훈들은 내 인생의 중요한 이정표가 되었다. 당시 C랩 도전은 끝없는 배움과 성장의 연속이었다. 나는 이 경험을 바탕으로 언제나 더 나은 미래를 계획하고 만들어나갈 것이다.

"스핀오프에서 M&A까지"

김화경 CL

2000년대 초반까지 한국 사회는 벤처붐이 계속되었다. 이후 닷컴버블이 발생했지만 벤처 창업은 한국 사회 전반의 화두였다. 1세대 IT 기업들이 비약적으로 성장하면서 많은 직장인들이 창업에 도전했다. 나 역시 컴퓨터공학을 전공한 덕에 이런 분위기에 편승해 한 벤처기업에 입사했다. 3년 동안 다양한 분야의 소프트웨어를 개발하며, "3년 동안 많은 경험을 했기에 지금까지 먹고산다."라고 말할 정도로 치열하고 혹독한 시간을 보냈다. 밤낮없이 일에 매달린 탓에 몸도 마음도 많이 상했다. 그 무렵, 나는 여유를 가지고 자신을 돌보며, 그동안 시간이 없어 미루고 있던 공부를 좀더 해야겠다는 생각이 들었다.

나는 곧바로 스웨덴으로 향했다. 스웨덴 왕립공과대학교는 당시 북유럽을 대표하는 공과대학으로, 에릭슨(Ericsson) 등과 함께 스웨덴을 IT 중심지로 떠오르게 한 중요한 곳이었다. 나는 그곳에서 사용자 입력과 행동에 반응하는 HCI(Human Computer Interaction) 분야의 '인터렉티브 컴퓨터 시스템'을 집중적으로 공부했다. 2년 반 동안의 유학 생활을 마치고, 2009년에 한국으로 돌아왔다. 그리고 그동안 쌓아온 커리어를 살려 삼성전자에 입사해 다시 소프트웨어 개발 업무를 시작했다.

그런데 3년 만에 변화의 계기가 찾아왔다. 삼성전자의 차세대 단말기 콘셉트를 개발하는 TF에 전격 선발된 것이다. 다양한 사업부에서 선발된 인원들과 함께 시작된 TF에서 내게 주어진 임무 중 하나는 해외 스타트업의 사례를 조사하는 일이었다. 그래서 나는 실리콘밸리를 비롯해 세계 각국의 스타트업 밀집 지역을 중심으로 눈에 띄는 스타트업을 살펴보기 시작했다.

그러던 중 북유럽의 스타트업 액셀러레이팅 프로그램인 '스타트업 사우나(Startup Sauna)'를 조사하기 위해 핀란드로 떠나게 됐다. 현지에서 유망한 스타트업들을 직접 만날 수 있다는 생각에, 이 기회가 정말 소중하다고 확신했다. 더욱이 유학을 했던 스웨덴과 같은 북유럽이라 나는 더 많은 기대를 했다.

실제로 지켜본 스타트업 사우나는 충격적일 정도로 대단했다. 전 세계에서 모여든 창업자들이 치열하게 경쟁하는 모습도 대단했지만, 때와 장소를 가리지 않고 이곳저곳에서 활발하게 교류하는 장면은 아직도 잊히지 않는다. 그들은 단순히 정보만을 교환하는 게 아니었다. 서로 조언을 해주며 부족한 부분을 채워주는 모습이, 그야말로 모두 '윈윈'할 수 있는 시공간이라는 느낌이 들었다. 마침 1년 중 해가 지지 않는 '백야' 기간이었는데, 그들은 밤이 깊어가는 것도 모른 채 비즈니스에 대한 토론을 끝없이 이어갔다. 해가 지지 않으니 그럴 만도 했지만, 나는 그 풍경이 지금도 눈에 선하다. 마치 유럽 챔피언스리그 결승전을 방불케 하는 듯, 길거리 펍(Pub)마다 창업자와 투자자들이 가득했다.

한국으로 돌아온 후에도 스타트업 사우나에서 느낀 뜨거운 열정이 가슴 속에 남아 있었다. 어렸을 때부터 사업을 하는 부모님 밑에서 자라 '사업은 어렵고 힘든 일'이라는 선입견을 가지고 있었는데, 어느 순간 그런 생각마저도 사라졌다. 핀란드에서 본 놀라운 경험들이 영향을 미쳤던 것 같다.

이후 기회가 찾아왔다. TF 업무를 마치고 원래의 업무로 돌아와 무료한 일상을 보내던 중, 사내 벤처 프로그램인 'C랩' 공모에 도전하게 되었다. C랩 과제에 선정되면 1년 동안 사업을 추진할 수 있는 시간과 공간, 자금을 지원받을 수 있었다. 창업의 꿈을 실현할 절호의 기회였기에, 나는 이 기회를 놓치지 않기로 결심했다.

소프트웨어 개발 분야에서는 전문성이 있다고 자부했던 나는 스마트폰 카메라의 활용도를 극대화한 애플리케이션을 아이템으로 선정했다. 그리고 필요한 기술을 보유한 직원들과 함께 다섯 명으로 팀을 구성했다. 우리는 스마트폰 카메라로 대상을 인식해 가장 적합한 기능을 실행하는 서비스인 '라이콘(LiCON, Lightly Control)'을 개발하기 시작했다. 라이콘은 TV나 에어컨을 촬영하면 리모컨 기능이 작동되고, 각종 디바이스에 카메라를 갖다대면 관련 앱 혹은 매뉴얼이 제공되는 방식이었다.

이 아이템을 개발하게 된 계기는 해외 출장에서 비롯되었다. 호텔에 머물며 낯선 기기의 작동법을 몰라 난감했던 기억에서 출발한 아이디어였다. '전 세계 어디서나 기기들의 사용법을 쉽게 파악할 수 있다면 얼마나 좋을까!' 이러한 문제 의식은 한글을 모르는 외국인이 한국을 처음 방문했을 때도 많은 도움이 될 것이라고 생각했다.

그러나 라이콘을 사업화하기에는 더 많은 시간이 필요했다. 앱을 폭넓게 활용하려면 포함해야 할 제품이 너무 많았고, 신제품의 출시 주기도 매우 짧았다. 또한 IoT(사물인터넷)에 기반하는 과정에서 딥러닝이 필요한 내용이 방대했다. 당시에는 딥러닝을 인식시키기 위해 사진 내 데이터 라벨링을 하는 회사들이 없어 팀 내에서 모두 소화해야 했다. 소프트웨어 개발 경험이 풍부한 팀원들과 함께했지만, 이를 실현하기에는 힘이 미치지 못함을 실감했다.

첫 도전은 그렇게 실패로 끝났지만 나는 도전 자체를 포기하지 않았다. 2016년 10월, 삼성전자에서 스핀오프를 한 뒤 그해 11월에 '로켓뷰(Rocket View)'를 설립했다. 라이콘을 개발하는 과정에서 한계에 부딪혔던 부분들을 처음부터 다시 점검하고, 선택과 집중을 통해 기술 활용의 범위를 설정했다. 이를 기반으로 이듬해 3월에는 '찍검'을 출시했다.

'찍고 검색'을 의미하는 애플리케이션인 찍검은 딥러닝 기반으로 개발한 OCR(광학문자인식) 기술로 데이터를 수집하는 것이 핵심이다. H&B(헬스 앤 뷰티) 스토어에서 스마트폰 카메라로 상품의 태그를 찍으면 상품의 속성, 성분, 후기 등의 정보는 물론 최저가까지 비교할 수 있다. 올리브영, 랄라블라, 롭스와 같은 H&B 스토어를 방문하는 고객들에게 편의를 제공하는 앱이었다.

찍검의 매력은 단지 상품 정보를 제공하는 데 그치지 않는다. 고객의 성별과 나이, 구매 패턴과 형태까지, 행동 로그 데이터를 수집할 수 있다. 매장에서 일어나는 모든 행위가 데이터로 변환되는 것이다. 예를 들어,

라이콘의 김화경 대표가 '찍검' 서비스에 대해 설명하고 있는 모습

고객이 찍검 앱으로 핸드크림을 구입했다고 하면, 매장에는 구매 내역만 남지만 로켓뷰는 고객이 무엇을 검색하고 들여다봤는지까지 기록하게 된다. 관심 상품이자 구매 의사가 높은 상품 데이터를 얻게 되는 셈이다.

구매 의사가 높은 상품과 함께 중요한 데이터는 구매 요인이다. 고객이 왜 이 상품을 샀는지가 중요하다. 찍검의 상품 정보 중 가장 중요한 데이터는 상품의 속성, 속성값이다. 예를 들어, 선케어 카테고리는 백탁 여부, 워터프루프 여부, 유기자차인지 무기자차인지 여부가 중요하고, 클렌징 카테고리는 약산성 여부, 세정력 등이 중요하다. 이런 정보는 대부분 상품의 상세 페이지나 카탈로그 내에 그림과 글자로 구성되어 있지만 그림 속의 글자는 데이터로 볼 수 없다. 우리는 많은 시간을 들여 글자로만 되어 있는 것들을 정형화된 데이터로 만들었다.

주위에서는 시간이 오래 걸리는 작업이라며 우려했지만 우리는 구매 요인에 대한 데이터 기획력, 수집, 정제, 가공, 관리, 분석에 대한 노하우를 쌓았다. 이는 새로운 데이터 시장으로 이어졌다. 이 데이터 덕분에 많은 유통 회사와 미팅을 했고, 데이터를 판매하기도 했다. 다양한 데이터가 쌓이면 고객의 취향을 파악할 수 있다는 장점이 있다. 이는 곧 빅데이터와 AI를 활용한 추천 알고리즘으로 이어졌고, 화장품 제조 시 상품 기획에 필요한 데이터에 기반한 NPD(New Product Development) 프로세스도 만들어냈다. 화장품 제조사 및 유통사에서 이 데이터를 탐냈다.

삼성전자에서 여러 가지로 인정받아 새로운 기회를 많이 얻었지만, 나는 주저 없이 창업에 뛰어들었다. 스웨덴에서 공부했던 경험 때문인지, 주어진 일만 하는 조직 생활을 견디는 것이 쉽지 않았다. 창의적으로 스스로 알아서 일하는 조직 문화를 그리워하며, 스핀오프 기회를 통해 창업을 결심하게 되었다. 물론 스타트업은 처음부터 끝까지 어려운 점이 많았다. 하지만 스타트업에서 느끼는 끈끈한 팀워크와 도전 정신은 대기업과는 또 다른 매력으로 다가왔다.

2022년 3월, 나는 로켓뷰를 설립한 지 6년째 되는 해에 국내 대기업에 로켓뷰의 기술력과 데이터의 가치를 인정받으며, M&A에 성공했다. 로켓뷰에서 H&B 시장이 커가는 것을 보며 특정 기업을 염두에 두고 만든 모델이 그 기업의 인정을 받았기에 M&A의 의미는 더욱 컸다. 이후 나는 해당 기업에서 디지털사업본부에 신설된 AI 추천 엔진 조직을 이끌게 되었다. 이곳에서 지금까지 축적한 데이터를 바탕으로 고객 맞춤형 AI 추천 서비스를 고도화하는 데 내 모든 역량을 집중하고 있다.

C랩과 로켓뷰 창업에서 배운 것은 끊임없는 도전이었다. 도전에는 두 가지의 결과물이 따른다. 성공과 실패! 성공할 때는 성취감을, 실패할 때는 고통과 좌절을 경험하게 된다. 하지만 이를 복기하며 경험치를 업그레이드할 수 있다. 많은 실패를 겪으면서 나의 최선은 될 때까지 하는 것이었고, 그 끈기가 많은 결과물을 성공으로 이끌 수 있는 열쇠가 되었다.

현재 내가 몸담고 있는 회사에서도 나는 여전히 도전에서 오는 실패와 성공을 느끼며 열심히 지내고 있다. 끊임없이 도전하고, 실패를 통해 배운 교훈으로 더 나은 미래를 만들어가는 과정은 나의 가장 큰 자산이다. 나는 오늘도 진정한 커리어우먼의 모습을 그리며, 도전을 계속해나가고 있다.

"문송합니다, C랩 CL로 화려한 변신"

오하람 CL

나는 SCSA(Samsung Convergence Software Academy, 삼성 청년 SW 아카데미)에서 새로운 도전을 시작했다. 이른바 '수포자'라 할 만큼 수학을 못하는 내가 과연 이공계 수업을 들을 수 있을지 고민이 되었다. 나는 문과 출신이라 두려움이 더 컸던 것 같다. "문송합니다(문과라서 죄송합니다)"라는 말이 절로 나왔다. 그러나 나의 취미 중 하나가 새로운 언어 배우기였다. '사람의 언어도 배우는데, 컴퓨터가 말하는 것 하나 못 배우겠냐!'라는 용기로 SCSA에 도전했다. 지금 생각해보면, 그런 근거 없는 자신감이 어디서 나왔는지 모르겠다.

입사 후 얼마 지나지 않아 C랩 홍보 세션을 듣게 되었다. C랩에 도전하고 싶다는 막연한 생각은 있었지만 어떻게 도전해야 할지 막막한 상태였다. 그러나 신입 사원을 대상으로 진행하는 '슈퍼루키 프로젝트'에서 사업부 1등을 당당히 거머쥔 적이 있었던 나는 그때 함께했던 팀과 다시 한 번 의기투합했다. 어떤 아이디어로 C랩에 도전할지 수많은 브레인스토밍을 시도했다.

그러던 중 우리는 여성들은 물론 최근에는 남성들에게도 고민인 피부 문제에 대해 생각이 모아졌다. 피부는 기미나 여드름이 어느 순간 갑자기 생기는 것이 아니다. 피부 속에서부터 트러블이 생길 조짐이 보이고, 그것이 시간이 지나면서 발현되는 것이다. 그래서 우리는 UV 카메라와 IR 카메라를 이용해 집에서도 홈케어할 수 있는 기기 및 프로그램을 만드는 아이디어를 구체화했다.

창의개발센터에서 첫 미팅을 했을 때, 스태프들은 제품의 실용성, 시장 가능성, 사용자 경험에 대해 집중적으로 질문했다. 우리 팀은 이를 대비해 시장조사와 사용자 인터뷰를 철저히 진행했었고, 제품이 일상적인 피부관리에 어떻게 혁신을 가져올 수 있는지 구체적으로 설명할 수 있었다.

첫 아이디어 발표 날, 긴장감이 있었지만 기대도 컸다. 수차례의 미팅과 토론을 통해 자료를 완성했기에, 자신감을 가지고 발표에 임했다. 홈케어 기기와 프로그램의 개발 과정, 시장조사 및 사용자 피드백을 바탕으로 한 분석 결과를 체계적으로 설명하고, UV와 IR 카메라를 활용한 혁신적인 접근 방식과 이로인해 사용자가 얻을 수 있는 혜택을 강조했다.

이 발표는 우리에게 소중한 경험이었다. 아이디어가 현실로 변하는 과정에서 생길 수 있는 문제들을 미리 파악하고 대비할 수 있었고, 이를 통해 우리는 피부관리와 건강을 위한 새로운 해결책을 제시하는 데 한 걸음 더 나아갈 수 있었다.

C랩 공모전 최종 발표를 준비하면서, 청중의 이목을 끌기 위해 매력적인 스토리 라인을 구축했다. 우리 팀은 제품의 핵심 가치와 시장에서의 차별점을 명확히 하며, 피부관리에 대한 오해와 사용자들의 고충을 해결하는 방법을 강조했다. 스토리 라인에는 사용자의 여정을 중심으로, 기술이 일상생활에 미칠 긍정적인 영향을 담아냈다. 시장조사 데이터와 경쟁사 분석, 장기적인 비전과 수익성 계획도 포함하여, 제품의 개념부터 시장 출시까지의 과정을 매력적인 이야기로 전달했다.

마침내 C랩 공모전 최종 발표 날이 다가왔다. 나는 1,000명 이상의 관중과 임원들 앞에서 발표를 했다. 삼성전자라는 대기업에서 2년 차 사원이 그룹장은 물론 바로 위 사수에게도 보고할 기회가 많지 않는데, 이런 큰일을 맡게 되다니, 그저 얼떨떨하기만 했다. 긴장감 속에서도 제품 개발 과정과 시장에서의 잠재력을 자세히 설명하며, 우리가 추구하는 사회적 가치를 강조했다. 비록 질문 세션은 없었지만, 발표는 청중들의 큰 관심을 받았고, 많은 사람이 발표 후에 다가와 대화를 나눴다.

이 경험은 나에게 큰 자신감을 주었다. 맡은 역할을 성공적으로 수행할 수 있다는 확신을 얻었고, 앞으로의 도전에 당당히 맞설 자신감을 가지게 되었다. 그날, 내 경력에서 중요한 이정표를 세웠고, 신개념 뷰티 솔루션 개발을 목표로 하는 '미로움팀'에서 새로운 C랩 생활을 시작하게 되었다.

발표가 끝나고 모든 것이 순조롭게 흘러갈 것이라는 나의 생각은 다소 순진했다. 진짜 도전은 그때부터 시작되었다. 아이디어는 있었지만 이를 현실화할 팀원이 없었다. 그래서 적합한 인재를 찾기 위해 탤런트 오디션을 진행했다. 이 과정에서는 기술적 능력뿐만 아니라 팀워크, 창의성 그리고 우리의 비전에 공감할 수 있는지 등 여러 가지 측면을 고려했다.

마침내 우수한 소프트웨어 엔지니어들로 새롭게 구성된 팀은 다양한 전문 분야의 지식과 경험을 바탕으로 아이디어를 더욱 구체화하기 시작했다. 그러나 팀 내에 하드웨어 전문가가 없다는 문제에 직면했다. 하지만 그것 역시 넘지 못할 벽은 아니었다. 나는 직접 나서서 의학 교수님들의 자문을 구하는 것은 물론 피부 연구에 관한 지식을 활용해 사람에게 무해하면서도 정확한 측정이 가능한 UV 센서와 IR 센서를 찾아냈다.

이처럼 하드웨어 개발에 대한 부족한 지식을 인정하고, 외부 전문가들로부터 도움을 구하는 것은 우리 프로젝트를 한 단계 더 발전시키는 데 결정적인 역할을 했다. 특히 아이디어를 현실로 만드는 것은 혼자만의 힘으로는 불가능하다는 것, 그리고 좋은 사람들과 함께라면 어떤 어려움도 극복할 수 있다는 사실을 몸소 경험했다. 이 도전은 나에게 끊임없는 성장과 발전의 기회를 제공하며 앞으로 다가올 더 큰 도전을 준비하는 발판이 되었다.

이 과정에서, 특히 프랑스 로레알과의 미팅이 기억에 남는다. 로레알 관계자들은 우리의 프레젠테이션에 깊은 관심을 보였고, 여러 질문을 통해 깊이 있는 논의를 이어갔다. 미팅이 끝난 후, 로레알 측의 긍정적인 반응을 확인했을 때 우리는 큰 성취감을 느꼈다. 우리의 기술이 상업적 성공을 거둘 수 있다는 기대감이 생겼고, 이런 기대감 속에서 CES EUREKA에서의 경험은 우리에게 더 큰 목표를 향해 나아갈 동기를 부여했다.

CES에서 받은 긍정적인 피드백을 바탕으로 우리는 개선과 발전을 거듭했고, 결국 최종 보고회에서 스핀오프 대상으로 선정되었다. 그러나 나는 팀에 합류하지 않기로 결정했다. 이 결정은 쉽지 않았다. 프로젝트는 마치 내 자식 같았고, 함께 이룬 성과에 대한 자부심도 컸다. 하지만 나는 앞

오하람 CL과 어헤드 제품

　　　　　　　　　　　　　　　　　　　　　〔랩처럼 도전히리

으로의 내 미래와 이 프로젝트가 맞지 않는 부분이 있다고 판단했다.

그날 밤 나는 많은 생각을 했다. 프로젝트와 함께하지 못하는 아쉬움이 컸지만 다른 새로운 미래를 향해 나아가야겠다는 결심을 굳혔다. 마음 깊은 곳에서는 새로운 도전에 대한 두려움과 설렘이 공존하고 있었다. 나는 비록 스핀오프팀에 합류하지는 않았지만 그들이 성공할 수 있기를 진심으로 응원했다.

그렇게 스핀오프의 좋은 조건을 뒤로하고 현업에 복귀한 후, 나는 얼마 지나지 않아 퇴사하여 '어헤드(Ahead)'라는 새로운 스핀오프팀에 개인 자격으로 합류했다. 기존의 안정된 길을 버리고 스타트업 세계에 뛰어드는 것은 큰 모험이었다. 스타트업에서의 과정은 내가 이전에 경험하지 못한 새로운 도전 과제들을 안겨주었고, 그 속에서 나는 점차 성장해나갔다. 두려움 속에서도 나는 더 나은 자신을 조금씩 만들어갔다.

SCSA와 C랩 도전은 나에게 끊임없는 단련의 연속이었다. 문과 출신으로서 이공계 수업을 들으며 컴퓨터 언어를 배우는 부담감과, C랩 과제를 잘 해낼 수 있을지에 대한 두려움에 맞서야 했다. 창의개발센터에서는 아이디어를 구체화하고 발표하며 긴장감과 기대감을 경험했다. 이 여정은 단순히 기술과 아이디어를 얻는 것을 넘어, 나 자신을 발견하고 성장하게 한 과정이었다.

이제 나는 더 큰 목표를 향해 도전하며, 새로운 기회를 찾아나섰다. 각 단계마다 배운 것들을 바탕으로, 나는 더 나은 미래를 향해 나아갈 준비가 되어 있다.

CHAPTER 12

스핀오프한 스타트업들

2013년 3월 처음으로 열린 'C랩 공모전' 이후, 약 400개의 과제가 수행되었으며, 이 중 200여 개의 과제가 1년간의 C랩 과정을 마치고 각 사업부로 이관되었다. 또한, 62개의 과제는 스핀오프를 통해 창업으로 이어졌다. 이러한 C랩 출신 스타트업들은 CES에서 100회 이상의 혁신상을 수상하며 눈부신 성과를 거두고 있다. 특히, 특정 연도에 3관왕을 차지한 기업이 있는가 하면, 5년 연속 혁신상을 받으며 지속적으로 좋은 성과를 이어가는 기업들도 있다. 이들 중 3개사는 대기업에 인수되었고, 일부는 예비 유니콘이나 아기 유니콘으로 선정되며 유니콘 기업으로 성장할 꿈을 키워가고 있다.

이 장에서는 각 사업 분야별로 대표적인 C랩 출신 스타트업들을 소개하여, 창업자들에게 실제적인 영감을 제공하고자 한다.

💡 링크플로우 | C랩 출신의 1호 상장기업을 꿈꾸다

2016년 11월, 삼성전자에서 스핀오프한 링크플로우(LINKFLOW)는 세계 최초로 웨어러블 360도 카메라를 개발했다. 이 웨어러블 카메라는

360도 영상합성 기술로 국내 특허 25개, 해외 특허 26개를 보유하고 있다.

2016년, 시장에는 이미 360도 카메라가 있었다. 삼성전자가 개발한 레저용 제품이었다. 이 제품은 한 손으로 들어야 한다는 점과 촬영자가 항상 나온다는 단점이 있었다. 이런 단점을 해결하기 위해 넥밴드 타입의 360도 웨어러블 카메라 아이디어로 C랩에 도전한 팀이 바로 링크플로우다. 프로토타입이 완성될 즈음, 시장 검증을 위해 일본 오사카 보안 전시회에 출품했는데, 넥밴드 타입의 360도 카메라의 미래를 예측할 수 있는 절호의 기회를 만났다. 한 일본 보안업체가 전시회에 출품한 제품 10대를 모두 구매했던 것이다. 양산품도 아니어서 신뢰성도 충분히 확보되지 않았는데, 비교적 높은 가격을 받고 판매되었다. 링크플로우는 이런 멋진 고객을 계속 발굴할 것이라는 희망을 안고 스핀오프를 하게 되었다.

웨어러블 360도 카메라는 하드웨어 형태로 판매되지만 기술의 핵심은 소프트웨어다. 물론 하드웨어에서도 웨어러블 360도 카메라의 기술은 독보적이라고 할 만하다. 사람의 몸에 직접 착용하는 웨어러블 기기는 난이도가 아주 높기 때문이다. 예를 들어, 차량에 탑재한다고 가정해 볼 때 기기의 무게나 발열감은 큰 문제가 되지 않는다. 그런데 웨어러블 카메라는 약간만 불편해도 사람들이 사용하지 않는다. 게다가 무겁고 발열이 있으면 소비자들은 제품을 잘 받아들이지 않는다. 그래서 하드웨어에서는 웨어러블 형태로 시도한다는 게 정말 힘든 일인데, 링크플로우는 웨어러블로 시장에 뛰어든 것이다.

특히, 링크플로우는 자사 제품에서 초고속 스티칭(Stitching)을 핵심 기술로 꼽는다. 스티칭은 여러 개의 영상을 이어붙이는 작업으로, 360

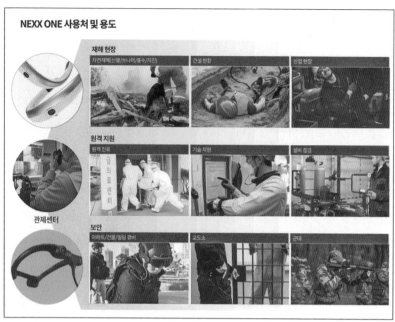

링크플로우의 대표 제품 '넥스'의 다양한 용도

도 영상에서는 이 작업이 매우 중요한 역할을 한다. 현재 이 기술의 최고 경쟁사는 이스라엘 기업인데, 링크플로우의 기술이 이에 훨씬 앞선다.

링크플로우의 360도 카메라에는 기기 안에서 얼굴을 바로 인식한 뒤 자동으로 모자이크 처리해주는 기능이 탑재되어 있다. 그뿐만 아니라 실시간 MR 영상합성 기능, 멀티 카메라 노출 보정 기능 등도 함께 들어가 있다. 이런 기술들로 인해 안전·보안 분야에서 웨어러블 360도 카메라를 선호하고 있어 수익성도 꾸준히 증가하고 있다. 주로 B2C 및 B2B 방식으로 시장이 형성되어 있는데, 매출의 상당 부분이 여기서 발생한다.

링크플로우의 제품군은 크게 두 가지로 나뉜다. 'Fit 360'은 메타버스와 1인칭 영상에 대응하는 제품으로, 주로 B2C 시장을 겨냥하고 있다. 반면, 목에 착용하는 '넥스(NEXX)'는 주로 B2B 시장을 목표로 하고 있으며, 방산 및 치안 분야에서 사용된다. 사실, 기존의 카메라 시장에서 B2C는 고프로(GoPro)로 대응되는 액션 카메라 제품이, B2B는 보디캠(Body Cam) 제품이 주를 이루고 있다.

그런데 고프로든, 보디캠이든 전방만 촬영할 수 있다는 한계가 있다. 물론 B2C는 별 상관이 없고, 후방이나 측면을 촬영하고자 하는 니즈 역시 크지 않다. 그러나 보안·안전이 주를 이루는 B2B는 사건·사고에 대응하기 위해 전방향 촬영이 꼭 필요하다.

그런 면에서 보면, 링크플로우의 제품은 기존에 사용하던 보디캠으로는 촬영이 불가한 부분까지 커버해주는 것은 물론 영상을 빠르게 붙여주기에 경쟁력이 있다. 또한 '입는 카메라'라는 별칭으로 불리며, 악성 민원인을 대응하는 해결책으로 언론의 주목을 받았다. 학교에서는 폭언이나 폭행이 큰 문제가 되는데, 상황을 생생하게 기록함으로써 모든 사람의 안전을 지킬 수 있게 됐다. 링크플로우 제품을 착용 후 기존 문제들이 절반으로 줄어드는 효과를 보이고 있다.

보안·안전 측면에서 링크플로우 제품의 경쟁력은 크게 두 가지로 볼수 있다. 첫째. 온 디바이스 AI 기술 덕분에 기기 자체에서 사람의 얼굴을 인식하고, 후보정이나 편집 없이 바로 모자이크 처리할 수 있다.

둘째, 링크플로우의 카메라는 사각 지대 없이 모든 방향을 촬영할 수있고, 매우 빠르게 영상이 합쳐진다. 하지만 링크플로우가 처음부터 온디바이스 AI 기능을 염두에 두고 제품을 만든 것은 아니다. 스티칭 기술을 구현하기 위해 기존 보디캠보다 훨씬 고성능의 CPU를 사용했는데, 이 덕분에 다른 고급 기술도 추가할 수 있었다. 특히 얼굴 인식을 위해

NPU(신경망 처리 장치)가 필요했는데, 링크플로우는 2019년부터 NPU를 탑재했기 때문에 얼굴 인식 등 온 디바이스 AI 기능을 갖춘 카메라를 최초로 만들 수 있었다.

한편, 웨어러블 360도 카메라는 보안·안전과 관련된 공공기관에서 주로 사용되며, 이 분야에서 매출의 90퍼센트 이상이 발생하고 있다. 예를 들어, 경찰청과 800억 원대의 계약을 체결했으며, 국내 건설 현장에서도 중대 재해를 예방하기 위해 활용되고 있다. 또한 방산 분야에서도 두각을 나타내고 있다. 대한민국의 5세대 보병 전투 장갑차인 레드백 장갑차에 링크플로우의 제품이 탑재되었으며, 미국의 군수산업체 제너럴 다이내믹스(GDC, General Dynamics Corporation)와도 200억 원 규모의 수출 계약을 완료한 상태다.

웨어러블 360도 카메라의 인기는 여기서 끝이 아니다. 사우디아라비아와 우크라이나에서도 주문이 쇄도하고 있다. 특히 레드백 장갑차에는 소프트웨어 및 영상 합성 기술을 납품하고 있다. 장갑차 겉면에 달려 있는 카메라가 촬영한 영상을 합성하고, 그 영상을 장갑차 내에서 군인이 착용하고 있는 AR 글래스로 보내주는 것이다. 그러면 마치 장갑차가 벽을 투과하는 것 같은 효과를 볼 수 있게 된다. 이를 SAS(Situation Awareness System)라고 하는데, 우크라이나 전쟁과 이스라엘 전쟁에서도 사용되고 있다. 링크플로우는 현재 K2, K1 전차와 장갑차에도 10년에 걸쳐 1조 2천억 원 규모로 납품될 예정이라고 한다. 이는 성능과 가격 경쟁력 면에서도 링크플로우의 제품이 타사보다 우위에 있다는 것을 여실히 보여주는 것이다. 이와 함께 링크플로우의 웨어러블 360도 카메라가 다양한 분야에서 어떻게 시장을 개척했는지에 대해, 링크플로우 대표는 이렇게 회상했다.

"우리 제품이 이렇게 다양한 분야에서 활용될 수 있었던 건, 회사의 생존을 위해 모두가 사활을 걸었기 때문입니다. 코로나 이전에는 들어오는 주문에만 의존했기 때문에 매출이 2~3억 원도 안 되었어요. 찾아오는 고객만으로는 1~2억 원의 매출을 만드는 것도 어려웠죠. 그러던 중, 코로나가 발생하면서 그나마 있었던 레저용 판매마저도 사라져버렸습니다. 정말 힘든 시기였어요. 그때 창업 멤버들이 함께 결심했습니다. 각자 중요한 시장 한두 개씩을 반드시 찾아내자고 마음을 굳혔죠. 저는 군인과 경찰 시장을 맡았습니다. 공무원들을 만나기 위해 일주일에 몇 번씩 찾아가면서, 우리 제품의 가능성을 알리기 위해 온 힘을 쏟았습니다."

위기라는 말에는 위험과 기회를 동시에 내포하고 있다고 한다. 코로나 초기, 중국이 우한을 완전히 봉쇄했을 때, 원격진료 수단이 절실히 필요했다. 바로 그 순간, 링크플로우의 넥밴드 360도 카메라에 대량 주문이 들어왔다. 마치 하늘이 스스로 돕는 자를 돕는다는 말처럼, 절박함 속에서 살 길이 열렸다. 이렇게 시장을 하나하나 개척해나가며, 링크플로우 대표는 "몸을 갈아넣어서 안 되는 일은 없다."라는 진리를 온몸으로 깨달았다고 한다. 이 한마디에는 그가 겪어온 수많은 어려움과 이를 극복해낸 의지와 결단이 담겨 있다.

링크플로우는 2017년에 시리즈 A 투자를 받으며 첫발을 내디뎠다. 2018년부터 CES 혁신상을 수상하면서 글로벌 IT 기업으로부터 약 100

억 원의 투자를 유치했고, 2019년에는 KT와의 협력으로 5G 서비스를 론칭하며 KT로부터 추가 투자를 받았다.

또한 2020년에는 CES 혁신상을 3년 연속 수상하며 NH증권과 알바트로스로부터 시리즈 B 투자를 받았고, 급속히 성장하는 가운데 2021년에는 예비 유니콘 기업으로 선정되었다. 이때 산업통상자원부의 신기술 인증과 조달혁신제품 선정도 이루어져 정부로부터 공식적인 인정을 받았다. 링크플로우의 행보는 여기서 멈추지 않았다. 2022년에는 링크플로우의 제품이 행정안전부 공직자 민원 매뉴얼의 표준 제품으로 선정되었고, 국내 웨어러블 제품 시장에서 90퍼센트의 점유율을 기록하며 1위를 달성했다.

링크플로우의 성장세가 지금처럼 이어진다면 세계 시장 1위에 오르는 날도 얼마 남지 않은 듯하다. 2024년에는 공공시장 점유율 확대와 경찰청 보디캠 선정 등의 성과로 SBI인베스트 등으로부터 100억 원대의 시리즈 C 투자를 유치하면서, 누적 투자금이 350억 원에 이르렀다. 링크플로우는 이제 IPO에 한 걸음 더 가까워지며, 글로벌 시장에서의 성장을 이어가고 있다.

물론 경쟁 제품이 없는 것은 아니다. 하지만 링크플로우의 제품처럼 개인정보보호법 솔루션 기능이 탑재된 제품은 존재하지 않는다. 그렇기에 경찰청 시범 사업으로 선정되기도 했고, 미국 시장에 200억 원에 달하는 수출 계약을 완료할 수 있었다.

처음 스핀오프한 공동 창업자 네 명이 모두 회사에 남아 있다는 것도 링크플로우의 자랑이다. 현재 링크플로우는 C랩 출신으로서, 1호 상장 기업에 도전하고 있다. 예비 유니콘으로 선정될 때 링크플로우는 'AA'

C랩처럼 도전하라

등급을 받았다. 상대적으로 높은 등급을 받은 셈이다. 2025년도 1분기에 기술 특례로 상장할 예정이다.

💡 에바 | 전기차 시대의 유니콘 기업을 꿈꾸다

"충전은 어디서 하지?" 2016년 무렵, 테슬라가 모델 3을 처음 발표한 뒤, 온라인으로 예약을 받았다. 그때 에바(EVAR) 대표도 예약을 했는데, 문제는 충전이었다. 에바 대표는 자신이 거주하고 있는 아파트에서 전기차를 충전하기가 어렵다는 것을 뒤늦게 알게 되었다. 현재 국내 아파트 공용 주차장은 지정 주차가 아닌 것은 물론 심지어 주차 공간도 부족하다. '주차 전쟁'이라는 말처럼 일반 주차도 자리가 없어 난리인데, 전기차 전용 주차 공간이 있을 리 없었다.

그래서 에바 대표는 '주차 공간의 제약 없이 전기차를 충전하려면 어떻게 하면 좋을까?' 하는 고민을 하게 되었다. 이때 생각해낸 것이 바로 휴대폰에 사용되는 '보조 배터리'였는데, '전기차도 이렇게 하면 되겠네!'라는 아이디어를 얻었다. 그는 전기차도 주차 위치와 무관하게 밤에 보조 배터리가 찾아와서 충전을 해주면 되겠다고 생각했다. 즉, 바퀴를 단 이동형 충전기에 자율주행 기능을 탑재해, 기기가 차량의 위치를 스스로 찾아가, 알아서 충전해주는 편리한 모습을 상상한 것이다.

이 아이디어는 2017년에 C랩 과제로 선정되었는데 자율주행, 로봇, 2차전지 등 전기차와 관련된 모든 기술을 담고 있는 과제라서 많은 주목을 받았다. 이후 1년간 과제를 수행하며, 자율주행 로봇형 충전기를 개발함으로써 사업성은 물론 시장성을 높이 평가받았다. 이때 뜻을 같이

에바의
급속 충전기

했던 멤버들과 함께 스핀오프해서 '에바'를 설립했다. 에바는 전기차의 완속, 급속 충전기와 차량 탑재형 출동 충전 서비스, 자율주행 충전 로봇을 주력 사업으로 하는 기술 스타트업으로 자리 잡았다.

창업 초기에는 아이템의 혁신성을 인정받아서 정부 R&D 지원 사업에 선정되고, 창업경진대회에서 수상도 하는 등 주목을 받았다. 그리고 2019년에 시드(Seed) 투자와 프리(Pre) 시리즈 A까지 투자를 받았는데, 사업을 본격적으로 시작하는 데 제동이 걸리고 말았다. 사실, 에바의 창업 아이템은 규제로 인해 제약이 있었다. 제대로 된 매출도 발생하지 않는 상황에서 2021년에 시리즈 A 투자 라운드를 시작했는데, 매출이 없는 스타트업에 투자하겠다고 나서는 곳이 없었다.

그러다가 현대자동차에서 운영하는 스타트업 지원 펀드인 '제로원'에서 투자를 결정했고, 이후 삼성물산, GS글로벌, SK렌터카 등 여러 대기업으로부터 투자를 유치했다. 이때부터 투자금을 활용해 규제에 걸리지

C랩처럼 도전하라

않는 일반 충전기로 제품 라인업을 확대하고, 제품을 본격적으로 양산하기 시작했다.

2022년부터 매출이 본격적으로 나오기 시작했다. 지금까지 받은 누적 투자 금액은 약 300억 원에 이른다. 에바는 2022년에 전년 대비 매출이 1,200퍼센트 성장했고, 2023년에는 전년 대비 매출이 30퍼센트 정도 증가하며, 전기차 충전기 시장에 혁신을 불어넣고 있다.

에바의 제품 라인업은 크게 다섯 가지로 구분되어 있다. 우선, 전기차 완속 충전기가 있고, 2024년 신제품으로 출시된 급속 충전기가 있다. 그리고 배터리와 충전기를 차에 탑재한 이동형 충전기와 자율주행 로봇 충전기가 있는데, 이동형 충전 분야는 이제 규제가 일부 해소되어 2024년부터는 매출이 나올 것으로 예상된다.

또 에바는 애플리케이션과 클라우드 기반의 전기차 충전 서비스 플랫폼도 같이 공급하고 있다. 이는 에바가 단순 제조업에 머무는 것이 아니라 전기차 충전에 필요한 모든 솔루션을 제공할 수 있다는 것을 의미한다. 즉, 에바는 '충전 걱정이 없는 전기차'에 모든 역량을 집중하고 있다.

충전이 불편하다는 선입견과 편견 때문에 전기차를 구매하지 않으려는 사람들이 많다는 것을 염두에 두고, 그런 불편을 덜어줌으로써 더 많은 사람이 전기차를 구매할 수 있도록 용기를 주겠다는 전략이다. 그래서 에바는 전기차를 사용하는 사람뿐만 아니라 전기를 사용하는 방식에도 집중했다.

에바는 문제에 접근하는 방식이 타사와는 근본적으로 다르다. 다른 회사들은 더 빠른 충전기를 만들기 위해 스펙이나 가격 면에서 경쟁하지만, 에바는 충전하는 데 불편한 점을 해소할 수 있을지 또는 충전 인프라를 더욱 확장할 수 있을지 등의 근본적인 제약을 해결하기 위해 고민하면서 솔루션을 개발한다.

건물이나 아파트에 들어오는 전기는 건설 당시부터 이미 제한되어 있기 때문에 전기차가 많이 보급될수록 전기가 부족해지는 한계에 부딪히게 된다. 그래서 '어떻게 하면 정해진 양의 전기를 효율적으로 쓸 것인지'가 관건이다.

처음에 에바는 이동식 로봇 같은 배터리에 전기를 모았다가, 필요할 때 이동해서 전달해주는 방식을 고안했다. 그런데 규제 때문에 상용화가 쉽지 않자, 이번에는 일반적인 고정식 충전기에 '전력을 공유'하는 개념을 도입했다. 전기 용량이 제한되어 있더라도 여러 대의 충전기로 동시에 충전할 수 있는 기술을 개발했다. 이로써 에바는 전력 인프라의 부담을 덜고, 또 운영비도 절감할 수 있는 혁신적인 방안을 제품에 적용했는데, 현재 국내에서만 약 4만 기에 달하는 충전기를 공급하고 있다.

에바는 기술과 제조 두 분야에서 강점을 가지고 있는데, 직원들 중 창업자와 핵심 리더급의 대부분이 삼성전자 출신이어서 가능했다. 특히 제조, SCM 및 품질 분야에서는 삼성전자에서 20년 이상 경력을 쌓은 인력이 여럿 있어서, 시스템을 안정화하는 데 한몫했다. 이는 에바 공장을 방문한 적이 있는 투자사는 물론 고객사 관계자들도 모두 인정하는 부분이다.

에바가 완속 충전기를 시장에 론칭한 지 1년 만에 마켓셰어 1위를 달성했다. SK나 LG 같은 대기업들도 충전기를 만드는 상황에서, 특히 B2B 특성이 강한 제조업 분야의 치열한 경쟁 속에서 에바는 창업한 지 4년밖에 안 된 스타트업임에도 불구하고 주목할 만한 성과를 낸 것이다.

C랩처럼 도전하라

에바가 이처럼 놀라운 성과를 낼 수 있었던 이유는 뭘까? 에바는 SCM에 매우 강하다. 코로나19가 발생하며 중국이 봉쇄되고, 물류가 전부 묶이는 상황에 놓였다. 심지어 현대나 기아의 신차 출고가 1년 이상 적체되었는데, 이때도 에바는 단 한 번의 출고 지연이 없었다. 어떻게든 원자재 소싱을 제때 해와서 SCM을 타이트하게 잘 관리했고, 경쟁사가 주춤한 틈에 시장 점유율을 단기간에 끌어올렸다. 더욱이 현재는 시장 품질 수준도 경쟁사 대비 압도적으로 우위에 있는 상황이라 고객사들로부터 많은 신뢰를 받고 있다.

이런 성과를 내는 데까지는 어려움이 많았다. 특히, 초창기 창업 아이템인 배터리 기반의 이동식 충전기는 지하 주차장이나 주택가에 설치하는 설비다보니, 환경과 화재 안전에 따른 규제가 있을 수밖에 없었다. 전기차는 이동을 하지만 에바의 배터리는 주차장에 계속 비치되어 있으니, 일종의 ESS(Energy Storage System, 에너지 저장 장치)로 보는 시각이 있었기 때문이다. 게다가 전기차 충전기 품목에 대한 안전인증 기준에 '이동식'은 아예 존재하지도 않았다.

이처럼 여러 규제 문제를 해결하기 위해 정부가 지원하는 '규제 자유 특구' 사업을 신청했는데, 허가를 받기 위해서 세종시 정부청사를 매일 출근하다시피 했다. 당시 태양광 ESS 화재 사건이 빈번하게 일어나던 시기였기에, 허가를 받기가 쉽지 않은 상황이었다. 그런데 담당 부처 책임자를 만나서 필요성을 강조할 기회가 생겼고, 마침내 제주도에서 규제 특구 사업으로 추진할 수 있게 되었다. 2023년 2월에는 대통령이 참석하는 회의에서 규제 해소를 건의하는 기회도 얻었다.

한국에서 전기차 충전 사업의 확산을 위해 해결해야 할 두 가지 주요 문제가 있다. 첫째, 충전에 필요한 전력 공급의 부족이다. 전 세계적으로 전기차를 확산하자는 내용이 언급될 때마다 전력 부족이 거론되고 있다. 이처럼 전력 수요가 폭발적으로 발생하기 때문에 발전소를 새로 건립해야 한다고 주장하는 것이다.

둘째, 충전 장소의 부족이다. 한국은 주거 형태상 오래된 아파트가 많다 보니, 충전 장소를 확보하는 게 쉽지 않다. 그래서 에바는 이 두 가지 문제를 한 번에 해결해줄 수 있는 방안은 자율주행 로봇 충전기와 전력 공유형 충전기라고 확신하고 있다. 우선, 자율주행 로봇 충전기는 주차 위치에 상관없이 로봇이 돌아다니면서 충전을 하므로, 장소에 대한 제약에서 자유롭다. 또한 평상시 건물의 전기 사용량이 많지 않을 때는 내부에 탑재된 배터리에 전기를 저장했다가 다시 전기차에 전달해주는 방식이므로, 전기차가 늘어나도 건물의 전력 공급 용량을 늘릴 필요가 없다는 게 장점이다.

더욱이 전기차에서 사용되었다가 성능이 줄어든 배터리를 재활용하기 때문에 환경 보호 및 자원 재활용에도 일조할 수 있다. 한 연구 조사를 살펴보면, 2030년경부터 앞서 지적한 전력 부족 사태가 올 수 있다고 한다. 그래서 에바는 이를 기술적으로 해결했는데, 제한된 전력량으로도 전기차를 충전하는 것이다. 바로 '로드 밸런싱(Load Balancing) 기술'인데, 이를테면 멀티탭처럼 여러 대의 충전기가 연결되더라도 과부하가 걸려 차단기가 떨어지는 등의 상황을 방지하고, 필요한 전력을 서로 스마트하게 줄 수 있는 솔루션을 개발했던 것이다.

에바는 로드 밸런싱 기술을 세계 최초로 상용화해서 론칭했다. 공급 규모에 있어서도 세계 최대 규모이다. 이렇듯 기술과 제조 경쟁력이 뛰

C랩처럼 도전하라

어나기에 에바는 단기간에 마켓셰어 1위를 달성할 수 있었다. 2022년에도, 2023년에도 에바는 1위 자리를 지키고 있다. 또한 충전 솔루션 기업 중 세계에서 유일하게 CES 혁신상을 2년 연속 수상한 기업이기도 하다. 에바는 완속 충전기, 이동식 충전기, 자동 충전 로봇 세 가지 제품으로 총 다섯 개의 상을 받으며, 혁신 기업으로서의 가치를 드높이고 있다.

2023년에 에바는 삼성전자의 스마트 공장 지원 사업에 선정되었는데, 이때 삼성전자 멘토단이 공장을 둘러본 뒤, "이 정도면 멘토링할 게 별로 없는 수준"이라고 말했다. 에바의 대표는 현재 출시한 제품들은 글로벌 어느 사이트에 가더라도 바로 운영할 수 있을 정도의 수준으로 올라왔다고 자신하며, 세계 무대에서도 그 기세를 당당히 떨치겠다는 포부를 드러냈다.

에바의 대표는 삼성전자에 있을 때 경영진이 특허에 대해 강조했던 부분을 기억해서 특허 또한 적극적으로 출원했다고 한다. 실제로, 에바는 스핀오프를 한 지 얼마 되지 않은 터라 타 경쟁사에 비해 업무 경력이 많이 부족했다. 그런데도 특허 등록 출원 건수는 가장 많다. 국내는 물론 해외 특허 출원 수도 경쟁사 대비 2~3배가 많은 수준이다. 특히 핵심 기술인 A급 특허는 타사 대비 훨씬 많이 보유하고 있다. 그래서인지 에바는 기술적인 면을 비롯해 경쟁력 측면에서도 국내에서 명실공히 1위를 차지하고 있다.

에바의 비전은 크고 원대하다. 다음 세대에게 깨끗한 지구를 물려주기 위해 친환경 전기차 사업에 기여하겠다는 것이다. 에바는 앞으로도 국내에서 마켓쉐어 1위를 고수하고, 매출 규모는 작년 대비 2배 성장하겠다는 계획을 밝혔다. 또 2026년에는 IPO 상장을 목표로 삼고 있다.

에바는 IPO에 상장함으로써 글로벌 시장에서 빠르게 성장할 수 있는 동력을 얻고, 전기차 충전뿐만 아니라 친환경 에너지 분야에서 유니콘 기업으로 성장하고 싶다는 포부를 밝히고 있다.

💡 링크페이스 | 스타트업 최초 'CES 혁신상'을 5년 연속 수상하다

링크페이스(Linkface)는 스타트업 최초로 5년 연속 CES 혁신상을 수상했다. 그것도 매년 다른 제품으로 각각 수상한 것이다. 하지만 어떤 스타트업보다 혹독한 데스 밸리 과정을 겪으면서 극적으로 회생한 기록 또한 가지고 있다.

링크페이스가 처음 개발한 제품은 VR 기기에 생체 신호 센서를 장착한 제품이었다. VR 디바이스에서는 시선 추적은 물론 표정과 입 모양을 인식할 수 있었다. 여기서 생체 신호란 얼굴 근육이 움직일 때 발생하는 미세한 전기 신호를 의미하는데, 이를 감지하고 분석하는 게 기술의 핵심이다. 링크페이스는 VR에 적용한 제품을 가지고 B2B 비즈니스 모델을 만들어 스핀오프를 했다.

링크페이스가 스핀오프를 했던 2017년에는 VR 기기들이 엄청난 인기를 누리고 있었다. 당시 페이스북이 오큘러스(Oculus)를 인수했는데, 삼성전자도 VR 제품을 내놓는가 하면, 구글과 애플도 VR 시장을 향해 걸음을 내딛고 있는 상황이었다. 하지만 링크페이스는 스핀오프를 한지 6개월이 지날 무렵, VR 시장 자체가 둔화하고 있다는 것을 알게 됐다. 심지어 삼성전자가 VR 사업의 전망을 낙관적으로 보고 있지 않다는 소문도 들려왔다.

5년 연속 CES 혁신상을 수상한 링크페이스의 제품들

　이때 링크페이스 대표는 "아마존 VR 판매량을 조사해보니, 분명한 감소세가 보였다. IT 디바이스 전체 판매 순위에서 10위권 밖으로 밀려난 적이 없던 VR 디바이스들이 50위권 밖으로, 100위권 밖으로 밀려난 걸 확인했다."라며 당시 상황을 전했다.

　그 무렵 링크페이스는 창업 아이템의 불확실성, 시장의 변화 등으로 내부 갈등이 불거졌다. 1년 동안, 개발과 상품화에 전력을 다하기보다 내부 의견이 대립되며 무의미한 시간을 보내야만 했다. 결국 창업 멤버 두 명이 먼저 중도 하차하고 삼성전자로 복귀했다. 초기 창업자 두 명만 남은 상황이었다.

　링크페이스는 더 이상 VR 폼팩터만을 고집할 수 없었다. 그래서 얼굴의 생체 신호를 인식해 활용하는 코어 기술을 살려서 피봇팅을 하기로 결심했다. 본래 눈 주변 안면부의 신호 감지 센서로 생체 신호를 감지했는데, 이제 그 기술을 '귀'에 적용하기로 했는데, 마침 무선 이어폰 시장이 움트기 시작한 때였다.

링크페이스는 뇌파 센서를 적용한 수면용 이어폰, '꿀잠을 자게 해주는 스마트 이어 플러그' 라는 제품을 개발했다. 이는 사용자의 수면 여부와 깊은 잠, 얕은 잠 등의 수면 단계를 뇌파로 감지해서 기능이 자동으로 조절되는 특징이 있다. 즉, 사용자가 잠들면 종료되고, 뒤척이며 깨면 다시 작동되거나, 얕은 잠일 때 깊은 잠으로 유도하는 원리다. 수면 유도 사운드는 이어폰에서 나오고, 수면 유도 빛(조명)은 이어폰 케이스가 담당하도록 제품을 만들었다. 뇌파를 잘 측정하려면 사용자의 피부에 측정 센서가 움직임 없이 잘 밀착되어야 하는데, 이어폰은 귀에 고정된 형태로서 수면 시 몸의 움직임이 거의 없으니 아주 적합했다.

하지만 소재가 문제였다. 생체 신호를 감지하는 대부분의 센서(전극)는 금속으로 이루어져 있는데, 이는 생체 신호가 미세한 전기 신호의 일종이기 때문이다. 그래서 전기가 매우 잘 통하는 소재여야 했다. 그런데 금속 센서를 이어폰에 적용한 뒤 제작해서 테스트해보니, 현실적으로 사용할 수 없다는 판단이 들었다. 차갑고 딱딱해서 귀에 착용하기에는 너무 불편했기 때문이다. 그래서 찾아낸 것이 피부에 닿아도 안전하면서 전기가 잘 통하는 실리콘 소재였다. 원래 우리가 실생활에서 사용하는 다양한 실리콘은 전기가 전혀 안 통하지만 전기가 통하는 특수 실리콘을 찾아나섰던 것이다.

그런데 그 실리콘을 제작하는 업체를 찾는 일은 쉽지 않았다. 전 세계를 수소문했지만, 회사에서 원하는 스펙을 가진 전도성 실리콘을 제작하는 업체는 거의 없었다. 몇 안 되는 제작 업체들로부터도 모두 거절당했다. 해당 실리콘은 군용, 우주, 항공 등 특수 목적에만 사용되는 고가의 소재였다. 설령 구매할 수 있다 하더라도 가격 경쟁력 측면에서 효율성이 크게 떨어졌다.

링크페이스는 스핀오프를 한 지 1년도 지나지 않은 시점이었으므로, 투자금은 아직 남아 있었다. 그러니 한번 만들어보자고 결심한 뒤, 이른바 '맨땅에 헤딩한다'는 심정으로 2년 동안 소재를 개발하는 데 몰두하며, 관련 논문과 특허들을 하나하나 찾아보고 또 시도해봤다. 피부에 닿는 소재는 필수적으로 통과해야 하는 여러 안정성 시험이 있다. 화장품 등에 적용되는 피부 관련 안전성 시험인데, 링크페이스는 세 가지를 모두 1등급으로 통과했다. 금속과 동등한 수준의 전기 전도성을 갖춘 새로운 실리콘 소재를 개발하는 데 성공했다.

그런데 수면용 무선 이어폰은 크기가 너무 작아서 스타트업 수준에서는 상용화하기 위해 제품을 개발하는 데 무리가 있었다. 그래서 전도성 실리콘 센서를 적용해서 아동용 청각 보호 헤드폰을 개발했다. 아동들이 유튜브를 시청하는 시간이 늘어남에 따라 아동 난청 환자도 많아졌다. 그 당시 WHO에서 이어폰, 헤드폰 제조사들에게 "난청을 예방하는 기능이 탑재된 제품을 만들라."라고 권고한 것을 보면, 얼마나 심각한 상황이었는지 짐작할 만하다.

난청을 예방하기 위해서는 총 음량이나 사용 시간을 제한하거나 볼륨을 조절하는 방법이 있지만, 문제는 개인마다 소리의 크기를 느끼는 정도가 다르다는 점이었다. 링크페이스는 뇌파를 분석하여 각 주파수별로 사용자가 어느 정도의 소리를 들을 수 있는지 측정·분석할 수 있는 제품을 설계했다. 이 제품은 소리를 인식하는 데 중요한 역할을 하는 뇌에 초점을 맞추었다.

이 설계를 통해 사용자가 해당 제품을 사용해 노래를 한 곡 들으면, 음원의 특정 주파수 대역에 따라 사용자의 귀가 받는 자극 정도를 측정한다. 그런 다음, 이 데이터를 활용해 잘 듣는 주파수 대역은 약간 낮추고, 잘 듣지 못하는 부분은 더 올려주는 방식으로 자동으로 음질을 조정한다. 이는 사용자가 헤드폰을 통해 음악을 들을 때 청력을 보호하기 위해 최적화된 음향 설정을 뇌파를 통해 자동으로 조정해준다는 의미다. 이 제품이 바로 청력 보호 헤드폰인 'Dear'이다.

2020년 1월, 링크페이스는 청력 보호 헤드폰 Dear를 세상에 알리고자 CES에 참가했다. 관람객들은 Dear의 성능에 감탄하며 폭발적인 반응을 보였다. 그때 링크페이스는 처음으로 CES 혁신상을 받았다. 그런데 더욱 뜻밖의 일이 있었다. 링크페이스는 중소벤처기업부에서 지원해주는 스타트업 부스에 있었는데, 유명한 글로벌 대기업이 직접 찾아온 것이다. 이후 미팅 일정을 논의했던 것은 물론 MOU를 맺기도 했다. 더욱이 애플, 삼성, 소니, 필립스와 계약서를 작성하는 등 중요한 경험을 했다. 특히 소니는 전시 일정 동안 다섯 번이나 찾아와 향후 일정을 논의했다. 청력 보호 헤드폰은 링크페이스의 Dear가 세계에서 유일했기에 경쟁사도 없었다.

하지만 예상치 못했던 코로나19가 전시회 직후 전 세계적으로 퍼지게 되면서 약속했던 미팅이 줄줄이 취소되고, 이메일과 온라인 미팅으로 소통을 해야만 했다. 협업을 통해 제품을 개발하던 것은 속도를 내지 못하고 있었고, 게다가 직접 만날 수도 없는 상황에서 연구개발 협업을 진행할 수밖에 없었다. 하지만 그마저도 협력 대상 회사의 비상 경영 혹은 조직 통폐합 등으로 공동 연구개발이 취소되면서 회사 경영에 어려움이 가중되었다.

코로나19가 전 세계적으로 창궐하는 상황이 해를 넘겨 계속되었다. 그래서 링크페이스는 코로나 상황에 맞는 제품을 만들겠다는 전략을 세웠다. 그렇게 해서 만든 두 번째 제품이 바로 '바이오 넥밴드'다.

링크페이스가 개발한 실리콘 센서를 목 경동맥에 닿게 착용하면, 사용자의 호흡과 기침, 심전도 등을 동시에 실시간으로 원격 모니터링할 수 있다. 코로나의 주요 증상을 감지할 수 있는 제품으로, CES 혁신상을 받는 것은 물론 다시 한 번 센세이션을 일으킬 것이라고 기대했다. 그러나 아쉽게도 코로나 때문에 CES 전시회가 오프라인으로 열리지 못하고 온라인 행사로 진행되었다. 결국 두 번째로 CES 혁신상만 받았을 뿐 협력 대상이나 고객사를 만날 수는 없었다.

2021년부터 후지제록스, 삼성, LG, 로레알과의 협업이 조금씩 있었지만 단기간에 만족할 만한 수익화는 이룰 수 없었다. 아무래도 B2B 비즈니스다보니, 당장 양산하고 판매하는 것보다는 3년 후 혹은 5년 후 새로운 미래를 준비할 제품을 연구개발할 계획을 세울 수밖에 없었다.

"이대로 가다가는 운영 자금이 떨어져서 회사 문을 닫겠다는 생각이 들었어요." 대표의 말대로, 연구개발로 이미 2년간 수익 없이 보낸 상태였기에 자본이 거의 소진된 상태였다. 링크페이스 대표는 당시 상황을 이렇게 전했다.

"CES 첫 참가 직후 해외 VC나 국내 기업으로부터 투자받을 기회가 많았지만, 당시 저희는 사업 전망이 밝다고 판단해 투자금을 높게 요구하다가 결국 무산되었습니다. 국가 과제는 사업에 지장을 주지 않도록 1년에 연구 과제와 사업화 과제 각각 하나씩만 수행해왔습니다. 국가 과제를 여러 개 수행하며 사업을 유지할 수도 있었지만, 그렇게 하면 본 사업에 집중할 수 없다고 판단했죠. 2020년과 2021년의 힘든 시기에는 국가 과제로 연구개발을 지속하면서 인건비를 일부 충당했습니다."

그럼에도 링크페이스는 힘든 상황이 계속되었다. 통장에 잔고가 1,000만 원도 남지 않았다. 하지만 스핀오프 후 5년 내 삼성전자로의 복귀 카드가 남아 있었기에, 복귀를 진지하게 고민하게 되었다. 그 즈음 삼성전자에 재직 중인 동기들 대부분은 억대 연봉자들이 되어 있었다. 실패를 선언하고 회사 복귀의 유혹이 밀려오자 깊은 자괴감에 빠지기도 했다. 하지만 그 좋은 회사를 퇴사하고 창업을 선언했던 당시의 패기를 떠올리며, 여기서 포기할 수 없었다.

원래 새로운 것을 시도하는 걸 좋아했기에 스핀오프 후 지금까지 링크페이스에서 200만 원의 월급을 받으면서 비록 힘들지만 미래를 생각하며 버틸 수 있었다. 함께 창업한 이사도 대표와 같은 마음이었다. 두 사람 모두 자신들이 이룬 것을 아주 자랑스럽게 여기고 있었다.

사실 링크페이스 대표는 삼성전자에 엔지니어로 연구소에 입사했다가 제품 디자인 직군으로 옮겨 수석 디자이너로 2년 정도 근무했는데, 현업 두 곳에서 모두 중요한 핵심 업무를 담당하였다. 그런 가운데 C랩에 도전했다. C랩에서 과제를 수행한 뒤 스핀오프를 할 때, 주변에서 후회하지 않겠냐고 우려를 하기도 했었다. 그럼에도 불구하고 창업을 선택했는데, 이렇게 포기할 수는 없다고 생각했다.

무선 이어폰 시장이 폭발적으로 성장하기 시작하자, 삼성전자와 애플이 무선 이어폰 시장에서 독보적인 행보를 보이고 있었다. 링크페이스는 무선 이어폰 시장을 주목했다. 사람들이 이어폰을 장시간 이용하다 보니, 귀 건강이 나빠졌다는 뉴스가 연일 보도되었던 것이다.

공부할 때는 물론 출퇴근 때나 업무 시간에도 이어폰을 사용하다보니 외이도염 환자가 급증하고 있었다. 그런데 제품 사용자들로부터 귀가 아프다는 불만이 끊이지 않았지만 제조사들은 마땅한 솔루션을 제시하지 못한 채 사용 시간을 줄이라는 권고밖에 해줄 수 없었다.

이를 두고 의사들은 귀를 막아 생기는 습기가 문제라고 한결같이 이야기했다. 귀는 마치 좁고 어두운 긴 터널처럼 생겨서 한번 습해지면 습기가 잘 빠지지 않고, 습한 상태가 계속 유지되면 곰팡이균과 세균으로 인해 염증이 생긴다는 것이다.

링크페이스는 곧바로 실험에 착수했는데, 여름철에는 이어폰을 20분만 착용해도 귀 안의 습도가 95퍼센트를 넘는다는 사실을 발견했다. 그래서 링크페이스는 '귀가 숨을 잘 쉴 수 있게 해주자.'라는 의미에서 세계 최초로 웨어러블 제습 제품인 '디어버즈(DearBuds)'를 개발했다.

2022년, 링크페이스는 이 제품으로 세 번째 CES 혁신상을 받았다. 디어버즈는 마치 무선 이어폰처럼 생겼지만, 음악을 재생하는 기능 대신 빛과 열, 공기를 순환하는 기술을 적용함으로써 귀를 안전하고 또 빠르게 뽀송뽀송하게 해주는 기능이 탑재된 것이 특징이다. 즉, 귓속에 공기가 순환될 수 있는 환경을 만들어 귀 안에 있던 습한 공기를 계속 바깥으로 내보내면서 빛과 열로 습한 공기를 증발시키는 방식을 적용했던 것이다.

디어버즈는 3분마다 10리터의 공기를 순환시켜주므로 귀가 빠르게 건조된다. 더욱이 귀에 착용하는 제품이다보니 매우 작은 소음도 크게 들리게 되는데, 미 NASA의 자기부상 기술을 적용한 후부터 소음이 크게 줄어들어 조용해진 장점이 있다.

디어버즈를 양산하고 판매하는 과정에서 링크페이스는 여러 어려움에 직면했다. 시제품 제작 경험만 있던 링크페이스는 양산 경험이 부족했으며, 자금도 충분하지 않았다. 그래서 클라우드 펀딩을 통해 자금을 모으기로 결정했다.

2022년 11월, 킥스타터에 첫날 오픈한 펀딩에서 성공률 100퍼센트를 초과하며 순조로운 출발을 했지만, 곧 반도체 대란이 터지면서 필요한 하드웨어 부품은 물론 블루투스 통신 칩조차 원래 가격의 열 배를 줘도 구할 수가 없었다. 결국 링크페이스는 킥스타터에 약속을 지키지 못할 상황을 공지해야 했는데, 사용자들로부터 응원의 메시지를 받았다. "정말 멋지다" "응원하겠다" "다시 열면 우리도 꼭 찾아오겠다" "힘내라" "너희를 잊지 않겠다" 등 응원의 메시지가 계속 이어졌다.

이후 링크페이스는 부품 수급 문제로 한쪽짜리 제품으로 간소화한 버전인 '디어버즈 SE(싱글 에디션)'을 출시해, 다시 킥스타터 펀딩을 열어 성공률 1,400퍼센트를 달성했다. 당시 링크페이스 대표는 공장을 구하지 못해 세 명이 사무실에서 수작업으로 제품을 제작하며 1억 원이 넘는 매출을 올렸다고 회상했다.

와디즈 펀딩도 이어서 진행되었고, 이곳에서도 기대 이상의 매출을 올리며 시장에 자리 잡기 시작했다. 시간이 지나며 입소문을 타고 사용자 만족도가 높아졌고, 이비인후과 의사들도 환자들에게 제품을 추천할 정도로 호응을 얻었다.

"디어버즈를 강아지용으로 만들어줄 수는 없을까요?" 이런 문의가 있을 정도로 강아지의 귀 건강 또한 심각했다. 강아지는 사람과 달리 귓속 구조가 'ㄴ' 자로 되어 있기에 사람의 귀보다 공기 배출이 더 어렵다. 그 래서 링크페이스는 강아지용 제품으로 디어버즈 PE(펫 에디션)를 출시했 다. 강아지용이라고 하지만 고양이나 토끼 등 대부분의 동물에게 사용 할 수 있다. 다시 펀딩을 시작했는데, 사용자들로부터 효과를 톡톡히 봤 다는 글들이 많았다. 어느 사용자는 "강아지가 태어나서부터 지금까지 10년 넘게 귀 염증 때문에 너무 고생했다. 약을 달고 사는 상황에서 디 어버즈 펫 에디션을 일주일 정도 사용하고 있는데, 눈에 띄게 호전되었 다."라고 하며, 감사의 글을 남기기도 하였다. 수의사들이 디어버즈 펫 에디션을 추천하고 있으니 제품의 효율성은 이미 인정받은 셈이다. 링 크페이스는 디어버즈 펫 에디션으로 네 번째 CES 혁신상을 받았다.

이렇듯 링크페이스는 세상에 없는 제품을 선보이며 꾸준히 성장하고 있다. 링크페이스가 개발한 제품은 모두 '세계 최초'이다. 또한 이 제품들 은 이전에 존재하지 않았던 새로운 시장을 만든 셈이다. 그런데 링크페 이스가 또 다른 행보를 시작했다. 지금까지 귀 건조에 집중했는데, 이제 안구 건조에 집중하기 시작했다. 이를 두고 링크페이스 대표는 이렇게 말했다.

"귀는 건조하게 관리하는 게 건강에 좋지만, 눈과 코는 촉촉하게 관리해야 건강에 좋습니다. 2024년부터 인공눈물에 대한 보험 적 용이 중단된다고 합니다. 저희는 생체 신호를 감지하는 기술을 보 유하고 있는데, 이를 통해 현재 눈이 얼마나 건조한지 또는 촉촉 한지를 확인할 수 있습니다. 귀 안의 습도를 측정하는 것처럼, 눈의 촉촉함을 측정하는 소비자용 제품도 세계 최초입니다. 이 제품은 안구의 상태를 측정한 뒤, 인공눈물을 미스트 형태로 눈에 필요한 만큼만 정확하게 분사해주는 방식입니다."

지금 시중에 판매되고 있는 일회용 인공눈물은 한 번 개봉하면, 한두 방울만 쓰고 버려야 한다. 처음 한두 방울은 미세 플라스틱 문제를 생각해서 버리고, 눈에는 한두 방울을 넣지만 그 조차도 대부분 흘러내린다. 그리고 남은 인공눈물은 오염 문제 때문에 버리고 만다. 그런데 링크페이스가 개발한 '모이스트팟 for eyes'는 똑같은 양의 인공눈물로, 수십 회 이상 사용할 수 있다는 장점이 있다. 링크페이스는 이 제품으로 다섯 번째 CES 혁신상을 받았다. 이 제품은 기술 검증을 더 거친 후, 2024년 연말쯤 크라우드 펀딩으로 오픈할 예정이다.

이렇게 해서 링크페이스는 CES 혁신상을 5년 연속 수상했는데, 매번 새로운 제품으로 수상하는 위업을 달성했다. 스타트업에서는 링크페이스가 최초라고 할 수 있다.

링크페이스 대표는 2025년 CES에서도 혁신상에 도전할 생각이다. 6번째 CES 혁신상 도전 제품은 또 어떤 혁신 기술이 담긴 제품일까? 무척 궁금하지 않을 수 없다.

그들은 스핀오프를 한 후 힘든 과정을 겪었기에 지금의 성과가 더욱 자랑스럽다. 링크페이스 대표는 아직도 해야 할 일이 많다고 말한다. '생체 신호 센싱'이라는 코어 기술을 유지하고, 이를 응용해서 새로운 폼팩터를 개발해 다양한 삶의 새로운 문제를 해결하는 데 도전한다는 것이다. 이를 위해 대기업과 협업을 계속 논의하고 있다. 더욱이 링크페이스가 개발한 실리콘 소재 센서가 B2B 시장에서 많은 관심을 받고 있는 터라 대기업과 함께 연구도 진행하고 있다.

링크페이스는 생체 신호 센싱이라는 핵심 기술과 다양한 웨어러블 디바이스의 연구개발 경험을 바탕으로 우리가 생활에서 겪고 있는, 어찌 보면 너무나도 당연하게만 생각했던 불편함들을 해소하기 위해, 매년 최소 1개 이상의 신제품을 선보이며 꾸준히 매진하고 있다.

🔆 망고슬래브 | 무한한 상상을 현실로, 무엇이든 뽑아드립니다

망고슬래브(MANGOSLAB)는 2017 CES에서 PC 액세서리 부문 최고 혁신상을 수상했다. 스핀오프한 지 반 년 만의 수상은 괄목할 만한 성장을 의미한다. '세상에 없던 제품'이라는 점과 '참신한 콘셉트'로 호평을 받았다.

망고슬래브는 이름부터 특이하다. 스핀오프할 회사 이름을 지어야 했는데, 삼성전자 수원 디지털시티 인근에 슬래브라는 카페에서 망고주스를 마시다가 만든 이름이 망고슬래브다. 망고 색 점착(粘着) 메모 용지를 활용한다는 뜻이 담겨 있기도 하다. 망고슬래브는 삼성전자 프린터 사업부 소속 C랩 과제로 초기 멤버들이 아이디어를 구체화했는데, 아쉽게도 해당 멤버들은 스핀오프를 택하지 않았다. 그래서 창의개발센터는 'CEO 공모제'라는 이례적인 행사를 기획해, 해당 과제로 스핀오프할 대표와 멤버를 새로 선정했다. 이렇듯 창의개발센터는 혁신적 아이디어가 소리소문 없이 사라지는 것을 지켜보지만은 않았다. 예전부터 포스트잇을 많이 사용했지만, 악필이 고민이었던 대표는 이 아이템에 굉장히 큰

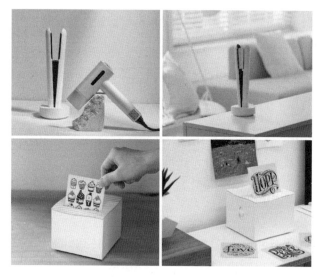

망고슬래브의
다양한 제품군

매력을 느껴 스핀오프를 하게 되었다.

포스트잇은 눈에 잘 보이는 곳에 붙여서 기억을 상기시키는 게 목적
인데, 휴대전화 메모는 언제든지 꺼내볼 수 있도록 저장하는 게 목적이
다. 각각의 장단점이 있는데, 망고슬래브 대표는 이를 살리고자 했다. 그
래서 휴대전화나 PC에 저장된 메모를 '내가 필요할 때 프린트할 수 있게
하자.' 는 게 대표의 생각이었다. 이게 '네모닉(Nemonic)'이 탄생하게 된
배경이다.

2017 CES에서 최고 혁신상을 받았던 망고슬래브는 같은 해 9월, 삼
성전자 갤럭시 노트 8 프로모션에 참여했다. 이때 네모닉 제품이 최신
스마트폰의 출시 사은품으로 선정되었다. 스핀오프를 한 지 1년이 조금
넘은 망고슬래브는 3개월 만에 10만 대의 제품을 준비했고, 약 80억 원
규모의 매출을 올렸다. 삼성 프로모션은 가격 면에서도, 참신성 면에서

도, 퀄리티 면에서도 경쟁력을 갖춘 상품만이 선정 가능한 행사였다. 이러한 점을 감안하면, 망고슬래브의 경쟁력은 이미 인정을 받은 셈이다.

'네모닉 1.0'은 교육, 병원, 건설사, 키즈 카페 등에서 다양하게 활용되고 있다. 특히 네모닉은 학부모들 사이에서 오답 노트를 쓸 때 유용하다는 소문이 자자했다. 교육열이 높은 엄마들이 아이들의 오답 노트를 만들어줄 때 문제를 하나하나 옮겨 적어야 하는데, 그 과정이 너무 힘들다는 점을 감안하면, 네모닉은 혁신 중의 혁신이었을 것이다. 학부모들은 네모닉을 활용해 문제를 인쇄해서 점착식 메모지 형식으로 붙이고, 그 메모지를 들추면 정답이 보일 수 있도록 구성해보니 훨씬 효율적이라며, 네모닉의 매력에 흠뻑 빠져들었다. 더욱이 대치동에서 내로라하는 강사가 자신의 책에 네모닉을 언급해준 덕에 네모닉의 인기는 급상승했다.

사실, 망고슬래브는 B2B 시장에서는 교육이나 병원을 겨냥해 상품을 개발해왔지만, 최근에는 건설사와 키즈 카페에서도 많이 사용한다. 건설사에서는 작업 지도서 등을 현장 근로자들에게 전달하는 경우가 많은데, 이때 네모닉을 사용한다. 그리고 키즈 카페에서는 아이들이나 부모의 이름표를 만들어서 붙일 때 네모닉을 사용하고 있다.

그런데 네모닉에도 시행착오가 있었다. 사업 초기에는 네모닉 전용 앱을 만들었는데, 사용자가 네모닉 앱을 통해서만 메모하고 프린트하도록 했다. 하지만 네모닉의 주 고객층인 병원과 건설사는 주로 사용하는 앱이나 프로그램이 이미 존재했다. 그래서 망고슬래브 대표는 '프린터의 본질은 있는 것을 프린트하는 것이다!'라는 것을 깨닫고 다시 시작했다.

"사람들이 뽑고 싶은 콘텐츠는 어디 있을까? 그걸 우리 기기와 연결하자!" 글로벌 시장에서 볼 때 네모닉의 첫 번째 타깃은 슬랙(Slack)과

팀즈(Teams)였다. 요즘에는 많은 기업이나 기관들이 협업 플랫폼을 활용해 업무를 수행하고, 최근에는 학교에서도 MS의 팀즈와 같은 서비스를 많이 사용하고 있다. 그래서 중소벤처기업부 및 MS의 도움을 받아, 팀즈에 있는 내용을 네모닉으로 바로 뽑을 수 있도록 하는 협력을 진행했다. 즉, 팀즈와 같은 서비스를 만들고자 한 것이 아니라 팀즈 안에 네모닉 기능을 넣은 것이라고 할 수 있다.

요즘 망고슬래브는 자체 서비스를 개발하기보다 사람들이 이미 사용하고 있는 글로벌 서비스상에서 필요한 것을 네모닉으로 바로 인쇄할 수 있도록 하는 데 주력하고 있다. 다시 말해, 이미 범용되고 있는 글로벌 서비스에 네모닉 기능을 계속 붙이는 작업을 하고 있는 것이다. 슬랙을 사용하다가도, 팀즈를 사용하다가도, 원하면 언제나 간편하게 바로 인쇄할 수 있다. 망고슬래브는 추후 인스타그램, 트위터 등의 SNS, 슬랙, 팀즈 같은 업무 툴 그리고 챗GPT와 같은 AI 기술과도 연결하고자 한다.

그동안 네모닉은 디지털 메모를 아날로그 용지로 옮겨주는 것에만 집중했다. 그러나 앞으로는 네모닉이 다양한 것을 모두 담을 수 있는 매개체가 될 것으로 기대하고 있다. 이는 네모닉이 AI 생성물을 비롯해 각종 SNS 콘텐츠 등 모든 디지털 조각의 실현 매개체가 되는 것을 의미한다.

현재 망고슬래브는 소형 프린터기 사업의 새로운 지평을 누구보다 빠르게 열어가고 있다. 태블릿이나 리더기 같은 기기가 등장하면서 A4 프린팅은 점점 사라지는 반면 포스터, 메모, 타투, 점자 프린터는 늘어날 것으로 예상하고 있다.

그래서 흑백과 컬러를 소화할 수 있도록 네모닉을 개선하고 있으며, 어디서나 즉석에서 인쇄할 수 있는 핸디 컬러 프린터도 검토하고 있다.

C랩처럼 도전하라

에코백 같은 천에도, 아이들 물건이나 마스크 같은 곳에도, 바로바로 인쇄해서 무늬나 텍스트를 넣을 수 있다. 또 지워지는 타투 프린터도 있다. 다양한 공간에 인쇄할 수 있는 소형 프린터는 전 세계에서 망고슬래브가 유일하기 때문에 더욱 분주하다. 망고슬래브는 단순히 글자를 인쇄하는 프린터 기기가 아니라 세상의 모든 것을 담아내는 그릇의 역할을 하고 있다.

망고슬래브는 또 다른 멋진 도전을 준비하고 있다. 바로 점자 프린터를 개발하는 것이다. 2024년 7월부터는 점자 관련법이 개정되면서 모든 약, 라면, 식품 등에 점자가 들어가야 한다. 그런데 현재 점자 기술은 모두 일본이나 미국이 가지고 있다. 그래서 이를 국산화하겠다는 것이 목표다. 또 긴 점자보다 짧고 빠른 점자가 중요한 시대가 되었다. 당장 필요할 때 쓸 수 있도록 휴대 가능한 콤팩트한 점자 프린터가 필요하다. 당장 먹을 식품에, 사용할 제품에, 이름표를 붙일 수 있어야 한다. 망고슬래브는 자사가 보유한 프린팅 기술을 최대한 활용해 이러한 요구를 충족시키는 점자 프린터를 개발할 계획이다.

이처럼 프린터 사업의 다변화로 성장세를 이어가던 망고슬래브는 의외의 도전을 했다. 바로 헤어기기 사업에 착수한 것이다. 혹자는 갑작스럽고 뜬금없는 일이라고 생각할 수도 있다. 하지만 개발자의 시각에서 볼 때, 프린터의 원리가 고데기의 원리와 아주 똑같다는 것이다. 기기 안의 열판으로 종이를 만지면 프린터가 되고, 그것으로 머리카락을 만지면 고데기가 된다. 심지어 개발 측면에서는 고데기의 기술 난이도가 프린터 기술의 난이도보다 훨씬 낮으므로, 고데기를 만들지 못할 이유가 없다는 것이다. 투자자들 역시 사업을 다각화하는 데 합의했다.

망고슬래브는 여기서 한발 더 나아가 헤어 드라이기에도 도전했다. 이전 헤어 드라이기에 없는 다양한 기능을 탑재한 고급형 드라이 기기인데, 세계 최고가 되겠다는 의욕을 불태우고 있다.

망고슬래브는 앞으로 헤어 기기 제품들이 자율 주행차 시대에 필요한 제품이 될 것으로 예상하고 있다. 남자는 차 안에서 게임을 한다면, 여자는 차 안에서 무엇을 할까? 자동차 전문 리서치 기관인 '컨슈머인사이트'에서 '자율 주행이 도입되어 운전이 필요하지 않다면 차 안에서 어떤 활동을 하고 싶은가?'라는 설문조사를 했다. 그 질문에 일부 여성 운전자들은 '메이크업 및 헤어 손질'이라고 답했다. 이러한 점을 고려해볼 때, 망고슬래브가 자율주행 자동차 시대에 선택할 수 있는 전략은 분명해 보인다.

망고슬래브의 도전은 계속 진행형이다. 다양한 콘텐츠를 출력하는 데 관심이 많았지만 콘텐츠를 보유한 기업과 협력하는 것은 어려움을 느꼈다. 예를 들어, 사용자가 네모닉으로 색칠 놀이를 프린트하고 싶다고 하면 사람들이 좋아할 만한 다양한 콘텐츠가 있어야 한다. 하지만 다양한 이해관계의 기업과 협력하는 것은 생각보다 쉽지 않다. 그런데 Open AI사의 챗 GPT 등이 등장하며 망고슬래브는 콘텐츠 수급과 관련된 고민을 완전히 해소할 수 있게 되었다. 망고슬래브 대표는 다음과 같이 사업 전략을 일부 공개하며, 또 다른 성장 가능성을 예고했다.

"저희는 프린터를 생성형 AI와 유기적으로 결합하고 싶어요. 예를 들어, 여기에 '핑크색 유니콘을 그려줘.'라고 입력하면, AI가 그 그림을 바로 그려주겠죠. 저희는 그걸 바로 출력할 수 있게끔 하고 싶은 거예요. 그리고 사용자가 미역국 레시피를 궁금해한다면, 네

C랩처럼 도전하라

모닉 AI를 통해 바로 묻고 점착 메모로 인쇄할 수 있어요. 경우에 따라 몇 분짜리 영상보다 짧은 메모 한 장이 더 필요할 때도 많습니다."

물론 생성형 AI를 통해 언어의 장벽이 없어지면서 다양한 국가로의 수출도 훨씬 수월해졌다. 어떠한 언어든 이해하고, 바로 점착 메모로 출력해줄 수 있는 기반이 생긴 것이다. 현재 망고슬래브는 AI를 잘 만드는 기업과 AI를 잘 활용하는 기업이 미래 시장에서 큰 기회가 있다고 확신한다. 망고슬래브는 후자의 입장에서 실물 메모에 AI 기술을 적극적으로 도입하며, 사람들에게 도움을 주는 제품을 만들기 위해 노력하고 있다.

그러한 기술 개발과 활용 과정에서 높은 기술력을 인정받아, 2024년 중소벤처기업부에서 AI 분야 초격차 스타트업으로 선정되기도 했다. 2024년, 망고슬래브는 한층 더 업그레이드된 '네모닉 AI' 제품으로 와디즈 펀딩에 도전했다. 네모닉과 생성형 AI를 결합해서 네모닉에 정보와 그림 등을 요청하면 원하는 내용이나 그림이 바로 출력되는 제품이다. 작동 방식도 간편하다.

네모닉 AI는 자사에서 개발한 '네모닉 AI' 앱을 활용해 출력할 수 있으며, '무엇이든 물어보세요' 메뉴를 통해 다양한 질문에 대한 답변을 텍스트로 제공하거나 캐릭터, 낱말 카드, 색칠 놀이 등 영유아들이 즐길 수 있는 이미지로 생성해준다. 기존 네모닉 제품의 사용자들도 이 앱을 통해 네모닉 AI의 기능을 활용할 수 있다. 펀딩 결과는 대성공이었다. 펀딩을 시작한 지 하루 만에 1억 원의 매출을 달성했고, 기록적인 프로젝트 성공률을 보여주며, 2억 원의 매출을 올렸다.

이제 망고슬래브의 네모닉 제품은 단순한 프린터기가 아니다. 디지털과 아날로그를 잇는 교량이며, 아날로그를 갈망하는 소비자들이 디지털에서 이를 간편하게 만나보는 니즈를 충족시켜주는 소프트웨어로 인정받고 있다. 그러므로 각종 디지털 서비스와 연계되어 우리의 일상을 더욱 스마트하게 만들어줄 망고슬래브의 비전은 기대해볼 만한 그림이다.

점착 메모지 프린터로 시작한 망고슬래브는 생성형 AI 프린터, 점자 프린터, 헤어 기기 시장을 넘나들며 끊임없는 혁신을 보여주고 있다. 다양한 분야에서 창의적인 아이디어와 기술력으로 앞서가는 망고슬래브의 여정은 앞으로도 끝없는 가능성으로 가득할 것이다. 그리고 그들이 또 어떤 아이디어로 세상을 놀라게 할지, 망고슬래브의 변화를 기대해본다.

웰트 | 스마트 벨트에서 디지털 치료제까지!

의사가 IT 기술을 접목해서 창업을 했다. 의대를 졸업하고 의사가 된 후 삼성전자에 입사했으며, C랩에 도전했고, 스핀오프를 거쳐 창업을 한 것이다. 이 사례는 사람들의 생각을 많이 바꿔놓았다. '자신의 분야에 안주하지 않는 게 월등한 성공을 가능하게 하는구나.' 하는 영감을 주었다.

웰트(WELT)의 스마트 벨트는 IT, 의학 그리고 패션을 결합한 혁신적인 제품으로, 다양한 분야 간의 협력의 가능성을 확인해주었다. IT와 패션 등 상상치 못한 만남이 이뤄졌을 때 새로운 사업 환경이 만들어질 수 있다는 것을 확인한 계기가 되었다.

웰트는 'Wellness belt'의 줄임말로, 의사 출신인 대표가 제안한 아

C랩처럼 도전하라

한국·프랑스 양국 대통령에게 웰트 제품을 선물한 기념사진,
맨 오른쪽이 웰트 대표

이디어다. 남성용이든 여성용이든 모든 벨트에는 버클 부분이 있는데,
여기에 센서를 넣어서 사용자의 행동이나 허리둘레 등을 감지하는 제품
이다. '2시간 동안 앉아 있었어.', '3시간 동안 움직임이 없었어.'라는 방
식으로 벨트와 연동된 휴대폰으로 움직임 여부를 알려준다. 또 걸음 수
와 벨트에 가해지는 장력으로 과식 여부도 알려준다. 아주 고난도의 기
술은 아니지만, 웨어러블 기기로 적용한 것이 기발했던 웰트는 웰니스
트렌드에도 잘 맞았던 터라 제일모직과 연계해 제품을 만들어 판매하게
되었다.

웰트는 좋은 행동을 습관으로 만들기 위해 벨트라는 하드웨어를 개발
했다. 일상적으로 사용하면서도 다양한 정보를 축적할 수 있으니까 훨
씬 효율적이라고 생각했던 것이다. 스마트 벨트를 개발할 때 삼성전자
에서는 웨어러블 디바이스 사업을 육성하려는 전략을 가지고 있었다.

스마트 벨트는 그런 상황과도 잘 맞아떨어진 셈이다. 사람들은 스마트 벨트로 큰 성공을 거둔 웰트의 다음 제품은 무엇일지 궁금해했다.

웰트가 발표한 다음 제품은 바로 DTx(Digital Therapeutics, 디지털 치료제)였다. 갑작스럽게 이렇게 결정한 이유는 무엇일까? 이에 대해 웰트 대표는 다음과 같이 이야기했다.

"벨트를 착용함으로써 우리는 사용자의 문제를 발견할 수는 있지 만 결국은 소프트웨어를 통해 사용자의 문제(헬스케어)를 해결하 지 못하면 의미가 없다는 걸 깨달았습니다."

사람들은 '예방'에 돈을 쓰기보다 '치료'에 돈을 쓴다는 것이다. 또 다른 기기를 개발해 품목을 늘리기보다 시장이 원하는 쪽으로 다음 방향을 정하고, 규제가 풀리는 움직임을 제일 먼저 포착한 뒤 DTx를 준비하기 시작했다. 그리고 이내 디지털 치료제의 선두 주자가 되었다.

'디지털 치료제'는 임상적 치료 효과가 있는 의료 개입을 통해 질환을 치료하거나 완화하는 목적으로 개발된 소프트웨어를 말한다. 디지털 치료제의 등장은 디지털 기술의 수준이 건강 관리 및 진단, 추적 관리와 같은 보조적 수단을 넘어 치료 영역까지 진보했다는 것을 의미한다.

의학·제약 분야에도 디지털 기술이 융합되면서 환자 중심의 헬스케어로 개념이 바뀌고 있다. 과거에는 발병과 진단을 거쳐 치료를 마치는 수동적 과정에 가까웠다면, 이제는 다양한 도구를 활용해 환자가 주체적이고 능동적으로 건강을 관리하고 또 질환을 예방하는 활동으로 인식하게 되었다. 환자의 실제 데이터를 확보할 수 있는 웨어러블 디바이스

C랩처럼 도전하라

와 진단 보조 기기, 데이터를 분석하는 소프트웨어, 생활 습관 관리를 지원하는 애플리케이션, 디지털 의료 서비스를 받쳐주는 시스템과 인프라가 진화를 거듭해온 덕분이다.

글로벌 디지털 치료제 시장 규모는 2023년 기준으로 55억 달러로 추정되며, 2030년까지 287억 달러로 성장할 것으로 예상된다. 헬스케어 전 분야 중에서도 가장 빠르게 성장하는 영역이다. 디지털 치료제를 통해 환자 개개인의 상태에 맞춘 초정밀 의료 시대가 열릴 것으로 기대된다.

선진국들은 한국보다 훨씬 큰 규모의 헬스케어 시장을 갖추고 있다. 독일과 미국은 대면 인지행동치료(CBT)의 한계를 극복하기 위해 디지털 치료제 제도를 도입했으며, 한국도 이에 발맞춰 2020년에 식약처에서 디지털 치료제 허가 가이드 라인을 발표했다.

디지털 치료제 제도를 운영하는 모든 국가에서 공통적으로 대응하는 질환이 있는데, 바로 불면증이다. 그래서 첫 번째 디지털 치료제를 개발하기 위한 전략으로 불면증을 초기 타깃으로 설정했다. 그리고 불면증 디지털 치료제인 '슬립큐(SleepQ)'를 개발했고, 2023년 4월에는 식품의약품안전처로부터 디지털 치료제로서 허가를 받았다. 슬립큐는 환자의 수면 일기 데이터를 기반으로 수면 제한 요법, 수면 위생 교육, 자극 조절 치료, 인지 재구성, 이완 요법 등을 6주 동안 정밀하게 제시함으로써 불면증을 개선할 수 있다.

이처럼 DTx는 '처방 가능한' 치료 기기다. 본질적으로는 의료 기기이지만, 약처럼 처방되는 구조를 가지고 있다. 처방을 통해 사용자가 불면증 환자임을 확인하게 되면, 여기에 웨어러블 기기를 연동해 수면 관련 데이터를 제공하고 관리한다. 환자들의 수면 패턴에 따라 맞춤형 그래픽과 영상을 제공하기도 한다. 이러한 데이터를 바탕으로 수면의 양과 질을 분석하며, 맞춤형 콘텐츠를 제공한다. 판매는 한독(HANDOK)과의 파트너십을 통해 이루어지고 있으며, 웰트는 제품의 연구개발에 더욱 집중하고 있다. 향후 인공지능 학습을 통해 모든 치료 과정을 에이전트 모델로 만들어내기 위해 노력하고 있다.

더불어 섭식장애나 약물중독 같은 신경정신과 질환 디지털 치료제도 빠르게 개발 중이다. 주요 치료 기전으로 사용되는 인지행동치료는 정신인지적 오류와 행동적 오류를 교정해주는 일종의 상담 치료법으로, 정신과에서 약물을 사용하기 전에 고려하는 1차 치료법이다. 이러한 치료법을 디지털로 구현한 치료제라 부작용이 없으며, 의사와 환자의 시간을 아껴주는 것이 장점이다. 향후 모든 환자에게 기본적으로 처방할 수 있도록 만드는 것이 또 하나의 목표가 될 것이다.

디지털 치료제의 시작은 처방 기반의 모델이다. 이는 국민건강보험의 적용을 받으며, 병원에서 의사의 처방을 받아 환자에게 제공된다. 하지만 식약처 허가상 슬립큐는 의사의 처방 없이 사용할 수 있다. 일반 사용자들에게도 활용될 수 있는 허가를 받은 것인데, 일반 플랫폼에도 디지털 치료제가 탑재되어서 불면 증상을 겪고 있는 환자가 의사로부터 처방을 받지 않고도 사용할 수 있다.

이러한 모델은 삼성헬스와의 연동을 고려할 수 있는 시나리오로, 삼성전자가 함께했을 때 최고의 시너지가 날 수 있다. 사실, C랩 출신 기업들이 삼성전자와 강력하게 묶여 협력하는 것이 가장 바람직한 성장모델이라고 할 수 있다. 당초 C랩이 오픈 이노베이션(Open Innovation, 개방형 혁신) 차원에서 시작한 제도이기 때문이다. 삼성전자에서 시작한 웰트가 삼성전자와 협력하며 함께 성장하는 그날이 오기를 기대한다.

기존 제품들과 웰트의 DTx가 다른 점은 무엇일까?

① 치료 기전을 입증한 효과적인 디지털 치료제라는 점이다. 웰트는 제품 개발과 임상 설계의 초기 단계부터 치료제로서의 치료 기전을 명확히 이해하고, 메커니즘을 구체적으로 증명하는 데 많은 노력을 기울여 왔다. 불면증 환자를 대상으로 임상시험을 진행했는데, 주요 수면 지표인 수면 효율(Sleep Efficiency)과 불면증 심각도 척도(Insomnia Severity Index) 등에서 개선 효과가 관찰되었다. 특히 수면 효율은 14퍼센트 이상 향상되는 긍정적인 결과를 보였다. 2022년 12월에 '혁신의료기기 통합 심사·평가 제도' 국내 1호 제품으로 지정되었고, 2023년 4월에는 식품의약품안전처로부터 허가를 받은 뒤 현재 보험 수가 등재를 준비하고 있다.

② 디지털 기술의 장점을 극대화해 제품을 설계한다는 점이다. 웰트는 해외 시장에 이미 출시된 불면증 디지털 치료제들이 사용자가 직접 입력한 데이터에 의존하고 있으며, 여기서 발생하는 데이터의 제약과 정확성의 문제가 치료 효과의 한계로 직결된다는 점에 주목했다. 따라서 웨어러블 기기를 이용해 얻은 바이오 마커(Biomarker, 정상적인 생물학적 과정, 질병 진행 상황, 치료 방법에 대한 약물의 반응성을 객관적으로 측정하고 평가할 수 있는 지표)와 제품을 연동하여, 실제 데이터를 자동으로 적용하는 방식을 고도화했다. 더불어 스마트폰에서 확보할 수 있는 일조량, 온·습도 등의 환경 변수와 활동량, 알람 시간 등의 행동 변수까지 결합함으로써 수면 모니터링, 나아가 예측까지 시도하고 있다.

③ **보수적인 시장에 진입하며 다자간 협업 전략을 펼친다는 점이다.** 디지털 치료제가 유의미한 효과성을 입증하더라도 사업적 성과를 장담할 수는 없다. 그런데 웰트는 건강보험 수가를 획득해 국내 수면제 시장에서 탄탄한 입지를 구축하고 있는 한독과 긴밀한 파트너십을 맺고, 임상 설계부터 시장 진출 전략까지 공동으로 대응했다는 점이 돋보인다. 혁신 기술이 기존 시장에 진입해 현실에서 임팩트를 얼마나 구현할지 가늠하는 일은 투자에 관한 의사결정에 중요한 쟁점인데, 웰트는 이를 현명하게 해결해나가고 있다.

웰트는 초기부터 글로벌 시장 진출을 염두에 두었다. 글로벌 디지털 치료제 회사들이 모인 최대 규모 협회인 '디지털치료제협회(Digital Therapeutics Alliance)'에도 아시아 최초의 회원사이자 아시아태평양 지역을 대표하는 의장사로서, 국내외 디지털 치료제를 도입하는 것은 물론 이를 확산하는 데 주도적인 역할을 하고 있다.

현재 웰트의 전략은 세계 시장을 향하고 있다. 유럽은 일찍이 디지털 치료제 시장이 잘 형성되어 있다. 판매되는 불면증 디지털 치료제도 두 개나 있는데, 이들은 손익분기점을 이미 달성한 상태다. 웰트는 유럽 시장에서 'Digital Similar'* 전략을 펼칠 계획이다.

미국은 디지털 치료제 단독으로는 보험 수가 제도가 없어서 디지털 치료제 회사가 기존 제약 회사에 제품을 파는 라이선스 아웃(Licence Out, 지적재산권이 있는 상품이나 재화의 판매를 다른 회사에 허가해주는 제도) 형태로 시

---

* Digital Similar는 Bio Similar 전략을 약간 변형해서 웰트가 만들어낸 용어다.

C랩처럼 도전하라

장이 발전하고 있다. 그래서 웰트는 제약 회사들이 기존에 갖고 있던 약과 함께 사용하는 콤보 전략을 가동하고 있다.

이렇듯 웰트는 불면증에서 시작해 섭식장애, 약물중독까지 파이프 라인을 확장해나가고 있다. 디지털 기술이 질병 치료와 사회 보건에 기여할 수 있음을 증명하기 위해, 사회적 임팩트가 큰 질환들을 우선적으로 선보이려는 것이다. 이제 창업 9년 차에 접어든 웰트는 벨트뿐만 아니라 다양한 헬스케어 제품들을 롯데백화점 매장에 입점시키며 성장하고 있다.

웰트에게는 잊지 못할 에피소드가 있다. 프랑스의 명품 브랜드 S.T.듀퐁과의 컬래버레이션을 진행하면서, 한국의 스타트업이 이룬 성과를 인정받아 한·프 정상회담에 초청되는 영광을 누렸다. 2018년 10월, 프랑스 파리의 엘리제궁에서 열린 '대통령 초청 국빈 만찬'에 참석하게 되었는데, 여기는 한국과 프랑스의 대통령뿐만 아니라 양국의 국빈들이 모두 모이는 자리였다. 당시 웰트 대표는 설립된 지 겨우 2년이 된 회사에게 주어진 기회를 놓치지 않고, 양국 정상에게 스마트 벨트를 선물했다. 그는 그때의 심정을 이렇게 표현했다. "웰트 인 프랑스(WELT in France)! 한국과 프랑스 대통령도 웰트의 고객이 되었습니다." 웰트의 대표는 의사의 길을 마다하고 창업에 도전했는데, 그의 말이 기억에 남는다.

> "큰 의사는 나라를 고친다(大醫治國)는 말이 있습니다. 존경하는 스승님들로부터 작은 의사는 병을, 중간 의사는 사람을, 큰 의사는 나라를 고친다(小醫治病, 中醫治人, 大醫治國)고 배웠습니다. 다음 세대가 살아갈 세상이 지금보다 더 풍요롭고 행복했으면 좋겠다는 마음에서, 우리나라가 자랑할 만한 산업을 찾아나서는 심정으

로 창업을 시작했습니다. 비록 환자를 직접 진료하는 의사는 아니
지만, 저는 앞으로도 이 기업을 통해 의학과 국가 발전에 몸과 마
음을 바쳐 이바지할 것입니다."

🔅 툰스퀘어 | 웹툰계의 유튜브를 꿈꾸다

툰스퀘어(Toonsquare) 대표는 어릴 때부터 만화와 소설에 관심이 많아
여러 작품을 기획하고 제작했다. 하지만 회사 생활을 하면서 시간 부족
등 현실적인 문제에 부딪혀 어려움을 겪었다. 그럼에도 불구하고 웹툰
에 대한 그의 열망은 사그라들지 않았다.

'그림을 그리는 데 드는 시간이 조금만 줄어든다면, 나와 같은 사람들
도 웹툰을 그릴 수 있을 텐데…, 더 쉬운 방법이 없을까?' UX 디자이너였
던 그는 틈틈이 웹툰을 그리다가, 웹툰에 AI를 접목하는 아이디어를 떠올
리게 되었고, 이를 바탕으로 C랩 과제에 도전했다.

웹툰업계를 직접 경험한 만큼, 이 과제는 그에게 진정성이 담긴 도전
이었다. 하지만 웹툰이라는 아이디어에 대한 인식은 다소 부정적이었
다. 웹툰이 재미있긴 하지만 진지하게 받아들이기 어렵다는 의견도 있
었다. 그래서 스핀오프 과정도 쉽지 않았다. 툰스퀘어 대표는 당시를 이
렇게 회상했다.

"저희가 C랩을 시작했을 당시, 주제는 'AI로 사람들의 삶을 윤택
하게 할 수 있는 것들을 제안해보라.'는 것이었어요. 그래서 저희
가 잘할 수 있는 웹코믹스, 애니메이션 분야에 AI를 접목해보면

좋겠다고 생각했죠."

이들이 도전했던 '툰스퀘어
(TOON SQUARE)'라는 과제명만
보더라도 '광장에서 많은 사람이
웹툰으로 즐길 수 있는 세상을
만들어보자.'는 이들의 취지를
잘 알 수 있다.

당시 생성형 AI 기술을 적용
하며 진행하는 과제는 없었다.
그래서 툰스퀘어는 이모티콘 서
비스를 만들어서 삼성전자 내

생성형 AI를 활용한 '툰스퀘어'의 이미지
제작 서비스

사업부와 연계해 과제를 진행하기도 했다. AI 기술을 서비스에 연동하
는 방안을 많이 고민하다가 만든 편집 앱이 '잇셀프'인데, 지금의 '투닝
에디터'의 모태가 되었다.

이를 두고 툰스퀘어의 대표는 "그림을 못 그리는 사람도 몇 번의 클릭
만으로 캐릭터를 생성, 변경할 수 있게 함으로써 누구나 쉽게 스토리텔
링 콘텐츠를 만들 수 있게 돕자."라는 것이라며, 이 서비스를 쉽게 설명
했다. 이들은 그림을 잘 그리지 못해도 누구나 자신만의 이야기를 세상
에 공유할 수 있도록 하는 데 집중했다.

그렇게 툰스퀘어가 바깥 세상으로 나오게 되었는데, 교육계에서 툰스
퀘어의 행보에 주목하게 되었다. 전혀 예상하지 못한 일이었다. 그래서
툰스퀘어는 미래의 창작자들에게 툰스퀘어를 알리고, 'Lock-in(고객을

사로잡는다)' 전략을 펼치기로 했다.

툰스퀘어는 웹툰 콘텐츠 제작에 있어 터닝 포인트가 되는 '투닝'으로 교육 AI 서비스를 시작했다. 해당 서비스는 학교에서도 '안전하게' 생성형 AI를 제작해 캐릭터로 재미있게 수업할 수 있다는 차별성을 갖추고 있었다. 그래서 학교나 기관은 물론 전문가들로부터 개개인의 캐릭터를 쉽게 만들 수 있다는 긍정적인 평가가 이어지며, 시장성을 인정받았다. 이뿐만 아니라 말풍선에 문장을 넣으면, 그에 어울리는 표정이 자동으로 연출되는 AI 기능을 탑재했다. 이후 툰스퀘어는 'AI 코어 기업'으로 인정받으면서 계속 투자를 받고 있다.

이렇게 성장하고 있는 툰스퀘어의 서비스는 학교에서 교육용으로 많이 활용되고 있다. 서비스를 개시한 지 3년 정도 되었는데, 초·중·고 약 20만 명의 학생들과 1만 4천 명의 선생님들이 이를 활용하고 있다. 학생들이 좋아하니 선생님들도 적극적으로 활용하게 된 셈이다. 그림을 못 그리는 학생들도 자신의 생각을 쉽게 표현할 수 있고, 선생님들은 수업 자료나 교과서를 쉽게 만들 수 있으니, 그야말로 신세계를 경험하는 것이다. 아이들은 "수업이 늘 지루하고 힘들었는데, 투닝 서비스 덕분에 수업에 재미를 느낀다."라고 할 정도로, 투닝 에디터는 아이들과 친밀한 관계를 유지하고 있다. 특히 투닝 에디터는 김홍도, 반 고흐 등 과거 화가들의 화풍을 AI로 재현해줌으로써 생성형 AI 수업에 접목해 많이 활용된다.

웹툰에 열정이 있더라도 손이 따라주지 않으면, 아이들은 금세 흥미를 잃고 포기하게 된다. 그런데 투닝 에디터를 만나 이런 문제를 극복하고 흥미를 계속 느낄 수 있게 된 것이다. 더욱이 자신의 아이디어를 구체

C랩처럼 도진하라

화함으로써 창의성은 물론 아이디어를 표현하는 능력 등이 향상되고 있다. 이제 아이들에게 '그림 실력'이라는 장벽은 존재하지 않는다. 서로의 이야기에만 온전히 집중할 수 있게 된 것이다.

이렇듯 툰스퀘어의 기술이 교육 측면에서 활용도가 매우 높고 또 희소성이 있는 이유는 뭘까? 이를 두고 툰스퀘어 대표는 "교육에 AI 기술을 최적화한 유일한 기업이기 때문이다."라고 강조했다. 사실, 챗 GPT가 그 잠재력이나 활용도가 훌륭하다는 것은 모두 알고 있다. 하지만 기본 툴이 영어로 되어 있어서 아이들은 가입조차 쉽지 않은 상황이다.

그러나 툰스퀘어는 한국형으로 특화하여 세종대왕이나 이순신 장군 등 역사 속 인물들과도 직접 대화를 해볼 수 있는 '투닝 GPT'를 개발해서 운영하고 있다. 특히 세종대왕 같은 경우는 세종국가경영연구원과 협력해서 데이터를 만들 만큼 대단한 열정을 담았다. 다음은 툰스퀘어 대표의 말이다.

> "세계 어디에도 세종대왕 특화 캐릭터와 대화할 수 있는 AI는 없어요. 투닝 GPT만 유일하게 가능하거든요. 정조대왕, 유관순 열사 등 각 캐릭터가 보유하고 있는 정보량이 워낙 방대하다보니, 선생님들은 문헌자료 정보 조사 방법으로도 사용하는 것 같아요. 그래서 이걸 웹툰으로도 만들어서 볼 수 있게끔 했고요."

또한 투닝 GPT는 여러 캐릭터를 한자리에 모아서 동시에 대답을 들어볼 수 있는 기능도 탑재했다. 예를 들어, 세종대왕과 정조대왕, 영조대왕을 한자리에 모이게 해서 "백성을 위한 정치가 무엇입니까?"라고 물어볼 수도 있다. 그러면 각기 다른 세 가지 의견을 동시에 듣고 비교하면서 학습할 수 있다.

툰스퀘어는 학교 및 교육 분야에서만 2024년 5억 원의 매출을 예상하고 있다. 곧 10~20억 원으로 더욱 성장할 것으로 기대하고 있다. 이는 과장된 꿈이 아니다. 코로나를 겪은 후 정부에서도 디지털라이징을 시작하고, 디지털 선도 학교를 배출하면서 에듀테크 예산을 거의 10배 수준으로 증가한 것을 보면, 툰스퀘어의 내일이 더 기대되기도 한다.

툰스퀘어는 웹툰 작가 지망생들은 물론 웹툰 작가들을 위한 서비스도 지원하고 있다. 웹툰 AI 서비스인 '투닝 스튜디오'는 스케치만 해도 AI가 그림을 곧바로 그려주는 기술로, 웹툰 작가 지망생들을 비롯해 현역 웹툰 작가들로부터 많은 인기를 얻고 있다. 투닝과 함께라면 간단한 그림으로도 완성도 있는 작품 제작을 하는 데 도움을 받을 수 있기 때문이다. 더욱이 작가들은 본인만의 화풍을 원한다. 해당 서비스에 자신의 화풍을 입력한 뒤 학습을 유도하면, 스케치를 했을 때 자신이 원하는 화풍으로 결과물이 나온다. 즉, 자신의 그림을 몇 장 넣기만 하면, 그 화풍으로 이미지를 무한정 생성할 수 있다. 화풍이 따로 없는 작가들은 어떻게 해야 할까? 툰스퀘어에서 제공하는 스타일을 바로 사용할 수 있다. 결과물이 나오기까지 클릭을 단 세 번(스타일 선택, 헤어 선택, 옷 선택)만 하면 된다고 하니, 웹툰 작가 지망생들에게는 맞춤형 서비스가 아니겠는가?

기존의 생성형 서비스는 자신이 원하는 스타일을 영어로 표현해서 직접 입력해야 했던 반면, 툰스퀘어는 버튼 클릭으로 간소화해서 UI 디자인을 개선했다고 볼 수 있다.

이제 아이디어만 있으면 누구나 웹툰을 만들 수 있는 시대가 열린 것

C랩처럼 도전하라

이다. 그래서 툰스퀘어는 관련 공모전도 진행하고 있다. 공모전에서 1등을 하면 관련 기술 분야 장관상을 수상하는 영광을 누릴 수 있기에, 참여자들로부터 인기가 높다. 이처럼 툰스퀘어는 AI 기술과 예술계가 협력함으로써 상생할 수 있는 길을 제시했다.

그런데 예술계에서 AI를 사용하는 것을 두고 우려의 목소리를 높이며 따가운 시선을 보내고 있다. 이를 두고 툰스퀘어 대표는 "우리 서비스는 소위 밥그릇을 뺏어가는 게 아니라 작가들의 AI 활용을 도와 더 큰 예술로의 발전을 돕는다."라고 말하며, 그 무엇으로도 종합예술의 독보적인 가치는 절대 대체하지 못한다는 점을 분명하게 강조했다. 툰스퀘어 대표는 웹툰 시장에 대해 이렇게 말했다.

"웹툰의 시장성은 무궁무진합니다. 이 투닝 플랫폼에서 생성되는 IP(Intellectual Property, 지식재산권)의 가치가 엄청나게 크기 때문이에요. 투닝 월드에서 드래곤볼, 슬램덩크처럼 초대박 작품이 하나 나오면, 그건 몇 조의 가치를 갖게 됩니다. 일본의 IP 시장 가치는 무려 70조 원에 달합니다. 국내에도 '나 혼자만 레벨업'이라는 메가 히트 작품이 있는데, 이 IP의 가치는 몇 천억 원에 달하거든요. 이런 게 몇 개만 나와도 국가를 먹여 살리는 거예요."

이처럼 원대한 기대를 실현하기 위해 툰스퀘어는 웹툰계 유튜브라고 할 수 있는 '투닝 월드'를 새로운 비전으로 제시하고 있다. 투닝 GPT에서 스토리를 추천해주는 것은 물론 그 스토리보드를 3D 연출로도 구현해주기 때문에 툰스퀘어가 제시하는 비전은 실현 가능성이 매우 높다.

다시 말해, 유튜브와 같은 플랫폼이 나오면서 누구나 영상을 만드는 시대가 되었듯, 툰스퀘어는 자사의 서비스를 통해 웹툰이 그렇게 될 것이라고 확신한다. 그래서 툰스퀘어는 누구나 웹툰, 웹소설의 크리에이터가 될 수 있는 세상, 즉 '투닝 월드'를 설계하고 있다.

이는 곧 투닝 월드, 투닝 매직, 투닝 에디터, 투닝 GPT라는 패키징이라고 말할 수 있다. 투닝 플랫폼에서 생성되는 IP의 가치가 매우 크기 때문에 웹툰의 시장성은 더욱 늘어날 것이라고 분석하고 있다. 이처럼 툰스퀘어의 기술은 예술에 더 큰 발전을 제안한다. 좋은 플랫폼은 사람들이 새로운 방식으로 소통하는 장으로 거듭나듯, 기술과 창의성의 만남을 주선한 툰스퀘어는 모든 사람이 창작자가 되는 세상을 만드는 플랫폼, 즉 웹툰계의 유튜브로서 한걸음 더 나아가고 있다.

툰스퀘어가 C랩 과제에 선정되고, 또 스핀오프를 해서 지금의 성장세를 이어가기까지 그 여정이 순탄하지만은 않았다.

툰스퀘어는 2022년에 대구창조경제혁신센터에서 운영하는 C랩 아웃사이드 공모전에 지원했다. C랩 출신으로서 스핀오프 창업 후, 액셀러레이팅 전문 기관을 통해 기반을 다지겠다는 목표였다. 예선에서는 20개 후보 기업이 선정되었고, 본선에서 10개 기업이 최종 선정되는 과정에서 툰스퀘어는 탈락했다. AI 시대에 딱 들어맞는 훌륭한 아이디어였기 때문에 삼성전자 C랩 출신의 과제가 C랩 대구아웃사이드에서 탈락한 것은 다소 의외였다. 이를 지켜본 당시 센터장은 아쉬움을 토로하며 이렇게 말했다.

"아이디어를 평가할 때 투자 원금 회수 가능성을 가장 우선시하

C랩처럼 도전하라

면, 항상 비슷한 수준의 아이디어만 선정됩니다. 투자 회수에 초점을 맞추다보니 주로 VC의 입맛에 맞는 업체들이 선택되죠. 그러나 우리가 가장 중요하게 고려해야 할 것은 '이 아이디어가 세상을 놀라게 할 만한 혁신성을 가지고 있는가?' 하는 것입니다."

이 일은 공공 액셀러레이터 기관들에게 중요한 교훈을 남겼다. 혁신적이고 독창적인 아이디어가 설 자리를 잃지 않도록, 투자 회수에 초점을 맞추는 것이 아니라, 그 아이디어의 잠재력과 혁신성을 우선시하는 평가가 필요하다는 점이다.

흥미롭게도, 툰스퀘어는 C랩 대구아웃사이드에서 탈락한 직후 며칠만에 큰 규모의 투자 유치에 성공했으며, 이 소식은 언론을 통해 보도되었다. 이는 툰스퀘어의 잠재력과 혁신성을 증명한 사례이지만, 공공기관들이 혁신적인 아이디어를 발굴하고 지원할 때, 더 깊은 통찰력과 넓은 시야를 갖고 접근해야 한다는 중요한 교훈을 다시 한 번 상기시켜주는 계기가 되었다.

툰스퀘어는 2024년 6월, 아시아 최대 스타트업 박람회인 '넥스트라이즈 2024'에서 국내외 600개 참가사 중에서 최종 10개사만 선정되는 글로벌 기업으로 선정되었다. 더욱이 '넥스트라이즈 이노베이터상'을 수상하는 쾌거까지 이루었다.

☀ 옐로시스 | 일상 속 건강 관리의 혁신을 이루다

가정마다 건강 관리 시스템이 있어 각종 질병을 예방하고 또 관리하는

옐로시스의 스마트 토일렛 변기와 체외 진단키트 Cym Boat

세상, 이러한 세상은 십수 년 전부터 SF 영화 등을 통해 엿볼 수 있었다. 또 피 한 방울로 수십 가지 암을 비롯해 각종 질병을 진단하는 기술이라며 세상을 떠들썩하게 했던 뉴스들도 있었다. 하지만 우리가 맞닥뜨린 현실과는 아직 거리가 멀다. 건강검진 때 소변검사만 떠올려봐도 알 수 있다. 아직도 소변 컵이나 검사지를 들고 차례를 기다리는 번거로움에서 벗어나지 못하고 있다.

그런데 수십 년 동안 해왔던 기존의 소변검사 방식을 스마트 소변검사 측정 시스템 기술로 바꿔보겠다고 도전한 팀이 있었다. C랩을 거쳐 스핀오프를 한 옐로시스(Yellosis)다.

옐로시스 대표는 어린 시절에 동생이 급성 신장 질환으로 고생하는 모습을 보면서 질병의 조기 발견과 예후 관리 등에 많은 관심이 있었다. 이를 계기로 서울대학교에서 약학박사 학위과정을 밟으며, 신약 후보 물질의 약물 효능과 독성 분석뿐 아니라 단일세포 이미지 분석 기반의 'High Content Screening' 방식의 고감도 조기 질병 검사법 등을 연구했다.

질병의 조기 진단법에 대한 열정이 넘쳤던 그는 삼성전자 의료기기사업부에서 혈액 진단 시약 개발 연구원으로 재직하며, 다양한 바이오 마커를 상용화하는 연구에 집중했다. 특히 건강 측정용 바이오 마커들을 시약화하는 과정에서 많은 경험을 쌓았다.

이러한 경험과 기술들을 토대로 소변검사 기반의 스마트 헬스케어 토일렛을 활용한, 가정 내 건강 관리 시스템에 적용하는 아이디어를 C랩 과제로 제안했다. 입사 때부터 꿈꾸었던 C랩을 해보게 된 것이다.

처음에는 머릿속에만 있던 한 장짜리 아이디어가 각 단계별 심사를 준비하고, 마지막 최종 발표 심사회에 도달하는 동안 점차 구체화되었다. 그 과정을 거쳐 생소하지만 특별했던 아이디어가 최종 C랩 과제로 선발되었다. 과제로 채택된 후 사내에서 모인 다섯 명의 팀원들과 함께 1년 동안 치열하게 가설을 검증하기 위해 타깃군과의 미팅, 설문조사, 연구개발, 시제품 구현, 사내 사용성 테스트까지 많은 일을 진행했다.

C랩 과제의 초기 아이디어는 비데 형태로 개발되었는데, 제품에 들어가는 키트 재료를 플라스틱에서 친환경 종이 소재로 바꾸는 시도를 했다. 검사 후 바로 폐기할 수 있다는 점에서 환경적인 면까지 고려한 것이다. 이러한 노력으로 스핀오프 대상으로 선정되는 기쁨과 함께 옐로시스를 창업할 수 있게 되었다. 옐로시스 대표는 스핀오프 대상 기업으로 선정되었을 때의 심경을 이렇게 표현했다.

"솔직히 덜컥 겁이 났습니다. 삼성전자에서 C랩을 알기 전까지 제 인생에서 사업을 하는 계획은 없었습니다. 그러나 '독립된 기업으로 이 사업을 잘 완수할 수 있을까?' 하는 두려움과 함께 새로운 시도를 한다는 설렘도 있었습니다. 그리고 이러한 좋은 기회들이 좀 더 확장되고, 더 많은 사람들이 기회를 얻을 수 있도록 제가 좋은 사례들을 만들어나가야겠다는 각오와 사명감이 생겼습니다."

옐로시스가 진입한 시장은 체외 진단 기기 시장인데, 그중에서도 소변검사 시장이었다. 코로나 이전의 체외 진단 기기 시장은 주 고객층이 기관이나 연구소 또는 병원이었다. 그런데 코로나로 인해 고객층이 가정으로 확대되면서 최근에 진단 기기 시장이 급성장하게 되었다. 코로나 검사키트는 검사키트 중에서도 난이도가 매우 높은 축에 속하는데, 그 키트를 경험하면서 개인이 느끼는 어려움이 자연스럽게 낮아지고, 또 자가 검진에 익숙해지게 되었다.

"코로나 검사도 혼자 해봤는데 뭐." 소비자의 이런 생각이 늘자 옐로시스는 크라우드 펀딩 형태로 B2C를 시도해서 성공적인 결과를 이끌어냈다. 요즘은 SNS 등을 활용한 광고까지 시도하며 일반인들에게 좀 더 가까이 다가서고자 노력하는 중이다.

이처럼 체외 진단 기기가 일반인에게도 상용화되면서, 옐로시스는 일상 속에서 소변검사와 연계해 건강 관리를 제공하는 'Cym702' 진단키트 시스템을 개발하여 시장에 선보였다. KFDA 승인까지 받은 이 제품은 2023년 9월부터 온라인에서 판매되고 있으며, 현재 자사 온라인몰, B2B, 글로벌 판매를 추진하고 있다. 이 진단키트를 통해 사용자는 질병 자가 측정 및 건강 관리 솔루션 등의 서비스를 이용할 수 있다.

이 서비스는 가정이나 일상에서 사용되기 때문에, 주변 환경의 영향을 최소화할 수 있는 알고리즘 기술이 적용되었다. 휴대폰을 이용해 소변검사지의 이미지를 정확하게 판독하고, 결과의 정확도를 높이는 알고리즘도 지속적으로 개선 중이다. 이 알고리즘은 옐로시스가 보유한 바이오 센서 소재 개발 기술과도 연계되어 있어, 다양한 항목 확장이 가능하다. 또한, 측정 결과를 앱으로 관리하면서 검사와 연계된 솔루션을 추천하는 기능도 갖추고 있다. 이러한 기술을 바탕으로 스마트 소변검사 키트와 스마트 토일렛 시스템을 개발하여 제품화하고 있다.

스마트 토일렛 시스템은 검사를 해주는 반응 시나리오, 움직임에 따른 작동 시나리오, 그리고 통신 시나리오로 구성된다. 검사 결과는 측정 알고리즘을 통해 휴대폰 앱으로 전달된다. 옐로시스는 이러한 신기술을 바탕으로 사업을 확장할 계획을 세웠으며, 기존 소변검사에 적용되던 효소 반응뿐만 아니라 다양한 바이오 마커를 고감도로 검출할 수 있는 시약 개발 기술을 활용하여 신규 항목을 추가하며 계속 발전시키고 있다.

아울러 스마트 토일렛 시스템은 가정과 기관에 모두 설치 가능한 제품으로, 개인과 가족 중심의 헬스케어 개념을 공공보건 사업으로 확장하는 역할을 한다. 또한, 이 제품은 건설사의 건축물 등에 적용되는 B2B 모델을 우선적으로 고려하며, 이에 대한 확장 계획을 구체화하고 있다. 옐로시스 대표는 2024년 하반기에 스마트 토일렛의 시제품에 이어 본격적인 양산을 계획하고 있다고 밝혔다.

최근 옐로시스는 스마트 헬스케어 토일렛을 공공 공간으로 확장하는 방안도 추진하고 있다. 공공 스마트 토일렛은 한국에서 주요 질환으로 꼽히는 당뇨를 모니터링하고 예방할 수 있도록 당 수치를 측정할 수 있으며, 센서를 이용해 측정하기 때문에 재활용이 가능하다는 장점도 갖추고 있다.

옐로시스는 스핀오프 이후, 건강 관리를 가정 내 일상 시스템으로 만드는 목표를 세웠다. 제품 개발 과정에서는 검체 선택에 대한 고민이 많았는데, 혈액은 침습 방식이기 때문에 가정에서 스스로 하기에는 무리가 있었다. 접근성이 좋아야 일상으로 들어갈 수 있기 때문에 선택한 검체는 소변이었다. 소변은 의도하지 않아도 하루에 6~7회 이상 자연스럽게 얻을 수 있는 검체로, 질병뿐만 아니라 약물 대사체와 건강 관리 바이오 마커 등 다양한 정보를 제공하며, 거부감도 덜한 이점이 있었다.

하지만 기존의 컵에 소변을 받아 검사하는 방식은 거부감이 크기 때문에, 이를 해결할 방안이 필요했다. 소변은 체내를 순환한 혈액이 필터링되어 배출되는 것으로, 다양한 체내 정보를 담고 있다. 이 소변을 통해 20종 이상의 질병과 건강 상태를 간단하게 측정할 수 있다. 옐로시스의 측정 시스템은 신장과 간 질환, 요로 감염, 염증 관련 당뇨 질환을 주 타깃으로 하며, 웰니스 측면에서는 영양 및 수분 관리 등 체내 건강 상태를 확장할 수 있는 장점을 가지고 있다.

옐로시스는 2020년에 스핀오프한 후, 이듬해 2021년 1월에 삼성벤처투자자로부터 투자를 유치했다. 이어 6월에는 대구창조경제센터에서 운영하는 C랩 아웃사이드 프로그램에 선발되었으며, 이후 대구신용보증기금으로부터도 투자를 받았다. 2023년 1월에는 처음으로 CES 글로벌 전시회에 참가하여 데뷔했다.

CES에서는 스마트 검사키트를 위주로 선보였는데, 당시 스마트 토일렛에 대한 니즈를 확인할 수 있었다. 2023년에는 옐로시스 제품의 모든 인증 절차를 완료하여, GMP 시설 인증과 의료 기기 인증을 모두 통과했다. 같은 해 6월에는 한국투자에서 추가 투자를 유치했다.

2024년 CES에서는 스마트 헬스케어 토일렛을 주력 제품으로 출품했

ㄴ랩처럼 도전하라

다. 가정 욕실에 설치할 수 있는 'Cym702Seat' 시스템은 다섯 가지 이상의 주요 검사를 진행할 수 있어, 신장 질환을 포함한 다양한 만성 질환을 모니터링할 수 있다. 또한, 가정 내 스마트 미러 등 IoT 디바이스와 연동이 가능한 시나리오도 선보였다.

또한 가정뿐만 아니라 공공 화장실에서도 소변 내 포도당을 쉽게 모니터링하여 당뇨를 조기에 발견하고 관리할 수 있는 제품 'Cym702Circle'도 함께 공개했다.

2024년 CES에서 옐로시스는 'Smart City'와 'Human Security for All' 두 부문에서 세 개의 CES 혁신상을 수상하는 성과를 거두었다.

옐로시스는 C랩 과제를 수행하면서 제품 개발을 위한 사전 조사에 많은 노력을 기울였다. 그런 가운데 "소변검사 자체만으로 알 수 있는 부분이 너무 한정적이다."라는 피드백을 받았다. 그래서 옐로시스는 개인 맞춤형 건강 관리 서비스를 같이 제공해주는 게 상당히 유의미하겠다는 판단을 했다. 기존의 검사는 매일매일의 건강 관리와 연계되지 못하는 한계점이 있었던 것이다.

옐로시스는 소변검사를 주기적, 지속적으로 해야 하는 사람들이 있다는 데 주목했다. 대표적으로, 만성 신장 질환자들이 여기에 해당된다. 지금도 약 8억 명에 이르는, 전 세계 인구의 1/10 정도가 신장 질환을 앓고 있다. 더욱이 신장 질환은 사망률과도 직접적으로 연계되는 질환이므로 각별한 관리가 필요하다. 옐로시스 대표는 "대부분의 만성 질환이 신장 질환으로 전환되기 때문에 이와 직·간접적으로 연계되어 있는 육안 질환군이 당뇨, 고혈압, 여성 질환군 등 상당히 많다."라고 전한다.

그래서 옐로시스는 사용자 경험을 중요하게 생각했다. 점점 고령화되는 사회에서 가정이나 관리 기관들이 소변검사를 편리하게 할 수 있는 스마트 토일렛의 필요성을 파악하기 위해 C랩 초기부터 많은 설문조사를 진행했던 것이다.

현재 옐로시스의 라인업은 스마트 진단키트와 스마트 토일렛 시스템으로 구성되어 있다. 스마트 진단키트는 '공간적 확장'과 '대상에 대한 확장'을 지향한다. 앱에서 개인의 건강 관리로 시작해서 사용자를 추가하면 가족 전체 데이터를 함께 관리할 수 있게 된다. 현재 앱의 주 사용자, 즉 가족 데이터의 주 관리자를 40~50대 여성으로 보고 있었는데 실구매자들을 분석해보니, 40대 남성들의 니즈가 높은 것을 알 수 있었다. 아이의 건강 관리뿐만 아니라 부모님의 건강 관리까지 관심을 두고 있기 때문이다. 그리고 스트립 기반의 센서 측정 시스템인 스마트 토일렛은 앞서 설명했듯, 센서로 측정하기 때문에 재사용할 있다는 장점이 있다. 현재 검사 결과로 제공되는 항목은 다섯 가지로 잠혈, 단백질, 포도당, 케톤, ph가 이에 해당된다.

한편, 옐로시스는 요즘 많은 사람이 반려동물을 가족의 범주에 넣고 있다는 데 주목해서 반려동물도 서비스 대상에 포함하고 있다. 그래서 강아지와 고양이를 대상으로 먼저 키트 개발을 완료했고, 동물용 진단키트로 의료 기기 인증이 완료되어, 2024년 하반기부터 출시할 예정이다.

실시간으로 모이는 밀도 높은 건강 데이터는 옐로시스의 든든한 무기가 된다. 소변 내의 데이터를 계속 취합하고, 질병이나 생활 관련 개인의 건강 정보를 계속 모으고 있다. 사용자의 동의하에 웨어러블 디바이스로 입력되는 데이터도 리얼타임으로 취합하고 있다보니, 건강 데이터가 곧바로 들어오고 모인다는 게 굉장히 중요한 포인트가 되었다. 그렇게 실시간으로 모인 데이터를 이용해 식단을 추천하거나 개인 맞춤형 솔루션을 제공하고 있다. 이처럼 옐로시스가 양질의 건강 데이터를 밀도 높게 보유하고 있는 것 자체가 사업 확장의 가능성을 의미한다. 이제 막 열리고 있는 디지털 치료제 시장에서도 옐로시스의 데이터는 상당히 의미가 있기 때문에 만성 질환을 관리하는 확장성 또한 기대하고 있다.

옐로시스 2024년 의료 분야 국내외 전시회에 적극적으로 참가할 계획이다. 옐로시스 제품이 화장실이라는 공간에 적용되다보니, 디자인적으로 이질감이 없는지를 확인하는 것도 중요하기 때문이다. 현재 옐로시스의 스마트 토일렛 제품은 싱가포르 레드닷 박물관 2층에 영구 전시되어 있다. 독일에서 열린 '레드 닷 어워즈(Red Dot Awards)'에서도 인정받아, 디자인적으로도 우수하다는 것이 검증된 셈이다. 또 옐로시스는 외부 서비스로 옐로시스의 데이터 및 기능을 활용하거나 테스트 키트를 제작하는 부분에 도움을 주고 있다. 그래서 B2C, B2B 작업을 동시에 진행하고 있고, 온·오프라인으로 서비스를 제공하고 있다.

앞서 설명했듯, 옐로시스는 CES 전시회에도 디지털 헬스케어 분야로 참여해서 혁신상을 세 개나 받았다. 이후 미국 원격 의료 플랫폼 회사들과 MOU를 맺고, 현지에서 PoC(Proof of Concept, 기존 시장에 없었던 신기술을 도입하기 전에 이를 검증하기 위해 사용하는 것)도 진행하고 있다. 그뿐만이 아니다. 삼성전자에서 추진하고 있는 삼성헬스 제품 안에 소변 건강 지표를 디스플레이할 수 있게 하는 협업을 추진하고 있다.

옐로시스의 예후 모니터링 방식이 필요한 질환 대상자들은 대부분 비만 상태다. 비만에서 고혈압과 당뇨로, 이후 만성 질환으로 진행되는 게 일반적이다. 그래서 옐로시스 제품으로 측정 가능한 케톤 수치를 활용해 비만 관리 및 만성 질환 예방의 측면으로까지 확장하고 있다. 옐로시스 주 타깃 중 하나가 임신성 당뇨와 임신 중독증이라서, 혈당기 회사와 협업해서 만든 컬래버레이션 제품도 출시를 앞두고 있다. 이를 시작으로 다양한 헬스 측정 디바이스 등과 연계해 더욱 의미 있고 강력한 제품 확장성을 가진 생태계를 만들어갈 수 있을 것이다.

현재 옐로시스는 베트남, 미국, 유럽 시장으로도 사업을 확장하고자 글로벌 진출 계획도 수립하고 있다.

💡 아날로그플러스 | 피봇팅으로 성공의 발판을 마련하다

"손을 대지 않고도 통화를 할 수 있다면 우리의 삶은 어떻게 변화될까?" C랩을 거쳐 2016년에 스핀오프한 아날로그플러스(AnaloguePlus)는 '소박하지만 실생활에 꼭 필요한 기술'을 적용해 '어헤드'라는 헬멧을 개발했다. 물론 처음부터 이와 같은 제품을 개발하려 했던 것은 아니다.

아날로그플러스 대표는 자타 공인 스키 마니아인데, 스키를 탈 때 늘 착용하는 헬멧에 관심이 많았다. 어느 날, '이 헬멧을 쓰고 증강현실을 경험할 수 있다면 어떨까?' 하는 생각이 떠올랐다. 그래서 양옆과 앞뒤를 모두 살피면서도 시뮬레이션으로 증강현실을 구현할 수 있는 '스마트 헬멧'을 고안하게 된 것이다.

그런데 헬멧이 100만 원 이상이라면 과연 누가 구입하겠는가? 게다가 이 장치를 모두 넣게 되면 편하게 쓸 수 없을 정도로 너무 무겁게 된다. 결국 이런 기술적 한계에 부딪히며 처음 생각했던 스마트 헬멧은 실패로 일단락되었지만, 그는 아이디어를 보완하게 되었다. 그래서 간단하

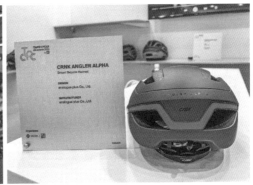

CES에서 선보이고 있는 아날로그플러스의 스마트 헬멧

게 터치만 하면 헬멧을 쓴 상태에서 전화도 받고, 또 음악도 들을 수 있도록 수정했다. 더욱이 시장조사를 하며 헬멧을 착용한 상태에서는 누군가와 소통하는 데 항상 어려움을 겪는다는 사실을 알게 되었다.

그렇다면 헬멧에 핸즈프리 기능을 탑재하면 어떨까? 아날로그플러스는 스마트 헬멧은 포기했지만, 핸즈프리 통화 기능은 꼭 필요한 기술이라는 것을 간파했다. 우선, 소형 디바이스를 개발하는 데 착수했다. 헬멧이 울림통이 되게 해서 헬멧 전체가 스피커 같은 기능을 수행할 수 있도록 설계했다. 또한 기기 안쪽에는 마이크를 부착해서 쌍방향 소통이 가능하게끔 했다. 이렇듯 아날로그플러스는 처음의 실패에 좌절하지 않고 스피커 기능을 이용해 핵심적 문제만 해결하며, 손가락 두 마디 크기의 헬멧용 디바이스를 개발함으로써 피봇팅에 성공했다.

이를 두고 아날로그플러스 대표는 "말이 피봇팅이지 아이언맨 시리즈에 등장하는 토니 스타크(Tony Stark)의 인공지능 비서 자비스(J.A.R.V.I.S, Just A Rather Very Intelligent System)를 만든다고 했다가 워키토키를 만든

형국이다."라고 말했다.

하지만 그의 말처럼 단순한 해프닝으로 치부할 일은 아니다. 망한 사업에서 건져올린 26조 원짜리 사업인 '슬랙(Slack)'의 사례가 있다. 슬랙은 원래 스튜어트 버터필드(Stewart Butterfield)가 타카하시 케이타로(高橋慶太郎)와 함께 '글리치(Glitch)'라는 온라인 게임을 만들었는데, 서비스를 정식으로 시작하기도 전에 실패하고 말았다. 그러나 개발자들 간의 커뮤니케이션 수단으로 사용 중이었던 인하우스 툴이 비교적 잘 만들어졌다고 생각하며 계속 개발하는 것으로 전략을 바꿨다. 그게 바로지금의 슬랙이다. 결과적으로 보면, 게임 본업에서 파생된 단순한 툴 하나로, 전 세계 50여 만 개가 넘는 회사에서 업무용 툴로 사용하고 있는것이다. 비록 망한 사업에서 아이디어를 얻었지만 그 가치는 26조 원에달한다. 이와 마찬가지로, 아날로그플러스 역시 처음부터 원하던 스마트 헬멧을 만들지는 못 했지만 전략을 수정함으로써 스타트업만이 해낼수 있는 새로운 브랜드 가치를 만든 것이다.

어헤드는 통화 기능을 비롯해 음악을 감상하고, 또 음성 내비게이션으로도 활용하는 등 다양한 장점이 있다. 더욱이 소형이라 헬멧 외부에누구나 간편하게 부착할 수 있다는 데 사용자들은 상당한 매력을 느낀다. 듣기 위한 스피커는 물론 말하기 위한 마이크도 필요 없다. 이런 기능의 비밀은 바로 진동자가 내장된 디바이스에 있다. 소리를 진동으로전환해서 헬멧 자체가 울림통이 되어 들을 수 있다. 자전거나 오토바이라이더는 물론 스키어들 간의 다자 통화도 가능하다. 특히 노이즈 캔슬링(Noise Canceling) 기술도 적용함으로써 통화 중에 주변의 여러 잡음을 차단해주므로, 서로 원활하게 통화할 수 있다. 이와 관련해 아날로그플러스 대표는 이렇게 말했다.

"이 기능을 살려서 잘 만들면 팔릴 수 있겠다고 생각하며, 프로토
타입 제품으로 테스트를 진행했어요. 그때 김동성 선수를 우연히
만났는데, 즉석에서 제품을 사용해본 그가 매우 만족스러워하더
군요. 그러면서 스키장에서 꼭 필요하다는 격려도 해줬습니다."

아날로그플러스 대표는 그의 말에 힘입어 오토바이를 탈 때도 사용할
수 있겠다는 생각을 했다. 그러면서 오토바이 천국이라고 할 수 있는 베
트남을 떠올렸다. 베트남을 공략해야겠다는 생각으로 제품을 만들다보
니, 헬멧 부착 기기가 아니라 헬멧 자체를 만들어야겠다는 생각으로 바
뀌었다. 그래서 어헤드 디바이스가 결합된 헬멧이 탄생하게 되었다.

2016년, 아날로그플러스라는 이름으로 스핀오프를 한 후, 2019년에
는 라이더들을 위한 헬멧인 '크랭크(CRNK)'라는 브랜드를 론칭했다.

"이 경험을 통해 중요한 교훈을 얻었어요. 모든 고객을 만족시키
기 위해 제품을 개발하는 것은 오히려 누구도 충분히 만족시키지
못하는 결과를 낳을 수 있다는 것이죠. 고객 타깃을 명확히 하고,
그들의 요구와 기대에 정확히 부응하는 제품을 만드는 것이 얼마
나 중요한지 깨달았어요."

아날로그플러스는 스핀오프를 한 후, 두 차례에 걸쳐 큰 좌절을 겪었
다. 창업 후 얼마 지나지 않아 두 명의 공동 창업자가 회사를 차례대로 떠

나며, 처음으로 위기를 겪게 되었다. 결국 혼자 남게 된 대표는 큰 절망감과 외로움을 느꼈다. 아날로그플러스 대표는 그때 상황을 이렇게 말했다.

"함께 꿈을 꾸고, 함께 도전했던 동료들이 떠난 빈자리는 너무도 공허했어요. 저 혼자 모든 것을 책임져야 한다는 압박감에 잠을 제대로 이루지 못하는 날들이 늘어갔죠. 때로는 무거운 현실에 눈물을 삼키기도 했습니다."

하지만 대표는 포기하지 않았다. 오히려 위기를 기회로 삼으리라는 각오로 다시 일어섰다. 외부의 도움을 받기 위해 다양한 네트워킹 행사와 투자 설명회에 참가하며, 새로운 파트너와 투자자들을 찾기 위해 노력했다. 이렇듯 각종 해외 전시회에 참가하며, 여러 글로벌 브랜드와 미팅을 하는 과정에서 자신감을 얻은 것은 물론 회사의 비전을 더욱 확고히 다질 수 있었다.

그러나 아날로그플러스는 베트남에 진출하려는 전략이 무산되었을 때, 또 한 번의 좌절을 경험했다. 베트남은 오토바이가 7,000만 대 가량 운행되고 있을 정도로 국민의 절반 이상이 일상에서 오토바이를 이용하는 국가다. 그야말로 헬멧에 있어서 황금시장이라고 볼 수 있다. 그래서 베트남 현지 삼성전자에 근무하는 베트남인들을 대상으로 샘플 테스트를 진행했는데, 그 반응은 매우 뜨거웠다. 헬멧에 대한 긍정적인 피드백은 아날로그플러스에게 큰 자신감을 주었고, 이 제품으로 성공할 수 있을 것이라는 확신을 얻었다. 더욱이 베트남은 삼성전자 스마트폰 사업에 있어서 매우 우호적인 상호관계가 있어서 더 많은 기대를 하게 되었

C랩서럼 노전하라

다. 이른바 '대박'을 노릴 만하다고 생각했다.

하지만 뜻하지 않은 복병이 있었다. 그것은 바로 베트남의 규제 문제였다. 베트남은 오토바이를 탈 때 음악이 나오는 제품을 사용하는 것을 법률로 엄격히 금지하고 있었다. 물론 많은 사람이 이 법령을 어기고 있지만 법률적인 문제를 무시할 수는 없었다. 이러한 상황에서 어헤드 제품을 베트남 시장에 판매한다는 것은 여간 어려운 게 아니므로 중대한 결정을 내려야 했다. 결국 베트남 시장을 과감하게 포기했다. 그러나 베트남에 진출하지 못한 것은 실패가 아니라는 것을 나중에 깨달았다. 오히려 전화위복이 되었다. 아날로그플러스는 베트남 시장을 포기하는 대신 유럽과 아시아로 시선을 돌렸다. 그곳의 자전거 헬멧 시장에 집중하기로 결정했던 것이다.

유럽과 아시아에서 자전거 헬멧 시장은 성장세를 보이고 있었고, 스마트 헬멧에 대한 수요도 증가하고 있었다. 아날로그플러스는 이 기회를 놓치지 않았다. 그래서 자전거용 스마트 헬멧을 개발하는 데 모든 역량을 집중했다. 자전거 헬멧의 기능을 강화했는데, 이러한 전략은 큰 성공으로 이어졌다. 아날로그플러스의 대표 브랜드인 '크랭크 스마트 헬멧'은 유럽과 아시아 시장에서 많은 호응을 얻었고, 자전거 헬멧의 새로운 표준으로 자리매김하게 되었다.

크랭크 스마트 헬멧은 라이더들의 피드백을 적극적으로 반영하며, 헬멧의 기능과 디자인을 혁신적으로 개선함으로써 마침내 글로벌 브랜드로서의 입지를 다질 수 있었다. 아날로그플러스의 혁신은 현재도 진행형이다. 특히 안전성과 편의성을 중점적으로 고려함으로써 헬멧에 내장되는 센서를 통해 사고 시 긴급 연락을 자동으로 취할 수 있는 기능을 개발했다. 또한 스마트폰과 연동함으로써 라이딩 데이터를 실시간으로 모니터링할 수 있는 기능도 적용하기 위해 준비 중에 있다.

2024년 3월, 아날로그플러스는 헬멧 제품을 론칭한 지 5년 만에 '앵글러 알파(ANGLER ALPHA)'라는 또 다른 스마트 헬멧을 출시했다. 앵글러 알파는 브레이크 및 방향 지시와 같은 기능을 할 수 있도록 헬멧 후면에 LED를 부착한 것이 특징이다. 블루투스 기술을 활용한 음악 재생도 가능하다. 헬멧 측면의 버튼과 리모컨으로 이러한 기능을 조절할 수 있다. 아울러 헬멧 앞쪽에 내장된 마이크와 헬멧 양 측면에 스피커가 있는데, 전화 통화 시 핸즈프리 기능이 작동되어 편리하게 통화할 수 있다.

이제 아날로그플러스는 순수 국내 브랜드로서 국내 헬멧 점유율 1~2위를 다투고 있다. 그 덕분에 VC 투자를 받지 않고 자체 매출만으로도 회사를 정상적으로 운영할 수 있는 상황이 되었다. 그는 C랩 과제를 수행한 뒤 스핀오프를 염두에 두고 있는 후배들에게 다음과 같은 조언을 한다.

"개발과 사업은 다릅니다. 싸워야 한다면 끝까지 갈 각오를 하고
싸워야 합니다. 아니면 그냥 참고 넘어가는 게 좋습니다."

그는 사업을 하면서 가장 중요한 것은 공부가 아니라 경험이라는 것을 깨달았다. 그래서 다양한 경험이 사업을 하면서 부딪히는 난관과 어려움을 극복하는 데 많은 도움이 된다고 강조한다. 또 그는 실패도 경험으로 삼아 더 나은 일을 할 수 있다고 믿는다. 그렇기에 아날로그플러스의 혁신 성장은 지금도 계속되고 있다.

C랩처럼 도전하라

외국인이 한국의 대기업에서 일할 수 있는 기회를 얻는 것만으로도 그 능력은 이미 입증되었다고 볼 수 있다. 태그하이브(TagHive) 대표는 정말 특이한 사례라고 할 수 있다. 인도에서 태어나고 자란 그를, 삼성전자가 창업자로 키워낸 것이다. 이를 두고 태그하이브 대표는 "한국에서 일할 기회는 Lifetime Oppurtunity(일생의 기회)"라고 말했다.

인도의 MIT라고 할 수 있는 인도공과대학교(IIT, Indian Institutes of Technology)를 졸업한 그는 한국에서 자신의 역량을 발휘하고자 한국 기업의 문을 두드렸다. 삼성전자가 IIT에서 기업 설명회를 개최했는데, 이때 그는 한국의 매력에 빠졌다고 말했다. '2+2 프로그램'으로, 2년은 서울대학교에서 공부하고, 또 2년은 회사에 와서 일하는 프로그램이 있다는 사실을 알게 되었다.

그는 서울대학교에서 전자공학 석사과정을 마치고, 하버드대학교에서 MBA 과정을 수료한 천재급 인력이다. 이뿐만 아니라 2017년 MIT가 선정한 35세 미만 혁신가 상을 수상했으며, 2021년에는 「포춘 인디아」가 선정한 '40세 미만 40인'에 선정되었고, 75건에 달하는 국제 특허를 출원한 주인공이기도 하다. 이게 바로 인도가 낳고 삼성전자가 키운 혁신 창업자인 태그하이브 대표의 화려한 이력이다. 그는 창업에 대한 남다른 꿈이 있었는데, 그 능력을 인정받아 C랩에 도전했다.

"삼성전자에서 근무하면서 '인생을 어떻게 사는 게 좋을까?'라는 생각을 많이 했어요. 그러면서 좀 더 큰 임팩트가 있는, 전체 중 부분이 아닌 총괄로서 일하고 싶다는 마음이 생긴 거죠. 더욱이 C랩은 1년 동안 집중해서 고민할 수 있어, 가치가 있다고 생각했어요. 한 아이템에만 집중할 수 있는 특별한 기회라고 할까요? 그렇기에 깊게 고민하면서 스트레스와 긴장감을 느끼고, 제 자신과 대화를 많이 나누게 되었어요. 혹여 잘 안 되더라도 인생에서 이런 기회를 가져본 것 자체가 성공이라고 되뇌이며 마인드 컨트롤을 했어요. 그렇게 제 자신과 오롯이, 또 주변의 도움을 받으며 확신을 얻어가는 시간 자체가 저를 많이 성장시켰죠."

태그하이브 대표는 스핀오프 과정에서 '5년 내 복직 가능'이라는 파격적인 조건에 더 용기를 얻었다. 하지만 보고서를 비롯해 교육 등 모든 절차가 한국어로 되어 있었기 때문에 쉽지만은 않았다. 그러나 주변의 도움을 받으며 힘든 과정을 조금씩 헤쳐나갔다.

그는 C랩에서 제공되는 멘토링에 많은 도움을 받았다. C랩 선배들로부터 어떤 과정을 거치며 제품을 개발하고, 마케팅하고, 팀을 꾸리는지 등을 모두 배웠던 것이다. 특히 제품의 스토리를 만드는 것부터 시작해, 전시회에 나가서 어떻게 해야 하는지, 가격을 산정하는 것은 물론 협상하는 방법 등, 기본적인 사고방식부터 전반적인 전개 과정에 이르기까지 체계적인 솔루션을 경험할 수 있었다. 그는 "예산을 직접 운용해서 완제품까지 만들어볼 수 있었던 전반적인 과정이 아주 좋은 경험이었다."라고 말했다. 그의 마음속에는 삼성전자의 위기의식 마인드가 항상 간직되어 있는데, 위기에 대처하는 그만의 마인드를 이렇게 전했다.

"스핀오프를 해서 나왔지만, 제 마음속에는 아직도 삼성의 위기의식 마인드가 항상 있어요. 스스로 위기를 먼저 인식하고 대처하려고 하면 위기가 정말 안 생겨요. 그런데 스스로 위기의식이 없으면 없던 위기도 생깁니다. 저는 늘 위기의식을 가지고 긴장하며 살지만 매일 조금이나마 제가 편하다고 느끼는 'Comfort Zone'의 영역을 넓혀나가려고 해요. 그렇지 않으면 편하다고 느꼈던 곳도 시간이 지남에 따라 불편한 곳으로 변해버리고, 제가 설 자리가 점점 좁아지거든요."

그동안 외국인 직원이 C랩 과제를 수행한 뒤 스핀오프를 한 사례는 태그하이브가 처음이다. 특이한 경우이다보니, 스핀오프를 할 때도 내부에서 논의가 많이 있었다. 회사의 입장에서, 다소 도전적이라고 판단하는 것은 당연한 일이었다. 그러다보니 한국인이었다면 큰 걱정 없이 처리될 수 있는 일들이, 그에게는 모든 과정이 하나의 미션처럼 진행되었던 것이 사실이다. 그러나 회사가 그의 혁신적 역량을 인정해준 덕분에

▶ 태그하이브의 각종 수상 내역들

▼ 판카즈 대표와 인도 학생들

스핀오프를 무사히 진행할 수 있었다.

태그하이브 대표는 "솔루션이 아닌 문제를 사랑하라."라고 거듭 말한다. 그는 문제가 있어야 솔루션도 있다고 믿는다. 그래서 그는 '교육 격차'라는 '문제'를 바라보고, 이를 해결하고자 노력했다.

그렇게 해서 탄생한 제품이 바로 '클래스사티(Class Saathi)'다. 인도어로 '친구'라는 의미다. 2017년에 설립된 태그하이브는 교육기술 회사로서, 한국에 본사가 있고 인도에 사무소가 있다. 클래스사티는 수업 시간에 사용하는 클리커(Clicker) 제품으로, 아주 간단한 구조라서 어느 환경에서든 사용할 수 있다. 태그하이브는 24개에 달하는 특허 및 상표를 보유하고 있으며, 11개는 출원 중에 있다. 이 회사의 솔루션은 인도, 한국, 남아프리카, 캄보디아, 남미의 6,000개 이상의 교실에서 사용되고 있으며, 45만 명 이상의 학생들이 클래스사티 평가 솔루션의 혜택을 받고 있다.

태그하이브는 칠레, 서아프리카, 네팔 등의 나라에도 수출하고 있는데, 수출국을 점차 확대해나가고 있다. 그는 한국이라는 국가 브랜드를 활용할 수 있는 건 큰 장점이라며, 한국에 대한 남다른 애정을 과시한다.

태그하이브가 처음부터 클래스사티라는 제품을 개발했던 것은 아니다. 본래 소셜 네트워킹이 되는 스마트 완구 제품인 '스마트 토이'라는 이름의 아이템으로 C랩 과제를 수행하며 발전시켜서 시제품을 만들었다. 그런데 시장성이 그리 높지 않다는 한계에 부딪히고 말았다. 고객이 될 업체들이나 학부모들의 반응이 냉랭했던 것이다. 하지만 태그하이브 대표는 완구 아이템을 개발하면서 쌓인 노하우를 교육 분야에 피봇팅했다. 태그하이브 대표는 피봇팅을 진행하기까지의 과정을 이렇게 설명했다.

C랩처럼 도전하라

"C랩에서 공개하지는 않았지만 원래 투 트랙 전략을 세웠어요. 아이들을 대상으로 한 완구 아이템과 교육 아이템을 각각 생각해 놓고 있었어요. 완구 아이템으로도 충분하다고 생각해서 그걸로 스핀오프까지 하고, 콩순이 브랜드랑 컬래버레이션한 제품도 출시했어요. 그렇게 한 2년 정도 지났지만 성장 속도가 생각만큼 나오지 않더라고요. 그래서 교육 아이템으로 피봇팅한 거죠. 과거부터 염두에 두고 있던 아이템이라서 구현하는 데 그렇게 어렵지 않았습니다."

클래스사티는 인도의 '국가교육정책 2020'의 마이크로 학습 및 지속적인 평가 목표에 적합한 솔루션으로 인정받았다. 비교적 비용이 저렴하고, 또 학교에서 인프라를 업그레이드하지 않아도 되기에 이와 같은 결과가 나왔던 것이다. 태그하이브 대표는 인터넷과 전기가 없다고 해서 교실을 스마트하게 만들지 못하는 시대는 지났다고 강조한다.

원래 태그하이브는 하드웨어를 판매하는 것만으로 매출을 올렸는데, 이제 구독 서비스도 함께 제공하고 있다. 지금까지 10만 명이 구독 서비스에 참여했다. 특히 삼성전자 인도법인과도 협업을 논의하고 있는데, 인도의 삼성전자 공장에서 개발하고 있는 제품의 테스트를 태그하이브에서 진행하기도 했다.

현재 한국의 2,000여 개 교실과 인도의 6,000여 개 교실에서 클래스사티를 사용하고 있다. 그런데 태그하이브의 핵심은 '소프트웨어'라는 데 주목해야 한다. 선생님과 학생 그리고 부모 전용 콘텐츠가 모두 다른 앱을 통해 진행되는 맞춤형 서비스이다. 또 클리커 제품으로 모이는 데이터를 바로 분석해서 '%(퍼센트)'로 바꿔주고, 학생들이 어떤 질문을 어려워하는지도 분석해준다.

더욱이 클래스사티는 인터넷에 연결하지 않아도 사용할 수 있으므로, 비교적 열악한 환경에서도 아무런 문제 없이 사용할 수 있도록 접근성을 높인 것이 특징이다. 제품은 모두 한국에서 제조하는데, 한국이 원자재 수급도 원활하고, 특히 'Made in Korea'로서 수출할 때 인지도가 높다고 한다.

요즘 태그하이브는 새로운 비전을 제시하고 있다. 전 세계를 겨냥한다는 것이다. 인도의 교육 시장은 규모 면에서 매우 크다고 할 수 있다. 학교가 150만 개 정도 있으니, 교실은 1,500만 개 정도 있다고 볼 수 있다. 인도 학교의 모든 교실에서 클래스사티를 사용한다고 가정해보자. 전망이 아주 밝다고 볼 수 있지 않을까? 태그하이브 대표는 이러한 비전을 제시하며 세계 시장을 겨냥할 전략도 전했다.

누군가 그에게 "인도를 고객으로 하면서 왜 한국에서 일하냐?"라고 물으면, 그는 "인도를 넘어 전 세계로 진출할 것이다."라고 자신있게 말한다. 인도인으로서 인도를 상대로 사업을 확장하며, 그는 왜 굳이 한국에 머무는 것일까? 어찌 보면 그 이유는 아주 간단하다. 앞서 이미 설명했듯이 그에게는 'Made in Korea'가 큰 자산 가치로 작용하기 때문이다. 즉, 한국의 좋은 이미지를 기반으로 해서 혁신적 성장을 이룬다는 확고한 목표가 있기 때문에 한국에 기반을 두고 있는 것이다.

그는 한국에서 다수의 논문도 발표했다. 청와대에서 사업 발표를 하는 기회도 있었다. 현재 태그하이브는 시리즈 B 투자를 추진하고 있다. 시리즈 A 투자에 참여했던 회사들을 후보로 두고 있다. 이들은 태그하이브의 성장을 굳게 믿고 있는 셈이다. 외국인으로서 한국에서 사업하면서 한국 회사들로부터 투자를 유치하는 게 쉬운 일은 아니지만, 그럼에도 불구하고 태그하이브는 단독으로, 한 군데에서 30억 원이라는 투자금을 유치하는 데 성공했다.

> "교육청에도 방문해서 MOU에 관해 논의하고 있어요. 또 코이카(KOICA)에서도 같이하고 있고요. 지금 만약에 다른 회사에서 높은 가격에 영입 제의를 해와도 제가 안 한다고 할 거예요."

이처럼 태그하이브 대표는 자신의 일과 기업의 가치를 스스로 인정하며, 세계 시장을 무대로 원대한 목표를 세우고 있다. 그는 세상의 젊은이들에게 이렇게 말한다.

> "창업을 해서 회사도 키워야 하지만 본인도 성장해야 해요. 대기업 안에 있으면 안정감은 있지만 새로운 자극이 덜해요. 그렇기 때문에 인생을 살면서 한 번쯤은 꼭 창업해보기를 권하고 싶어요."

모든 인간은 기업가다.

우리가 동굴에서 살 당시는 모두 자영업자였다.

음식물을 자급자족했는데, 그 과정에서 인류의 역사는 시작되었다.

문명을 접하면서 우리는 노동자로 낙인 찍히게 되었다.

우리가 기업가라는 것을 잊었다.

─무하마드 유누스, 노벨평화상 수상자, 마이크로파이낸스 선구자

"새로운 성장 동력은 기업가 정신과 창업이다!"

100세 시대에는 한 직업만으로는 평생을 살아가기 어려운 시대다. 청년들은 안정적인 직장을 찾지만 세상은 빠르게 변하고 있어 더 이상 안정적인 직장이란 존재하지 않는다. 2008년 이후 한국의 경제 성장률은 3퍼센트 미만에 머물러 있으며, 저성장이 새로운 표준이 되었다. 50대 중·후반에 은퇴를 해야 하는 현실에서, 60세 이후에도 20년 이상 경제 활동을 해야 하는 시대가 도래했다.

한국 경제의 경쟁력은 기술에 기반을 두고 발전해왔다. 1980~1990

년대 이공계 인재들 덕분에 한국은 과학기술 강국으로 성장할 수 있었다. 그러나 이런 시대도 점차 저물어가고 있다. 최근 조사에 따르면, 2000년대 이후 대입 시험에서 자연계 수석들의 진로가 급격히 변화했다는 것만 봐도 이를 충분히 가늠할 수 있다. 과거에는 대다수가 이공계로 진학했지만 최근에는 의대를 선택하고 있다. 이는 한국 경제의 혁신 동력을 약화시키는 위험한 징후다.

미국에서는 대학 졸업 후 5년 내 최고 수입을 올리는 직업 상위 10개 중 9개가 이공계다. 실리콘밸리로 대표되는 혁신 기업들의 성공과, 우수 인재를 유치하는 선순환 구조가 형성되어 있다. 반면, 한국의 의대 쏠림 현상은 이공계 학과의 인기 하락으로 이어지며, 경제 혁신의 불씨를 꺼뜨리고 있다.

보스턴컨설팅그룹이 발표한 '50대 혁신 기업 목록'(2023년 기준)을 보면, 한국 기업은 삼성전자 단 한 곳뿐이다. 하지만 중국은 여덟 곳, 일본은 세 곳이 포함되어 있다. 이는 한국 이공계의 중흥이 시급하다는 것을 보여준다. 지금까지 한국 경제를 이끌어온 자동차, 중공업, 반도체, 2차 전지 산업 등은 모두 우수한 엔지니어들의 노력의 결실이었다.

한국 경제의 성장은 우수한 인적 자원에 기인한다는 것이 세계 경제학자들의 공통된 견해다. 이제 그 우수한 인재들이 창업에 투입되어야 할 시점이다.

2024년 1분기 기준 전 세계 AI 유니콘 기업은 219개에 달하지만, 안타깝게도 한국 기업은 단 한 곳도 없다.

우리나라의 청년 실업과 지방 소멸 문제의 해법 역시 창업에서 찾아야 한다. 청년들은 일자리를 찾아 지역을 떠나고, 스타트업은 인재를 확보하기 위해 지역을 이탈한다. 이는 곧 지방 소멸로 이어진다. 따라서 청년 창업은 단순한 경제 문제를 넘어, 국가의 지속 가능한 성장과 지역 균형 발전을 위한 핵심 과제인 셈이다.

해외 유수의 공과 대학들은 창업하는 교수와 학생들에게 연구비를 보장하고, 아이디어의 사업화를 전폭적으로 지원한다. 스위스 취리히·로잔공대의 '이노그랜트(Innogrant)' 제도가 대표적인 예다. 이 제도를 통해 창업한 기업들의 5년 생존율이 90퍼센트에 달한다는 점은 주목할 만하다. 한국의 대학들도 창업 학점제 등 새로운 제도를 통해 창업 지원을 확대하고 있지만, 아직 갈 길이 멀다. 서울대 출신 기업의 매출이 중국 베이징대와 칭화대의 1,000분의 1 수준에 그치는 현실은 한국 창업 생태계의 고도화가 시급함을 보여준다.

청년들이 의사, 변호사 같은 안정적인 전문직보다 스타트업 창업자를 더 선호하는 사회적 분위기가 필요하다. 스타트업 도시 세계 20위권에 미국이 아홉 개, 중국이 다섯 개 도시를 포함시킨 반면, 한국은 서울이 9위로서 단 한 곳에 불과하다. 이 영역에서 뒤처졌던 일본은 2027년까지 스타트업 투자 금액을 12배 늘리고, 10만 개의 신규 스타트업을 육성하며, 100개의 유니콘 기업을 배출하겠다는 목표를 세웠다.

창업에 대한 사회적 인식을 개선하고, 더 나은 창업 생태계를 조성하기 위해서는 다각도의 노력이 필요하다. 먼저, 도전 정신을 가진 창업자들이 실패를 두려워하지 않고 계속 도전할 수 있는 환경을 만들어야 한다. 즉, 실패를 받아들이고 그 경험을 바탕으로 다시 일어설 수 있는 문화가 형성되어야 한다.

또한 창업 환경을 조성하기 위한 제도적인 지원책을 마련해야 한다.

C랩처럼 도전하라

프랑스의 '라 프렌치테크' 정책은 자국 스타트업에 취업하는 외국인에게 최소 4년간 체류를 보장함으로써 인재를 확보하는 데 어려움을 겪는 스타트업을 지원하고 있다. 이와 같은 혁신적인 정책들을 벤치마킹할 필요가 있다.

창업에 대한 사회적 인식의 대전환도 필요하다. 사업을 하면 패가망신한다는 과거의 부정적인 인식에서 벗어나 현대의 창업 생태계를 이해하고 받아들이는 과정이 필요하다. 하나의 스타트업을 키우기 위해서는 경제 사회의 모든 주체가 협력해야 한다. 더불어 성공한 창업자를 청소년들의 롤 모델로 삼을 수 있도록 해야 한다.

한국은 창의의 역사를 간직한 나라다. 세종대왕 시대의 조선은 15세기 세계 과학기술을 선도했다. 1983년 일본에서 발간한 『과학사 기술사 사전』을 보면, 1400~1450년 세계를 대표하는 최고 기술 62건 중 29건이 조선의 것이었다. 세종 재위 기간만을 생각한다면, 세계 최고 기술 44건 중 21건이 한국의 소유였던 것이다. 이는 당시 노벨상이 있었다면, 조선이 47퍼센트를 차지했을 것이라는 평가를 받을 정도로 뛰어난 성과다.

오늘날 스타트업 강국인 이스라엘의 사례도 주목할 만하다. '미라빌리스(Mirabilis) 효과'로 불리는 창업 열풍은 한 스타트업의 성공이 전국적인 창업붐으로 어떻게 이어질 수 있는지를 보여준다. 결과적으로 이스라엘은 인구 대비 스타트업 수가 세계 최고인 국가가 되었다. 우리 정부도 최근 몇 년간 창업 국가를 조성하기 위해 노력해왔다. 전국에 창조경제혁신센터를 설치하고, 또 스케일업을 지원하는 데 힘을 쏟은 결과, 창업 생태계 전반에서 점진적인 성장이 나타나고 있다. 2020년에는 20

대가 창업한 기업이 역대 최대치를 기록했고, 한국의 기업가 정신 순위도 세계 9위까지 상승했다. 이처럼 노력한 덕분에 한국에서도 스타트업 성공 사례가 늘어나고 있다. 배달의 민족, 토스, 당근마켓 등이 대표적인 예다. 특히 카카오의 성공을 본 후 창업에 뛰어든 '카카오 키즈' 스타트업들의 성장은 고무적인 현상이다.

한국의 창업 생태계가 과거에 비해 많은 발전을 이루었지만 아직 갈 길이 멀다. 2023년 기준으로 전 세계 842개 유니콘 기업 중 한국 기업은 12개에 불과하며, 여전히 많은 청년이 창업보다는 취업을 선호하는 현실은 큰 과제로 남아 있다. 창업 선진국으로 발돋움하기 위해서는 더 많은 성공 사례가 필요하다. 끊임없는 도전과 시행착오를 거치며 성공을 이루는 스타트업들이 늘어나고, 우수한 인재들이 창업 시장에 진입하는 선순환 구조가 형성되어야 한다. 그렇게 되면 한국의 스타트업 생태계는 비로소 세계적인 수준에 도달할 수 있을 것이다.

이러한 수준에 도달하기 위해 창업에 대한 새로운 접근 방식과 지원이 필요하며, 특히 대기업이 주도하는 사내 창업 프로그램이 창업 생태계를 강화하고 혁신을 촉진하는 데 중요한 역할을 할 수 있다.

이러한 맥락에서 삼성전자의 C랩은 매우 성공적인 사례이며, 도전 정신을 바탕으로 한 혁신적인 사내 창업 제도로 한국 창업 생태계에 긍정적인 영향을 미쳤다. C랩을 통해 탄생한 스타트업들은 글로벌 시장에서도 주목받고 있으며, 이는 회사에서 창업자들에게 필요한 자원과 네트워크를 적극적으로 제공한 결과다. C랩의 성공은 삼성전자를 넘어 한국 전체의 창업 생태계를 풍부하게 만드는 데 기여하고 있다.

이러한 C랩은 앞으로도 혁신적인 아이디어를 발굴하고 실현하는 데 주도적인 역할을 하며, 한국의 창업 생태계를 더욱 발전시킬 것으로 기대된다. 나아가 한국 경제의 새로운 성장 동력이 되며, 글로벌 창업 강국으로 도약하는 데 큰 기여를 할 것이다.

이제 우리는 새로운 도전의 시대를 맞이하고 있다. 불확실성이 높아지는 세계 경제 속에서 창업은 선택이 아닌 생존을 위한 필수 전략이 되고 있다. 한국은 역사 속에서 보여준 창의력과 도전 정신, 그리고 현재 진행 중인 창업 생태계를 바탕으로 글로벌 창업 강국으로 성장할 잠재력을 충분히 갖추고 있다. 이제 우리에게 필요한 것은 이러한 도전과 혁신을 뒷받침할 수 있는 사회적 지지이며, C랩과 같은 혁신적인 제도가 더 많이 생겨나 창업의 물결을 확산시켜 한국 경제가 새로운 시대를 맞이할 수 있도록 해야 한다. 창업은 우리의 미래를 여는 열쇠이며, 우리는 그 열쇠를 쥐고 더 밝은 내일을 향해 나아가야 한다.

"창업과 혁신의 여정을 함께한 모든 분들께"

C랩 제도가 도입된 이후 12년 동안 우리는 많은 성과가 있었고, 또 도전을 겪었습니다. 이 제도가 어떻게 시작되었고, 어떤 과정을 통해 확장되었는지를 기록할 필요성을 느꼈지만, 막상 누가 그 일을 맡아야 할지 쉽게 나서지 못했습니다. 그때, 공저를 제안하며 용기를 북돋아주신 양혁승 교수님께 깊이 감사드립니다. 또한, C랩을 직접 경험했고 우수한 스핀오프 사례들을 발굴하고 정리하는 작업을 맡아준 오하람 이사에게도 감사의 마음을 전합니다.

삼성전자에서 32년간 재직하며 창업 생태계에서 활동할 수 있는 기회를 주었던 회사에 이 책을 통해 조금이나마 마음의 빚을 갚을 수 있게 되어 다행이고 감사할 따름입니다. C랩이 연차를 더해갈수록 많은 기업이 C랩에 대해 알고 싶어 했고, 그때마다 강의를 통해 소개했지만, 그리 큰 도움이 되지는 못 했을 것입니다. 이 책을 통해 더 상세한 C랩 운영에 대한 정보를 얻길 바랍니다.

C랩 인사이드와 아웃사이드를 통해 수행된 과제가 약 900개에 이르고, 독립적으로 운영되는 스타트업 또한 600개 정도 됩니다. 그동안 동고동락했던 이들 회사들에게 어떻게 도움을 줄 수 있을지 항상 고민했었는데, 이제 그 고민을 조금이나마 덜 수 있게 되었습니다.

이 책을 집필하기 위해 12년 전으로 돌아가 기억을 되살리려 노력했고, C랩 스핀오프 출신 대표들도 많이 만났습니다. 그간 C랩은 외부로 확장되었을 뿐만 아니라 제도의 변화도 있었습니다. 최대한 모든 상황을 담으려 했으나, 그렇지 못한 부분도 있을 것입니다. 이 부분에 대한 독자들의 넓은 양해를 구합니다.

이 책을 쓰기까지 여러 사람의 도움을 받았습니다. 특히 C랩을 처음 시작할 때부터 매 순간 어려움에 부딪힐 때마다 강력한 의지로 지원을 아끼지 않았던 본사 인사팀, 특히 C랩 도입과 초기 시절 전폭적인 지원을 해주신 원기찬 사장님과 이후 여러 인사팀장님들께 감사드립니다. 또한, C랩 운영 책임 조직인 창의개발센터를 이끌며 기술적, 운영적으로 지도해주신 김창용 연구소장님께도 깊이 감사드립니다.

진심으로 감사드리고 싶은 분이 또 있습니다. 이상훈 사장님입니다. 경험도 없고 참고할 만한 사례도 없었던 시절, 문제를 안고 전전긍긍할 때마다 혜안을 가지고 돌파구를 열어주신 덕분에 C랩은 지속될 수 있었습니다. 또한, C랩을 함께 시작했던 창의개발센터의 동료들 덕분에 옛 기억을 되살릴 수 있었고, 보람된 기억으로 간직할 수 있게 되었습니다. 창업 생태계 전반에 대해 아낌없이 조언해준 대구창조경제센터 동료들에게도 깊이 고마움을 전합니다.

마지막으로, 바쁜 가운데서도 오랜 시간 인터뷰에 응해준 C랩 스핀오프 대표들께 감사드리며, 이 책에 담긴 세세한 정보와 정확한 데이터를 위해 많은 도움을 준 연희와 남주, 둘째 딸 세현에게도 고마운 마음을 전합니다. 이 책이 출간되기까지 매 순간 협조를 아끼지 않은 신 대표님, 박 대표님 두 분께도 감사드리며, 긴 시간 동안 힘들어할 때마다 용기를 북돋아준 가족들에게도 감사와 사랑을 전합니다.